正統 現代姓名學

正統原理로 누구든지 좋은 이름 쉽게 지을 수 있다

作名 · 解名 · 改名 · 社號 · 商號 · 雅號

정통 현대성명학

지은이 • 최해성
펴낸곳 • 신지평
펴낸이 • 김종현
표지 디자인 • 이미지라인
초판 1쇄 발행 • 2012년 4월 5일
인쇄 • 대원문화사
제본 • 천일제책
등록 • 1995년 9월 22일 (제1-1932호)
주소 • 일산동구 장항동 778 보보카운티 428
전화 • (031) 902~5419
팩스 • (031) 902~5418
E-mail • kj9694@hanmail.net

정가 18,000원
ISBN 13 • 978-89-85535-33-5 03150

머 리 말

우리는 지금 첨단 문명 속에서 살고 있다.

그러므로 앞으로 더 세월이 흐르면 그때는 정말 어떻게 될지 예측할 수가 없다. 로봇에게 모든 일을 시키고 본인은 놀고만 있을지 어떻게 알겠는가? 아니 언제일지는 미상이지만 지금으로부터 20년만 지나도 그러한 생활이 올 수 있지 않을까 가정(假定)허 본다.

그러나 이십 년 아니 이백 년 혹은 이천 년이 지나도 사람들이 재앙이 없이 마음 놓고 살 수 있을까에 대한 답은 기약이 없다. 문명의 이기(利器)는 분명 우리네 생활을 좀 더 편리하도록 해서 최상의 즐거움은 누릴 수 있도록 하겠지만 살아가다 보면 즐거움만이 다인 것도 아닌 것이 우리네 인생이다.

인간의 불행이란 큰데서 오는 수도 있지만 대체적으로 아주 미세한 면에서부터 시작하여 찾아든다. 부귀라는 운명을 타고났거나 빈천한 운명을 타고났거나 막론하고 불행은 어느 때 어떻게 우리에게 닥칠지 모른다는 것이다. 어쩔 수 없는 큰 불행이나 갑작스레 닥치는 돌연변이 같은 불행은 막을 수가 없다. 그러나 천우신조(天佑神助)라는 말이 있듯이, 사건 사고 속에서도 사지구생(死地求生)하는 사람이 있는데 이는 타고난 性情의 善惡과는 무관하다.

거듭 말하거니와 우리는 문명이 발달할수록 그에 정비례하여 위험성도 늘어나게 된다. 그렇기 때문에 어렵더라도 하나부터 열까지 조심하며 살아야 한다. 그렇다고 해서 하는 일마다 전전긍긍할 게 아니라 항상 미리 가능성을 열어 두어야 한다. 그래서인지 오래전부터 이름에 대해 관심을 갖고 있는 사람들이 점점 늘어가고 있다. 혹 이름 때문에 재난이 생기기도 하고 , 복도 따르는 게 아닌가 하기 때문이다.

필자는 많은 경우에 개인의 삶이 그의 이름자 그대로 응한다는 것을 오랜 임상으로 확인하였다. 이름 때문에 출세하고 이름 때문에 횡액을 당할 수도 있는 것이다.

또한 "같은 값이면 다홍치마"라는 속담처럼 일생동안 지니고 불리게 되는 이름은 지대한 관심을 두고 제대로 지어야 할 것이다.

필자가 저술한 책자의 명칭은 '정통 현대성명학'이다.

우리 모두가 슬기롭게 살아가는 방법은 시대의 흐름에 따라야 한다는 것이다. 나쁘다나쁘다 하고 자주 되새기면 정말 나쁜 일이 오는 수가 있다. 지금까지 살아오면서 이름자가 발음 구성 그대로 들어맞는 예를 여실히 보았기 때문이다.

본 책자는 元亨利貞 4格에 天人地 三才 구성을 바탕으로 하는 陰陽, 五行, 音靈, 劃數, 數理를 비롯하여 이름을 짓는데 중요한 내용은 모두 수록하였다. 그러므로 이 책은 우리들이 이 시대에서 현재 가장 정통적으로 쓰고 있는 성명학이며 작명법이다.

이 책은 성명학이론의 완결편이 될 것이기에 책자에 담긴 내용을 참작 풀이하여 좋은 이름을 지어 다른 많은 사람들의 사랑을 받도록 하기 바란다. 작명가가 아닌 아마추어(아기부모)도 이 책자 내용에 따르면 하자 없고 부귀, 성공을 보장하는 아기 이름을 지을 수 있을 것이다.

또한, 사업을 하시는 분들도 이 책의 내용대로 상호를 지으면 앞으로의 사업에 상호의 도움을 많이 받게 될 것이다.

독자와 학도님들의 가정에 무궁한 평화와 행복이 있기를 기원하면서 아무쪼록 많은 지도편달이 있기를 바라는 바이다.

2012年 봄

대동역학교육원장 저자 최해성

추천사 1

지금 이 추천의 글을 쓰고 있는 때는 벌써 여름인가 싶을 정도로 짧은 봄이 아쉬운 4월이다.

글 쓰는 일로 거의 일생을 보낸 추천자로서는 '정통 현대성명학' 책의 저자 최 해성 선생의 정력과 노고에 대해서 칭찬부터 하고 싶다. 그것은 처음부터 끝까지 매우 꼼꼼하게 살펴가며 엮어낸 노고가 매우 돋보이기 때문이다.

예부터 우리의 이름자는 여러 개를 지어 불렀다. 어렸을 때는 字를 지어 불렀고 성인이 되어서는 號를 지어 불렀다. 號도 때에 따라서는 여러 개를 지어 마음에 드는 것을 부르고 다니기도 하였다.

나 역시도 처음엔 氷堰이라 號를 지어 불렀고 다음은 雲鳳이라 지어 부르기도 하였으며 지금은 白愚堂이라 부르고 있다. 氷堰(얼음언덕)이라 할 때는 얼음처럼 차갑게 굳게 살자는 뜻이었고 雲鳳이라 할 때는 높이 나는 봉새는 아무도 보지 못하므로 숨어 있는 효과를 얻고 싶었다. 그때는 사주를 참작하지 않고 그냥 뜻과 마음 내키는 대로 수리를 닺추어 불렀는데 시간이 지날수록 나 자신의 삶이 빈한하게 엉키는 느낌을 받지 않을 수 없었고 또한 외로움과 고독감을 떨쳐버릴 수 없었다. 氷堰이나 雲鳳은 나 자신을 자승자박하는 이름들로서 썩 유효하게 불러지지 못한 것이다.

그래서 또다시 白愚堂이라 고쳐지어 부를 때는 사주도 참작하고 나의 성향도 참작해서 지어 불러서인지 지금까지도 정감이 깊어가며 편안한 號로서 갈수록 마음에 드는 것이다. 그렇다고 白愚堂이 매우 좋은 號라고 하여 凶도 吉로 바꾸고 권세와 부귀영화를 누릴 수 있는 이름이라서 좋다고 하는 것이 아니라 다만 내 사주와 성향에 맞기 때문이다. 白愚堂의 글 뜻은 어리석은 소처럼 모자라는 듯이 살고 싶다는 여망(輿望)에서 유래한다.

즉 나쁜 이름이 아니면 다 좋은 이름이 될 수 있다는 것이다. 단 작명은 작명법에 맞추어 해야 한다는 것이 중요하며 사주도 참작해서 지어야 한다는 것을 말하고 싶다. 한자를 아무리 많이 알고 있다 하더라도 작명법은 따로 익혀야 하며 문장이 아무리 좋다 하더라도 작명법을 알고 이름을 지어야 한다.

권세가 아무리 좋다 하더라도 본인이 관심이 없다면 무슨 소용이 있겠는가. 본인의 높은 희망에 장애가 되지 않는다면 나무랄 것 또한 없으리라. 그런데 우리가 염려하는 것은 그것뿐만이 아니라 壽命 길게 오래 살라고 돼지라고 불렀다면 장성한 뒤에는 돼지라 부르지 말아야 한다는 것이다. 자라서도 돼지라 부른다면 혹여 돼지처럼 천덕꾸러기 될까 염려되지 않을 수 없다는 것이 본인의 지론이다. 이것이 바로 音靈의 힘이다.

이렇게 작명할 때 생겨날 수 있는 문제점이나 어려운 점들을 하나하나 감안하여 초보자도 잘 알아서 작명을 할 수 있도록 엮은 '정통 현대성명학'은 요즘 쏟아져 나오는 책들 가운데 보기 드문 것이며 이러한 노작(勞作)을 낸 최 해성 선생을 다시한번 높이 평가하고자 한다.

이에 관심 많은 독자나 역학도에게 성명에 대한 필독서가 될 수 있기에 추천하는 바이며 많은 애독 바란다.

2012年 봄

白愚堂 韓重洙

추 천 사 2

데이빗 이글먼은 인코그니토에서 비슷한 이름끼리 사랑에 빠진다는 사실을 말하면서 이것은 놀랍게도 우연이 아니라고 하였다. 2004년 심리학자 존 존스와 그의 동료들은 플로리다 州 리버티 카운티와 조지아 州 워커 카운티의 결혼 기록 1만 5,000건을 검토한 결과 이름의 첫 글자가 같은 사람들끼리 결혼한 비율이 우연으로 보기에는 지나치게 높다는 사실을 발견하였다.

성명학에서는 이를 발음구성에서 오는 일치감이라 말해도 좋을 것이다. 내가 이것을 소개하는 것은 외국의 연구기록을 말하는 것이 아니라 불리어지는 발음의 구조가 어울리면 이처럼 당기고 미는 힘을 조장하게 된다는 것을 말하고 싶은 것이다.

우리가 살아가면서 무슨 일이든 하고자 할 때 의지만으로 되는 것이 있을까? 물건을 하나 살 때도 필요성을 느껴야 하고 돈이 있어야 하고 파는 곳이 있어야 한다. 아무리 하찮은 것이라 하여도 조건을 갖추고 있지 못하면 때를 기다려야 한다.

인간으로서의 조건을 갖추고자 한다면 불리어지는 이름이 있어야 하고 이때부터 육체의 가치를 인정받게 되며 吉, 凶의 運氣 盛衰가 비로소 시작되는 시점이 되기도 한다.

타고난 성씨는 선천적으로 선택의 여지가 없는 것이라고 한다면 이름은 후천적으로 선택의 여지가 있는 것이므로 나날이 그 관심도가 높아가고 있음은 당연할 것이다.

이름은 부르고 불리어짐으로써 자신의 영혼과 육체의 대표가 되어 존재의 가치로 인식되므로 우리에게 이름이라도 잘 선택해보고자 하는 희망은 영원히 사라지지 않을 것이며, 이에 부합되도록 학도들은 끊임없이 연구해 나갈 것이다.

동서고금을 막론하고 되기 어려운 일도 되도록 안간힘을 쓰며 노력해 나가는 인간이라면 어떤 고난에도 행운의 끈을 놓고 싶지 않을 것이니 이름을 중요시하게 여기지 않을 수 없을 것이다.

저자 최 해 성 선생은 참신한 역학자로서 부족함이 없으며 이컨에 출판하는 '정통 현대성명학' 의 내용을 살펴보면 그 어느 책보다 알찬 내용으로 보다 쉽게 정리가 잘 되어 있다. 변함없는 겸손한 자세로 연구자로서의 면모를 갖추고 있어 주위 인사들로부터의 찬사가 끊이지 않는 분으로 사주명리학, 육효, 성명학은 물론이려니와 여러 학문에 통달한 깊이는 어려운 사람들을 위하여 훌륭한 상담자가 되고 있어 누구도 감히 흉내 낼 수 없는 부분을 갖고 있다.

최 해성선생의 앞날에 무궁한 발전이 있기를 기원하며 관심 많은 독자나 역학인들은 믿고 많이 애독하기를 바란다.

2012年 봄

한국 전통과학아카데미 원장 유 방 현

목차

제1편 序說

제 1 편 서 설(緒設)

1. 이름이란?

(1) 이름의 합칭과 각칭

이 세상에 존재하는 모든 것 가운데 사람의 눈에 많이 띠고도 이름이 붙여지지 않은 것은 별로 없다. 나라마다 언어가 달라 같은 사물에도 부르는 발음이 다르지만 오랜 세월이 지난 뒤에는 온 세계가 한 가지 언어로 통일하여 사용할지도 모르는 일이다. 왜냐하면 현재 우리가 사용하고 있는 교통수단 가운데 제일 빠른 것이 비행기를 이용해 하늘을 날아가는 것이지만 현재 타고 다니는 항공기보다 더 빠르게 날아다니는 비행기가 있어 우리나라에서 가장 멀리 있는 아르헨티나도 2시간 정도의 시간으로 왕래가 가능하다고 가정해 볼 때 언어 통일도 가능할 수도 있지 않을까 생각된다.

이름이란 단어를 국어사전에서 찾아 보면 ① 사람의 성(姓) 아래에 붙는 개인의 명칭 ② 사물에 붙인 일정한 칭호 ③ 널리 알려진 평판이나 소문이라 하였다. (예 : 그 사람은 ○○에 이름나 있다) 이상의 1, 2, 3번의 답을 막론하고 이름은 사물 하나에 명칭을 붙여 언어 수단으로 사용된다.

(2) 이름은 의사교환의 핵(核)이다

이름은 절대성 있는 명칭이 아니다. 왜냐하면 아직 이름이 없었던 사물을 맨처음 발견하게 될 것을 남에게 알려주기 위해 이름으로 대화를 나눈 경우가 여러번이라면 이름이 없었던 사물은 이제부터 이름이 있는 것으로 사용하여 의사소통을 하게 된다. 그런데 이름엔 합칭과 별칭이 있다. 가령 〈나무〉하면 모든 나무의 합칭이고 소나무, 참나무, 밤나두 하면 나무의 별칭이 되는데, 소나무에도 또 모양에 따라 따로 부르게 된다. 아래는 합칭에서 별칭으로 부르게 되는 예다.

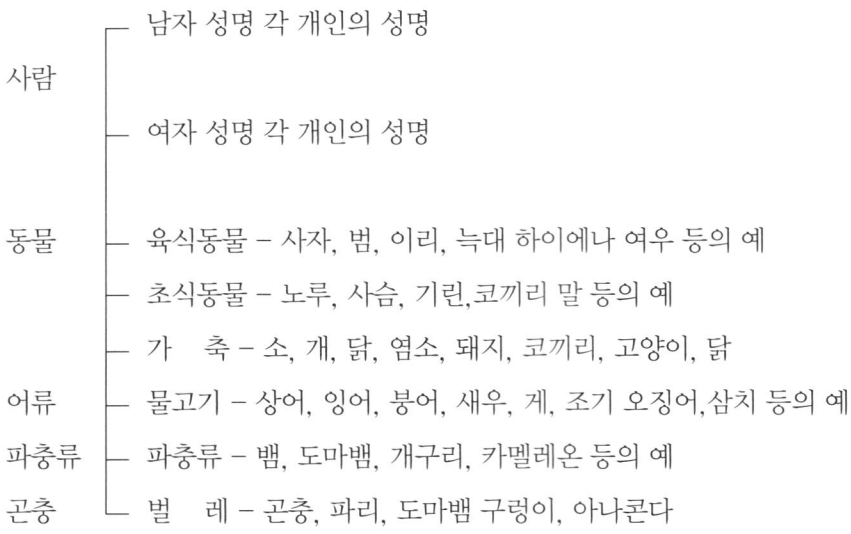

사람 ┬ 남자 성명 각 개인의 성명
      └ 여자 성명 각 개인의 성명

동물 ┬ 육식동물 – 사자, 범, 이리, 늑대 하이에나 여우 등의 예
      ├ 초식동물 – 노루, 사슴, 기린,코끼리 말 등의 예
      └ 가 축 – 소, 개, 닭, 염소, 돼지, 코끼리, 고양이, 닭

어류 ─ 물고기 – 상어, 잉어, 붕어, 새우, 게, 조기 오징어,삼치 등의 예

파충류 ─ 파충류 – 뱀, 도마뱀, 개구리, 카멜레온 등의 예

곤충 ─ 벌 레 – 곤충, 파리, 도마뱀 구렁이, 아나콘다

자연 ┬ 산 : 각 산의 명칭
      ├ 바다 : 태평양 대서양 인도양
      ├ 물 : 호수, 강, 개울,
      ├ 나무 : 소나무, 잣나무, 참나무 등
      ├ 풀 : 모든 잡초
식물 ├ 곡식 : 쌀, 보리, 밀, 기장, 수수, 강냉이 등의 예
      └ 채소 : 무 배추, 파, 부추, 상추

이상은 명칭이 갈라진(고유의 이름)것이고 사물에 대한 명칭을 다 수록한다면 헤아릴 수 없이 많을 것이므로 다 기록하지 못한다. 모든 사물은 통합 명칭부터 인식되어 세부적인 이름으로 발전되었을 것이다.

(3) 이름은 언제부터

이름을 사용한 것이 중국에서 칭하는 전 삼황(三皇– 天皇氏, 地皇氏, 人皇氏) 때였는지 아니면 후삼황(太昊 복희씨, 炎帝神農氏 黃帝軒轅氏) 시절에 한자(漢字)와 더불어 이름을 지어 불렀는지는 고증(考證)이 없어 확실한 답은 얻어내기 어렵다. 그 시대ㅈ 배경과 동향으로 보아 옛적부터 근대(近代)까지 음양. 오행. 수리 등을 따지지 않고 또 글자의 으미가 길하건 길하지 않건 이름을 지었으며 마땅한 글자가 없으면 스스로 글자를 만들어 남에게 알림으로 그 사람의 이름으로 인정받게 된 것으로 추측한다. 왜냐하면 상용어(常用語)로 쓰이지 못하는 글자, 예를 들어 요임금과 순임금의 경우 요(堯)라는 글자는 요임금 한 분 때문에 생긴 글자이고, 순(舜)이라는 글자도 순임금 한 분 때문에 만들어 낸 글자일 뿐 언어에는 포함되지 않기 때문이다.

우리나라는 삼국시대 이전인 삼한시대(三韓時代)에 이름이 있었던 것이라 하겠으나 그 당시는 성(姓)을 가졌던 사람이 별로 없었다. 그러다가 고구려와 백제 신라의 세 나라가 세워질 무렵에 본관과 성씨를 맡게 된 것으로 추리된다. 본관과 성씨는 혈족관계를 이어가는 방법인바 이조 숙종(肅宗)이 등극하여 동성(同姓)끼리 혼인을 못하도록 영(令)을 내렸고, 성자(姓字)는 달라도 본관이 같거나 본관은 같아도 성자가 다른 씨족관계에도 혼인을 못하도록 하였다.

대개 우리나라가 성(姓)을 모두 갖게 된 시기는 삼국시대 초엽부터라 하겠으며 더러는 성자 없이 이름만 있다가 오랜 뒤에 성(姓)을 갖게 된 성씨도 있다.

(4) 일제치하(日帝治下)의 창씨개명(創氏改名)의 압박

지난날 일본이 우리나라를 지배하던 당시 한일합병(韓日合倂)이란 명목으로 우리나라 사람들에게 단발령(斷髮令)을 내려 상투를 풀고 긴 머리를 짧게 자르도록 압박하였고, 金, 李, 朴, 崔 등 一字姓을 가진 사람들에게 姓을 바꾸어 두 글자 성으로 하고 이름도 일본식으로 '기오모도, 가네무라 니시하라 미에고, 야스고, 하루고, 렌다이 등의 발음이 나오는 이름을 짓도록 압력을 가했으므로 언제 해방이 될지 모르는 우리나라 사람들은 일본인들이 무서워 본래 이름을 두고도 그들(일본인)의 뜻대로 이름을 바꾸게 된 것이다. 그리고 창시명을 지을 수 없는 농부들에 한해서는 그들이 지어 주는 이름으로 바꾸어 불렀으며 호적 정리도 그렇게 하였다. 그러하니 이러한 시절에 어찌 좋은 이름, 나쁜 이름을 마음대로 가려 가질 수 있었겠는가...

1945년 8월 막바지에 제2차 세계대전이 일본의 항복으로 전쟁이 끝나고 우리나라에서는 8월 15일 일제 치하(治下)에서 풀려나왔으므로 이 날을 광복절이라 명칭하여 국경일로 지정한 것이다. 우리나라가 언제부터 성명(姓名)에 대해 관심을 두었는지 확실히 알 수는 없다. 일부 매우 적은 숫자의 사람들에 한해서 간단한 방법으로 이름에 대한 길흉을 추리해 본 예가 있다 하나 이름의 길흉에 대해서는 전혀 관심이 없었다. 그러다가 1960년 초 김봉수씨에 의하여 많은 사람들이 이름에 대해 관심을 갖게 되었다. 전해 듣기로는 김봉수 씨는 이보통(耳報通)을 하여 이름자만 대면 그 사람의 과거지사를 신통하게 적중하였으므로 이름을 대고 점치려는 고객들이 많아서 만나 보기가 어려웠다 한다. 필자는 그 당시 나이가 어려 가보지 않았으므로 과연 듣던 대로인지 아닌지는 알 수 없으나 분명한 것은 이름에 대한 관심을 갖도록 하는데는 김봉수 씨의 공(功)이 크다고 보겠다. 때문에 철학원이란 간판을 작명소(作名所)라는 이름으로 바꿔 달았고 이때부터 이름에 대한 책자가 수없이 간행되어 나왔다.

2. 작명법의 여러 가지 (재래식)

시대의 배경과 변화되는 풍습에 의해서 사람의 습성과 취하는 취미가 다른 것은 너무나 자연스런 일이다. 옛날 대감들이나 입던 의상이 아무리 값진 것이라 해도 지금 시대에 입고 다닌다면 과연 좋은 옷이라 칭하겠는가. 때문에 물같이 흘러가 버리는 세월 따라 의식주의 형태도 판이하게 변해왔다. 명령만 내리면 불가능이 없을 만큼 온갖 호강을 누리던 제왕(帝旺)의 생활환경이 오늘의 중산층이 누리는 생활수준과는 비교도 안 된다. 세월 따라 변하는 것이 어찌 의상과 의식주뿐이겠는가.

(1) 1의 법식(태극도식)

성명 세 글자의 획수를 총합해서 8씩 덜어내어 나머지(8이하)수를 상괘(上卦)로 정한다(남는 수가 없으면 8을 취한다).

이번에는 성은 빼고 이름자 上下만의 획수를 합쳐 역시 8로 덜어낸 나머지 수를 취하여 下卦(하괘)를 놓는다. 이번에도 나머지가 없이 0이 되면 8을 취하여 하괘로 정한다.

다음은 (上下卦가 결정된 뒤) 성명 세 글자의 획수를 다 합친 수에다 다시 (姓은 빼고) 이름자 상하의 획수를 또 합해서 이번에는 6으로 덜어낸 나머지 수로 동효(動爻)를 삼는다. 그리하여 이상의 방법에 의하여 작괘(作卦)하여 六爻풀이 방법으로 이름자의 길흉을 추리한다. 生年과 生月과 生日干支의 활용은 유효점의 작괘법과 마찬가지로 풀이한다. 재운, 벼슬운, 건강, 유친의 유덕무덕 등을 추리할 수 있다.

金 8
希 7
洙 10

① 上卦 8 + 7 + 10 = 25 (성명 3자 합) 25 ÷ 8 = 1 1은 乾三連
② 7 + 10 = 17 17 ÷ 8 = 1 下卦 (이름자만 합)
③ 8 + 7 + 10 = 15 15 ÷ 6 = 3 (성명 3글자의 획수에 이름 상하 획수 합)
상괘 1, 하괘 1, 11이라 괘의 명칭은 중건천(重乾天) 三爻動이다.
그리하여 육효(六爻)처럼 日辰을 기준 육친(父, 兄, 孫, 財, 官, 父)의 육친을 괘효 옆에 달고 世, 應, 身命과 天乙貴人, 공망, 건록, 역마, 겁살 등 신살도 달아 이름의 길흉을 판단하는 방법이지만 이 법식으로 길흉을 추리하기는 어렵지 않으나 좋은 이름 짓기는 쉽지 않다.

(2) 2의 법식

이 법식은 황극책수(皇極策數)라 칭하는데 과거 어느 때 사용하였는지는 자세히 알지 못한다. 어떤 방법인지 간단히 알아본다.

이 법식은 위에 설명한 것처럼 동효와 생일간지까지 모두 신살을 참고하지 않고 대성괘(太成卦)만 작성 주역 64괘에 매인 길흉의 의(義)만 참고하도록 하였는데 육십사괘 가운데 길괘(吉卦)에 해당하면 좋은 이름이고 나쁜괘에 해당하면 나쁜 이름이라 한다. 그러나 이 방법을 쓰는이가 과거에도 많지 않은 것 같다.

작괘 법식 : 성자의 획수를 8개씩 덜어낸 나머지 수(數)가 상괘 이름자 상하의 획수를 역시 8개씩 덜어내어 나머지 수로 하괘(下卦)를 놓는다.

[참고] 괘 이름이 천풍구(1,5) 천지비(1,8) 산지박(7,8) 중감수(6, 6) 수뢰둔(6, 4) 지하명이 (1, 3) 중간산(7, 7) 산화비(7, 3) 산택손(7, 2) 화택규(3, 2) 택풍대과(2, 5) 천뢰무망(1, 4) 화뢰서합(3, 4) 산풍고(7, 5) 화수미제(3, 6)산수몽(7, 6) 천수송(1, 6) 산화비(7, 3) 택수곤(2, 6) 택지췌(2,

8) 수산건(6, 7) 뇌산소과(4, 7) 등이 불리한 괘상이다.

(3) 3의 법식

이 법식의 작용에 대한 것은 얼마만큼 비중이 있는지 모르지만 이러한 요령으로도 작명을 해왔다는 점을 알고 있어도 나쁘지 않겠기에 수록한다. 법식 가운데 가장 간단한 방법이다.

성명 세 글자(외자 이름은 성과 이름자)의 획수를 총합해서 8씩 덜어내어 나머지 숫자로 길흉을 참작한다(나머지가 없으면 8을 취용한다).

一相(일상) 相은 정승이란 글자로 높은 관직에 오른다는 뜻
二將(이장) 將은 장수의 의미로 무관(武官)으로 出世
三窮(삼궁) 비궁함, 가난한 이름
四達(사달) 왠만한 일은 순조롭게 이루어짐
五天(오요) 단명(單明)할 우려가 있음
六壽(륙수) 특히 건강장수함
七貧(칠빈) 가난을 면치 못함
八富(팔부) 재운이 트여 마침내는 부자가 됨

이상의 법식 이외에도 작명(해명)하는 법식이 많은 것으로 생각되나 실효성이 없어 사용하지 않는 것으로 생각된다.

제2편 작명과 해명 방법을 위한 기초 지식

제2편 작명과 해명 방법을 위한 기초 지식

1, 현대 성명학의 원리와 이해

(1) 현대 성명학의 적용 범위

이 방법을 올바르게 적용하기 위해서는 미리 알아두어야 할 기초지식을 습득해야 한다. 첫째는 성명학의 재료인 한자(漢字)에 대한 상식(지식)부터 알아야 하고 다음에는 음양오행 수리 등을 길격으로 배합할 줄 알아야 한다.

8.15 광복 이전만 해도 시골 농촌에서는 자녀를 낳아 이름을 지을 경우 동네에 한문자나 아는 선비가 있으면 그 선비에게 의뢰하였고, 그나마 선비가 없고 보면 한자 이름을 지을 수 없으므로 예를 들어 복실복실한 딸을 낳았다면 한문자로는 쓰지 못하고 읍. 면 사무소에 가서 "복희라고 호적에 올려 주세요."라는 등 호적에 올려달라 청하면 호적 담당 직원은 고객이 한자(漢字)를 모르는구나 생각하고 복과 희에 해당하는 발음의 글자를 찾아 옷복자(服)와 계집희(姬)자를 찾아 服姬라는 글자와 발음으로 출생 신고를 받아들여 호적에 올렸으므로 아기의 부모는 새로 탄생한 아들 혹은 딸의 이름이 어떤 글자인지 모르고 지내던 예가 적지 않았다. 8.15광복 이전의 경제는 그야말로 사(士) 농(農) 공 (工) 상(商)에 관리 등 5가지 범위 내에 직업이 있을 뿐이므로 오늘날처럼 운(運)이니 재수니 하고 관심을 두고 사는 사람들이 별로 없었으며 있더라도 극소수에 불과하였다. 본 책자의 근본원리는 한자(漢字)의 발상지인 중국에서 건너왔다. 중국에서 발행한 글은 모두 좋은 글로 생각되지만 그렇지 않다. 중국 글이 신비해 보이나 허풍이 많은 책이 많으므로 잘 살펴 구입, 독서하기 바란다.

현대 성명학의 원리로 해명(解名) 또는 작명(作名)하려면 첫째 글자에 대한 지식이 있어야 나쁜 의미의 글자는 피하고 해가 없는 글자를 선택해야 한다. 둘째 王行의 상식으로 글자에 매인 여러 가지 오행(음오행 수리오행 등)을 사용할 줄 알아야 하며, 셋째 天干順五行, 넷째 자변오행, 다섯째 자의오행(字義五行)으로 구분하게 된다.

(2) 글자(文字)

여기에서 글자란 한자(漢字)를 칭한다.

성명학에 있어 글자는 건물을 짓는 데 재목에 비유된다.

훌륭한 건축가가 훌륭한 재목을 사용해 집을 지으면 훌륭한 건축물이 되어 보기에도 좋고 내구성이 강하여 오래도록 지탱한다. 마찬가지로 작명 법칙에 부합되는 글자로 듣기 좋은 발음이 나오고, 아울러 음양 오행 수리 삼재(三才) 등을 길격으로 구성하면 좋은 이름이 되고, 음양의 배합이 안되고, 발음이 나쁘며 오행이 상극에 발음이 괴팍 미천하면 나쁜 이름이 된다.

(3) 글자의 강약과 허실

그런데 대법원(大法院)에서 이름에 사용할 수 있다는 글자를 3차례 추가 선정해서 발표한 글자가 4,875자가 된다. 그러나 이름자에 쓰지 못할 글자가 4,000자를 넘는다. 자칫 이 4,875자를 그대로 이름자에 다 쓸 수 있다는 뜻으로 잘못 이해할까 우려된다.

① 강형문자(强形文字)

글자의 모양이 중심을 잃지 않고 튼튼해 보이는 글자로 대략 다음과 같다.

力 힘 력 勝 이길 승 男 사내 남 成 이를 성 龍 용 룡 格 이를 격

克 이길 극 昶 밝을 창 胎 애밸 태 剛 굳셀 강 光 빛 광 雄 수컷 웅

② 약형 문자(弱形文字)

약형문자(弱形文字)란 글자가 허약하고 불안하게 느껴지는

戶 지게 호 千 일천 천 幼 어릴 유 門 문 문 平 평할 평 年 해 년

申 납 신 甲 갑옷 갑 斤 근 근 斗 말 두 市 저자 시 帛 비단 백

③ 뜻이 강한 글자

協 화협할 협 同 한가지 동 强 강할 강 勝 이길 승 力 힘 력 將 장수 장

梀 떨칠 진 進 나아갈 진 師 스승 사 推 밀 추 旺 왕할 왕 盛 성할 성
이상과 같은 예인데 다 쓰지 못한다

④ 뜻이 吉한 글자
成 이룰 성 吉 길할 길 得 얻을 득 福 복 복 多 많을 다 美 아름다울 미
樂 풍류 악 好 좋을 호 財 재물 재 升 오를 승 起 일어날 기 祥 상서 상
明 밝을 명 善 착할 선 笑 웃음 소 華 빛날 화
이상의 글자가 뜻이 좋더라도 力, 强, 將, 同, 福, 多, 好, 笑 자 등은 이름자에 사용하지 않는
게 좋다.

⑤ 뜻이 나쁜 글자
死 죽을 사 殺 죽일 살 亡 망할 망 凶 흉할 흉 災 재앙 재 禍 재화 화
敗 패할 패 灾 재앙 재 戶 지게 호 滅 멸할 멸 腐 썩을 부 害 해할 해
退 물러갈 퇴 沒 빠질 몰 姦 간사 간 夭 일찍죽을 요 破 깨질 파
落 떨어질 락 罪 허물 죄 卒 마침 졸 寡 적을 과 孤 외로울 고
囚 가둘 수 惡 악할 악 病 병들 병 疾 병 질 등의 예다.

⑥ 동물에 해당하는 글자
馬 말 마 獅 사자 사 虎 범 호 熊 곰 웅 象 코끼리 상 狼 이리 랑
猴 원숭이 후 狐 여우 호 犬 개 견 猫 고양이 묘 鷄 닭 계 鵠 으리 곡
鳥 새 조 烏 까마귀 오 梟 올빼미 효 鵲 까치 작 鴉 거위 아 鴨 오리 압
羔 염소 고 羊 양 양 牛 소 우 鼠 쥐 서 丑 소 축 龍 용 룡 鳳 새 봉
이상 글자 외에도 헤아릴 수 없이 많다.

⑦ 곤충. 파충류에 해당하는 글자
虫 벌레 충 蟲 벌레 충 虱 이 슬 蚣 지네 공 蚓 지렁이 인 蛇 뱀 사

蛛 거미 주 蝸 개구리 와 蟬 매미 선 蟻 개미 의 蜂 벌 봉 등의 예다

⑧ 인체 부위에 해당하는 글자

頭머리 두 手손 수 足발 족 脚다리 각 耳귀 이 目눈 목

口입 구 鼻코 비 扇부채 선 腹배 복 腰허리 요 臍배꼽 제

臂팔 비 胃밥통 위 腎자지 신 肛똥구멍 항 脣입술 순

齒이 치 胸가슴 흉 肝간 간 膽쓸개 담 膝무릎 슬 臟창자 장

脾지라 비 등의 예다

⑨ 기타

走달아날 주 寢잘 침 臥누울 와 伏엎드릴 복 言말씀 언 舌혀 설

脣입술 순 飛날 비 語말씀 어 鬪싸울 투 笑웃음 소 尿오줌 요

眼눈 안 目눈 목 등의 예다

이상 여러 가지 형태의 글자 가운데서 모양이 튼튼해 보이는 글자와 뜻이 길하거나 강하고 좋은 글자만을 이름자의 재료로 정하고 위에서 지적한 1, 2, 3, 4, 5, 6, 7, 8, 9번에 해당하는 글자는 이름자에 사용할 수 없다. 뿐만 아니라 이름짓기에 사용하지 말아야 할 글자가 있다.

切 끊을절 功 공공 簿 문서부 薄 엷을박 師 스승사 帥 거느릴솔 裕 넉넉유 俗 풍속속 王 임금왕 玉 구슬옥 戊 별무 戌 개술 成 이룰 성 등의 예다.

일러두기 작명을 위한 글자의 선택은 제 편 1항에 ○ × ● △의 부호를 글자마다 표시하였다.

(4) 성명학 원리에 적용하는 음양

성명학 원리에 의한 음양의 구분은 글자의 획수로 구분한다. 즉 이 우주(宇宙) 안에 있는 만물(萬物萬象)에는 음양이 있기 마련이다. 생물(生物)에는 음양이 있어야만 번식 성장한다. 생물은 모두 음과 양 암컷과 수컷이아닌(造成物‒ 사람의 손에 의하여 만든 것 모두가 음양인) 법칙 에 의

하여 조성(造成)된다. 혹 식물이나 곤충에는 양(陽)만 있고 음(陰)이 없거나 음만 있고 양이 없는 것 같이 생각되지만 그렇지 않다. 미물(微物)중에도 가장 발달하지 못한 곤충이라 할지라도 음양이 있어 수컷 암컷이 따로 나뉘어져 있는 게 아니라 한몸에 음양이 다 갖추어져 있기 때문에 번식 성장하게 되는 것이다. 식물(植物)은 콩알보다도 작은 씨(核)한 개가 낙락장송이 되어 하늘 높이 자라지 않겠는가. 만배를 확대해야 그 모습을 알 수 있는 남성의 정자(精子)와 여성의 난자(卵子)로 인해 사람이 태어나는 것은 물론이려니와 작은 모래 알 1억분지 1에 해당하는 정자가 발명왕 에디슨 같은 천재(天才)를 탄생시켜 오늘의 문명을 만들어 온 원인이 되는 것이다.

생물(生物)이 아닌 언어와 글자에도 음양이 있어 역학(易學)이나 구성학(九星學)이며 풍수지리에까지도 음양의 비중과 작용력이 미치지 않는 사물이 없으니 음양의 도(道)는 크다 아니할 수 없다. 음양이 어떻게 분리되는지 몇 가지 예를 든다.

天干 : 甲, 乙, 丙, 丁, 戊, 己, 庚, 辛, 壬, 癸 의 음양은 차례가 1, 3, 5, 7, 9의 홀수(奇數는 모두 양(陽)이고 글자의 차례가 2, 4, 6, 8, 10의 짝수(偶數)에 해당하면 모두 음(陰)에 속한다.

地支 : 子, 丑, 寅, 卯, 辰, 巳, 午, 未, 申, 酉, 戌, 亥 순서가1, 3, 5, 7, 9, 11이면 모두 홀수와 양에 속하고 丑, 卯, 巳, 未, 酉, 亥는 모두 2, 4, 6, 8, 10, 12의 짝수 순서에 해당 음이 된다. 글자의 획수가 1, 3, 5, 7, 9, 11, 13등은 홀수이니 양이고 2, 4, 6, 8, 10, 12 등은 모두 짝수에 해당 음이 된다.

◎ 음양의 부호와 예시

○	●	○	●	○	●	○	●	○	●	○	●
甲	乙	丙	丁	戊	己	庚	辛	壬	癸		
子	丑	寅	卯	辰	巳	午	未	申	酉	戌	亥
1	2	3	4	5	6	7	8	9	10	11	12

○은 양(陽)의 표시이고 ●은 음(陰)의 표시이다.

성명학(姓名學)에서 음양을 어떻게 분류 구성하는지 예를 든다.

◎ 음양의 예시

金 希 洙 는 8(음) 7(양) 10(음)의 구성이라 음양이 조화됨

김 金 8 ●	리 李 7 ○	박 朴 6 ●	최 崔 11 ○	허 許 11 ○
희 希 7 ○	성 成 7 ○	승 承 8 ●		
수 洙 10 ●	민 旼 8 ●	화 和 8 ●	정 政 8 ●	준 俊 10 ●

李 成 旼 은 7(양) 7(양) 8(음)이라 음양이 구비됨

朴 承 和 는 6, 8, 8이라 모두 음획수라서 음만 셋이고 양이 없음

崔　政 은 11, 8의 구성이라 음양이 구비됨

許　俊 은 11과 10의 구성이라 음양이 잘 조화된 이름

작명(作名)에 있어 음과 양을 모두 넣어 글자와 발음을 선택하는 것은 어렵지 않다. 양, 양, 양으로 구성하면 고양(孤陽)이라 해서 고독 빈궁을 의미하고 음, 음, 음으로 구성하면 고음(孤陰)이라 짝이 없는 형상이라 고독에 질병이 따른다. 그러므로 작명시 글자를 二陽一陰이나 二陰一陽이 되도록 글자를 선택하는 게 현대 성명학의 첫 과정이다.

(5) 오행(五行)

이 세상에 가득 차 있는 삼라만상(森羅萬象) 가운데 오행(五行)에 속하지 않은 것은 하나도 없다. 체(體)와 형(形)이 있는 것은 물론이고 체도 없고 형도 없어 쥐어도 잡히지 않고 보아도 보이지 않는 기(氣)에도 음양이 있어 살아 있는 생명체를 생멸성쇠(生滅盛衰)의 작용을 한다. 사람의 생김세(相)에도 오행 가운데 하나에 속하고 입속에서 나오는 소리에도 오행이 있다. 춘하추동

사시(四時)의 순환에 따라 한난조습(寒暖燥濕)의 기후 변함에 오행의 기(氣)가 왕쇠(旺衰)하는 것은 천지자연의 이치라 하겠다.

오행의 기본글자	木, 火, 土, 金, 水

오행(五行)이란 위에 기록한 木, 火, 土, 金, 水 5가지 뿐이다. 十干十二支에도 오행이 있고, 사주학 주역학 구궁팔괘(九宮八卦) 및 음.양 택 논리에도 오행의생극 작용의 원리를 적용하지 않으면 길흉을 논할 수 없다. 성명학에도 오행생극에 의한 길흉의 비중이 매우 높은 것을 뒷글의 내용에서 알게 될 것이다.

본 성명학에서 다루는 오행은 음오행(音五行)과 자변오행(字邊五行)과 자의 오행(字意五行)과 삼재(三才)에 매인 오행 등 4가지가 있다.

① 음오행(音五行)

소리는 뱃속 깊은 곳 단전(丹田)에서 시작되는 것이지만 소리를 직접 발하는 곳은 입안이고, 소리의 형태가 달리 나오도록 하는 곳은 입안에 있는 기관 즉 목구멍, 어금니, 이(齒), 혀(舌) 와 입술(脣)이다. 짐승도 사람처럼 입안에는 5가지 기관을 다 갖추고 있음에도 단순한 소리만 낼 수 있는 것이지 말을 할 수가 없는 것은 이렇게 만든 조물주에게 깊은 의미가 있기 때문이다. 같은 동물 가운데 사람만이 말로써 마음대로 의사표시를 할 수 있다는 것은 천지신명께 감사한 마음을 잊지 말고 착한 일을 많이 하면서 살아야만 그 감사함을 보답하는 방법이 될 것이다.

발음오행의 원리는 아래와 같다.

궁음(宮音)   土   후음(喉音) 목구멍소리-아. 하로 나오는 소리
상음(商音)   金   치음(齒音) 잇소리 – 사. 자. 차로 나오는 소리
각음(角音)   木   아음(牙音) 어금니소리 – 가. 카로 나오는 소리
치음(徵音)   火   설음(舌音) 헛소리 – 나. 다. 라. 타로 나오는 소리
우음(羽音)   水   순음(脣音) 입술소리 – 마. 바. 파로 나오는 소리

◎ 음오행(音五行) 예

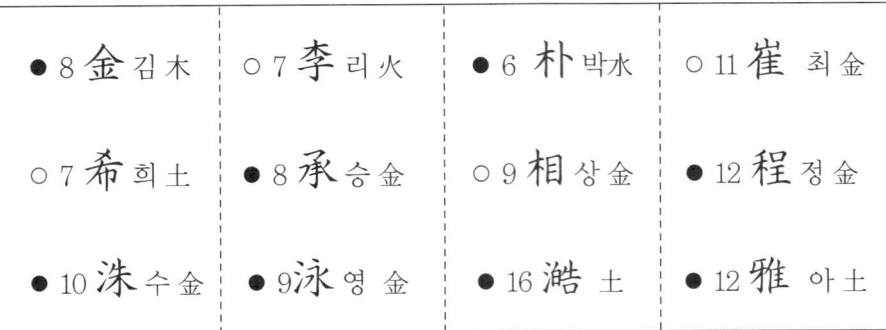

●8 金 김 木	○7 李 리 火	●6 朴 박 水	○11 崔 최 金
○7 希 희 土	●8 承 승 金	○9 相 상 金	●12 程 정 金
●10 洙 수 金	●9 泳 영 金	●16 澔 土	●12 雅 아 土

▶ 五行生克에 대해서는 아래 (5)항에서 기입한다.

② 삼재오행

삼재(三才)란 天·人·地를 칭한다.

이 오행을 알기에 앞서 성명 세 글자에 해당하는 획수부터 알아야 한다.

끝자리수가 1·2 – 木, 3·4 – 火, 5·6 – 土, 7·8 – 金, 9·10 – 水(이 법은 天干 순서의 글자로 오행이 길러진다.)

◉ 一字姓 二字名(성자는 한에 두 자 이름)

• 성자획수에 태극수 1을 더한 획수로 오행을 정한다 (天格)

• 성자의 (태극수 1을 더하지 않음) 획수에 윗 이름자 획수와 합산 오행을 정한다 (人格)

• 이름자 위 아래를 합친 획수로 오행을 정한다.(地格)

◉ 二字姓 二字名

남궁(南宮) 황보(皇甫) 선우(鮮宇) 제갈(諸葛) 등 姓이 두 글자로 된 경우는 태극수 1을 셈하지 않고 성자 두 글자만 합친 획수로 오행을 정한다(天格)

이름이 두 글자(二字名)면 성자 두 글자와 이름자 윗글자를 합친 획수로 오행을 정한다(人格)

⊙ 二字姓 一字名

姓字에 태극 1을 합친 숫자로 오행을 정한다 (天格)

1을 가산하지 않은 성자에 이름자의 획수를 합쳐 오행을 정한다 (人格)

⊙ 一字姓 一字名

姓字에 태극 1을 합친 숫자로 오행을 정한다. (天格)

1을 가산하지 않은 성자에 이름자의 획수를 합해 오행을 정한다 (人格)

이름자 획수에 1을 합친 획수로 오행을 정한다. (地格)

◎ 삼재오행(三才五行)의 예시

• 天人地에 매인 숫자를 天干 순서와 맞추면 이해가 된다

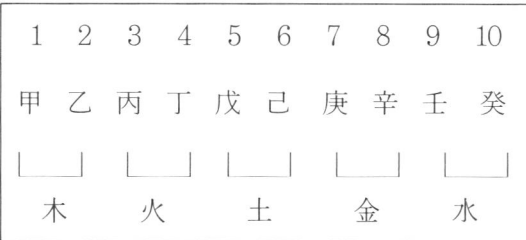

1	2	3	4	5	6	7	8	9	10
甲	乙	丙	丁	戊	己	庚	辛	壬	癸

木　　火　　土　　金　　水

• 음오행(音五行) 상생 배합이 잘 안될 경우 삼재오행(三才五行)을 상생되도록 구성하면 더욱 길하다.

◎ 음오행의 예시

가성	가성1	가성1		가성
金 8+1= 9 水 天	李 7+1=8 金 天	許11 12 木 天	鮮17　20 水 天 于3	南9　19 水 天 宮10
希 7 15 土 人	承8　15 土 人	19 水 人	永5　25 土 人	
				29 水 人
水 4 11 木 地	洙10　18 金 地	政8　9 水 地	秀7　12 木 地	晋10 11 木 地
		가성1		가성

③ 자변오행

자변오행(字邊五行)이란 한자(漢字)의 경우 대개 변(邊)과 本體로 하나의 글자가 이루어지는 바 변(邊)이 木, 火, 土, 金, 水 5가지 가운데 하나에 해당하면 자변오행이라 한다. 相 煥 培 欽 洙 등의 예다.

이 자변오행은 씨족마다 항렬자에 많이 쓰이고, 사주를 보아 빠져 있는 오행을 보충하는데 사주가 차고 냉한(冷害)하면 木火로, 사주가 덥고 매마르면 金이나 水에 속하는 글자로 이름을 지어 식혀 주는 방법으로 조후(調候)용신을 하는데 그 실질상에 있어 그 효과가 몇%인지는 몰라도 이론은 그럴듯하다.

◎ 木 나무목변에 해당하는 글자의 예

| 木 末 本 李 杞 杜 材 杓 束 東 柿 林 枝 松 杰 枯 柱 |
| 柄 柳 桂 林 栽 桓 核 格 梧 梅 梁 植 森 楠 |

◎ 火인 불화변(火邊)에 속하는 오행은 다음과 같다.

| 火 灰 灸 炅 炎 炫 炤 炯 烏 烈 焉 無 焚 熙 煩 煥 煌 |
| 熊 熏 熅 |

◎ 土인 흙토변의 글자

| 土 址 坤 坡 昑 培 埈 圭 在 均 載 奎 堯 根 城 陸 境 |

◎ 金인 쇠금변(金)에 속하는 글자

| 金 欽 針 鈞 鈍 鉉 鈴 鈺 微 銀 錄 錫 鐵 鎬 鍾 鐘 鐸 |

◎ 水인 물수변(水)에 속하는 글자

| 永 求 池 洹 沄 沅 沙 洙 沈 沈 治 注 泰 泯 泉 泫 |
| 沼 河 湖 海 溪 泓 水 |

④ 자의오행

　자의오행(字意五行)이란 木火土金水의 오행이 오행으로 된 변이 없고 깊숙이 숨어 있어 초보자로서는 알아내기 쉽지 않다. 이 오행은 작명(作名)하게 될 경우 생년월일시 사주 구성이 뭐(오행)가 없어 아쉬울 경우 사용하면 매우 좋다.

　◎ 木에 속하는 글자
　東 元 仁 始 生 甲 乙 寅 卯 辰 三 八 靑 龍 初 春

　◎ 火에 속하는 글자
　南 亨 禮 再 盛 丙 丁 巳 午 未 二 七 赤 朱 煦 炤 夏

　◎ 土에 속하는 글자
　中 央 信 戊 己 五 十 句 陳 騰 蛇 季

　◎ 金에 속하는 글자
　金 義 西 兌 利 乾 庚 辛 酉 四 九 白 秋

　◎ 水에 속하는 글자
　水 坎 北 智 玄 壬 癸 亥 子 一 六 黑 冬 寒

⑤ 干支五行
　● 十干五行

甲	乙	丙	丁	戊	己	庚	辛	壬	癸
木		火		土		金		水	

● 十二支 五行

子 丑 寅 卯 辰 巳 午 未 申 酉 戌 亥
｜ ｜ └─┘ ｜ └─┘ ｜ └─┘ ｜ ｜
水 土 木 土 火 土 金 土 水

寅 卯 巳 午 辰 戌 丑 未 申 酉 亥 子
└─┘ └─┘ └─┴─┴─┘ └─┘ └─┘
木 火 土 金 水

⑥ 수오행과 기타

● 수오행

三·八 木, 二·七 火, 五·十 土, 四·九 金, 一·六 水

● 색오행(色五行)

청색 – 木, 적색 – 火, 황색 – 土, 백색 – 金, 흑색 – 水

● 방위 오행(方位五行)

동방　　　남방　　　중앙　　　서방　　　북방
　　　木　　　火　　　土　　　金　　　水
東方　　　南方　　　中央　　　西方　　　北方

● 팔괘오행(八卦五行)

건금　　태금　　이화　　진목　　손목　　감수　　간토　　곤토
乾金　　兌金　　離火　　震木　　巽木　　坎水　　艮土　　坤土
양　　　음　　　음　　　양　　　음　　　양　　　양　　　음
老父　　少女　　中女　　長男　　長女　　中男　　少男　　老母

※ 乾卦를 老陽, 坤卦를 老陰이라 한다.

◎ 합오행(合五行)
合에는 干合 支合(三合·六合·方合)이 있다.

● 干合五行

甲	己	乙	庚	丙	辛	丁	壬	戊	癸

合　　合　　合　　合　　合
土　　金　　水　　木　　火

● 三合

申 子 辰　巳 酉 丑　寅 午 戌　亥 卯 未

合　　　合　　　合　　　合
水　　　金　　　火　　　木

● 六合

子 丑　寅 亥　卯 戌　辰 酉　巳 申　午 未

合　　合　　合　　合　　合　　合
土　　木　　火　　金　　水

● 方合

亥子丑 － 北方水　　寅卯辰 － 東方木
申酉戌 － 西方金　　巳午未 － 南方火

(6) 오행의 생극비화

木火土金水 五行은 서로 生해 주고 克하고 비화(比化)되는 관계가 있다.

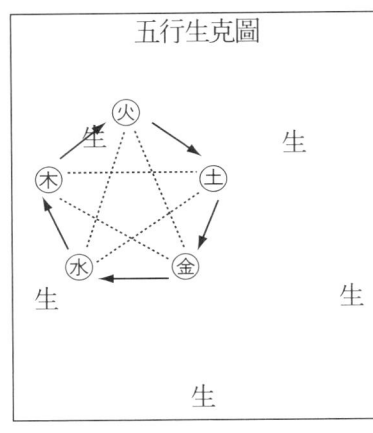

① 五行相生

　　木生火, 火生土, 土生金, 金生水, 水生木

② 五行相克

　　木克土, 土克水, 水克火, 火克金, 克克木

③ 五行比和

　　木木, 火火, 土土, 金金, 水水

{알림} 밖의 線은 相生, 內線은 相克이다

참고) 대개 우리나라 이름 짓는 풍속은 현재처럼 음양과 발음과 수리와 오행 등을 무시하고 조상으로부터 이어내려온 항렬자(行列字)에 의하여 이름을 짓되 단 항렬자는 그대로 두고 항렬자의 아래 혹은 위에 글자를 채워 넣고 될수록 글자와 발음이 같은 항렬끼리 중복되지 않도록 해왔다. 그러나 갑자기 문명이 고속도로를 달리듯이 몇 계단씩 뛰어넘어 자동차라는 편리하고도 사고나기 쉬운 문명의 이기(利器)로 인해 사고가 빈발하고 모유(母乳)가 아닌 소나 양의 젖으로 가공한 우유를 먹고 자라서 그런지 누가 보더라도 화약고(火藥庫) 같아 살짝만 건드려도 즉시 폭발할 것 같은 성정들이다. 심한 경우 위 아래가 없는 시대풍조로 바뀌어 살인강도가 아니라도 명분 없는 폭력과 칼부림을 하는 까닭에 이름이라도 좋은 이름을 지어 사업도 순조롭고, 신변의 안전도 기하고자 이름이라도 잘 짓고 싶은 마음이 생겨 그런지는 몰라도 신생아의 항렬자가 성씨와 길격을 못 이루게 되면 항렬자 없이 좋다는 이름으로 지어 불러온 예가 이미 오래 전의 추세라 하겠다. 그러나 일부 보수적 경향이 있는 분은 항렬자를 넣어 이름 짓기를 원하는 분도 적지 않은 추세라 하겠다. 그래서 항렬자는 어떤 원리로 선정하였는지 살펴보자.

· 항렬자(行列字)는 어느 씨족을 막론하고 거의가 五行이 相生해 나가는 글자로 선택하였다.
· 경주이씨(慶州李氏)의 예를 든다

```
        金         水   木    火    土
圭 ○  鍾 ○    ○ 雨   相  ○ ○熙    ○ 奎
    圭→鐘→雨→相→熙→奎
```

土生金 金生水 水生木 木生火 火生土의 相生이다

· 한가지 예를 더 들어보자 (淸州韓氏의 예)

鎭→永→槙→履→敎→錫→洙 →相→熙→奎

金→水→木→火→土→金→水→木→火→土

단 火에 履로 되었는데 五行의 의(義)에 해당하는지 아닌지는 未詳이다.

요즈음에 와서는 반드시 항렬자를 넣어 이름을 지을 필요가 없으니 작명가가 알아서 좋은 이름으로만 작명해 달라는 주문이 일반적이고 항렬자를 넣어 작명 부탁하는 경우는 열에 한 분 정도로 흔치 않았다. 그래서 항렬자(行列字)를 넣고 지을 경우 그 항렬자가 수리구성(數理構成)에 길격으로 구성될 경우 항렬자를 써도 좋다.

(7) 성명 구성의 오행 생극

오행은 木生火 火生土 土生金 金生水 水生木 식으로 상생됨을 기뻐하고 상극됨을 꺼린다. 오행은 3글자 이름인 경우 반생반극(半生半克)의 구성이 있고 (또는 二生一克)과 一生二克)이 있다. 성명 3글자가 모두 상생으로 구성되면 일단 오행 배합은 大吉이며 生이 둘이고 克이 하나면 소길(疎吉)한 배합이며 生이 하나이고 克이 둘이면 小凶한 배합이고 이름 上中下가 모두 상극으로 배합되면 불리한 이름이다.

① 오행이 상생된 배합

金水木　金土火　金金水　金水水　金金土　金土土
金水金　金土金　金　水　金　土
木火土　木水金　木木火　木火火　木木水　木水水
木火木　木水木　木　火　木　水
水木火　水金土　水水木　水木木　水水金　水金金
水木水　水金水　水　木　水　金
火土金　火木水　火火木　火土土　火火水　火木木
火土火　火木火　火　土　火　木
土金水　土火木　土土金　土金金　土土火　土火火
土金土　土火土　土　金　土　火

② 오행의 生克이 반반인 것

木土火　木火水　木金水　木水火　火土土　火土木
火水木　火木土　土水金　土金火　土木火　土火金
金木水　金水土　金火土　金土水　水火木　水木金
水土金　水金木

위 배합은 음오행 상생격으로 대길(大吉)하며 아래(五行二生一克)는 소길(小吉)이라 무방한 배합이다.

③ 음오행(音五行)이 상극되는 배합

木土水　木金火　木木土　木土土　木金金　木木金
木　土　木　金　火金木　火水土　火火金　火金金
火水水　火火水　火　水　火　金　土水火　土木金

```
土土水  土水水  土木木  土土木  土  水  土  木
金木土  金火水  金金木  金火火  金木木  金金木
金  木  火  金  水火金  水土木  水水火  水火火
水土土  水水土  水  火  水  土
```

일러두기 이 오행생극표는 음오행(音五行)의구성에만 작용된다. 삼재오행(三才五行)의 배합관계는 뒤에 별도로 기술한다.

(8) 수리

수(數)의 의(義)

수리(數理)는 성명 구성에 있어 가장 중요하다.

수(數)는 대자연의 질서요 법칙이다. 이 수(數)의 법칙에 의하여 만유(萬有)는 존멸(存滅)과 성쇠(成衰)가 이루어지고, 이 수의 질서와 순환의 법칙에 의하여 태허 공간에 가득찬 별들도 일정한 궤도와 일정한 시간으로 돌고 있다. 만약에 헤아릴 수 없이 많은 별 가운데 그 하나가 움직이지 않고 제자리에 멈추어 있다면 레일을 타고 달리던 기차가 멈추면서 다른 기차와 충돌하는 것과 같은 사고가 발생할 것이다. 때문에 수(數)의 다소에 의한 도량형(度量衡)의 크고 작고, 많고 적고, 멀고 가까운 것 등의 비중이 정해진다. 그러나 한편 수(數)는 많아야 좋은 것이 있고 이와 반대로 적을수록 좋은 것이 있다. 예를 들어 재물과 인기는 많을수록 좋고, 학력 등수와 달리기 경주의 기록은 적은 숫자일수록 좋다. 또 좋은 일은 많이 생길수록 좋고 나쁜 일은 적게 당할수록 좋은 것이다. 그러므로 인간의 갈등은 이 수의 많고 적은 것으로 삭기지만 숫자에 대해 집착하지 않고 초연할 수 있다면 가장 어렵다는 자기 자신과의 싸움에서 이기는 것이다. 그래서 이길 수 있다면 용자(勇者)가 될 것이다.

나라마다 좋아하는 숫자와 싫어하는 숫자가 있다. 좋아하는 숫자로 누구와 만나는 날짜를 정하거나 아파트 층 번호를 선택하거나 전화번호 통장번호 및 기타 선택권이 있는 일에 좋아하는 숫자를 선취하고 싫은 숫자를 피하지만 기분이 그러할 뿐 막상 사용하고 보면 신통한 일이 별로 없을 것이다. 우리나라 사람 대부분은 4란 숫자와 9와 10의 숫자를 꺼리고 있다. 4란 숫자는 죽을 사(死)자와 발음이 같아서이고 9는 아홉고비, 즉 10이란 두자리수를 뛰어넘기 어렵다는 생각에서다. 9는 철옹성같이 튼튼하고 높은 담벽을 넘어가기 만큼 어렵다는 뜻에서이고 10은 1을 떼면 0이다. 0은 공(空)이란 의미로서 아무것도 없는 무(無) 자체이기 때문인 것 같다.

현대 성명학에서의 수리는 음양과 오행(五行)의 생극비화 보다 한단계 높게 작용되고 있다. 총 81수가 있는데 원리가 그러할 뿐 아무리 획수(한문글자)가 많은 글자 셋을 합치더라도 70획 이내에 든다. 한자수(漢字數)의 획수 계산은 세로로 이름을 썼을 떼 이름자 하나씩에 매인 숫자가 아니고 이름자 상하를 합친 획수, 성과 위 이름자를 합친 획수, 성자와 아래 이름자를 합친 획수, 성명 세 글자를 다 합친 획수로 원(元)·형(亨)·이(利)·정(貞)으로 명칭하여 성자 수리의 길흉이 추리되는 것이다.

(9) 글자(漢字)의 획수에 대하여

필자가 고객의 청에 의하여 작명해 주다 보면 고객(이름지어간 사람)에게서 의문스럽다며 전화를 걸어오는 경우가 간혹 있다. 글자의 획수가 맞지 않기 때문이라 한다. 그래서 그 까닭을 자세히 설명해 준 뒤에야 안심하는 것 같았다.

본 책자에서 획수를 따지는 바른 이치는 아래와 같다.

●본 현대 성명학의 글자 획수는 서획(書劃)이 아니라 자원획수(字源劃數)이다.

性자는 8획이 아니고 9획이다. ↑가 心의 4획으로 계산해야 한다.

洙자는 9획이 아니고 10획이다. 까닭은 氵가 水의 4획에서 나온 때문이다.

持자는 9획이 아니고 10획으로 따진다. 扌는 手변이오 手의 획수로 사용하기 때문이다.

珉자는 9획이 아니고 10획이다. 王는 玉의 5획으로 취용해야 되기 때문이다.

肯자는 8획이 아니고 10획이다. 月月은 肉의 6획으로 취용하기 때문이다.

芳자는 8획이 아니고 10획으로 계산해야 바르다. ⺿의 원획은 艸이기 때문이다.

道는 13획이 아니고 16획으로 계산해야 한다. 辶가 辵의 7획으로 계산해서다.

邦은 7획이 아니고 11획으로 계산해야 한다. 阝가 邑의 7획이기 때문이다.

遠은 14획이 아니고 16획이다.

阿는 8획이 아니고 13획으로 정해야 한다. ß 는 阜의 8획에 해당하기 때문이다.

忄 – 心, 氵–水, 扌–手, 王 – 玉, 月–肉, 艹 – 艸, 辶 – 辵, ß – 阜

2. 사격(四格)과 삼재(三才)

(1) 사격(四格)의 수리(數理)계산법

사격(四格)이란 원·형·이·정(元亨利貞)이다

① 원격(元格)

◎ 一字姓 二字名의 예

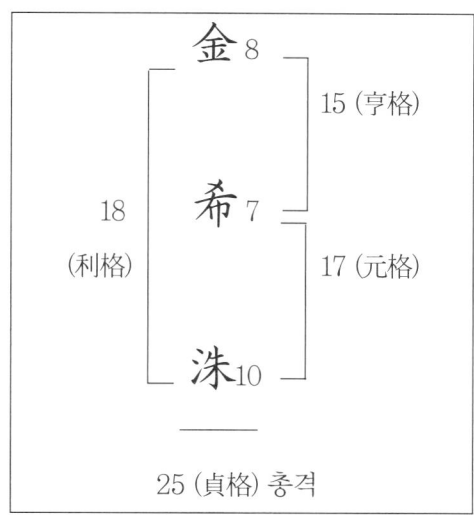

왼편 이름은 一字姓 二字名의 예다 (우리나라는 일자성 이자명이 95%를 차지한다).

원격(元格) : 이름자 上下를 합친 숫자를 원격이라 한다. 이 원격에 해당하는 운명의 작용은 1세부터 20세 까지의 길흉이 작용된다. 예의 이름은 17획수가 원격이다.

형격(亨格) : 성자에 윗 이름자 획수를 합친 것을 형격(亨格)이라 한다. 이 형격수리는 20세부터 45세까지의 운세에 작용한다. 한참 숙련되고 활동이 많은 연령대이므로 원·형·이·정 사격 가운데 가장 중요한(성패를 좌우하는) 수리이다.

이격(利格) : 성자와 이름 아래 글자의 획수를 합친 수, 예의 형격수리는 성자 金이 8획, 아래 이름자 洙자가 10획, 합해서 18획이다. 이 이격(利格)으로는 45세 이후 生을 마칠 때까지 운세의 길흉을 추리한다.

정격(貞格) : 성명 세 글자의 획수를 다 합친 수리로 이 정격을 총격(總格)이라고도 한다. 정격수리로는 일생 전반에 대한 운세를 총괄적으로 추리한다.

◎ 一字姓 一字名의 예

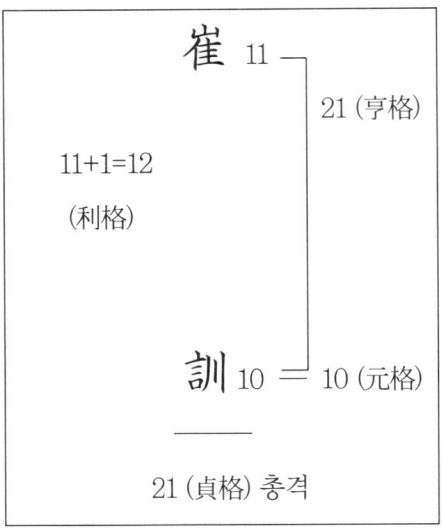

성자 하나에 이름도 한 글자인 경우의 사격(四格) 예이다

원격(元格) : 아래 이름 訓자의 획수로 원격을 정한다.

형격(亨格) : 성자와 이름자 하나(假成 없음)를 합친 숫자로 형격(亨格)을 정한다.

이격(利格) : 성자에 태극수 1을 더한(예시의 겨운 11+1=12) 수(12)로 이격을 놓는다.

정격(貞格) : 가성수(加成數) 없이 성과 이름 두 글자를 합친 숫자로 정격(貞格)을 놓는다.

◎ 二字姓 二字名의 예

원격(元格) : 이름 두 글자 합수(秀7 賢15), 22를 원격으로 놓는다.

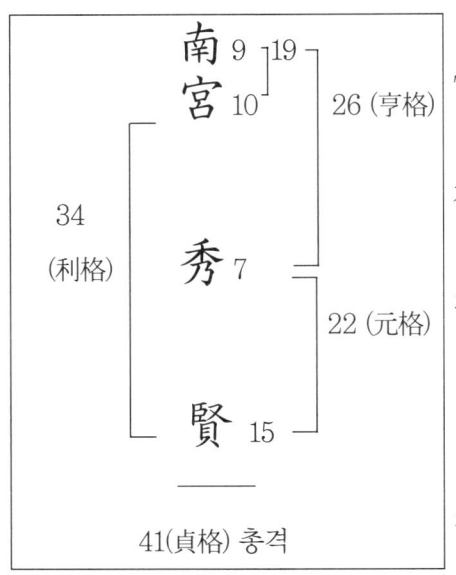

형격(亨格) : 二字姓 합친 수 19에 위 이름자(秀7)을 합친 수(26)로 형격(亨格)을 놓는다.

이격(利格) : 이자성 합친 수(19)에다 아래 이름자(賢15)의 획수를 합쳐 이격(利格)을 놓는다.

정격(貞格) : 가성수(假成數) 없이 성명 4글자의 획수를 총합(41)하여 정격(貞格)을 놓는다.

◎ 二字姓 一字名의 예

원격(元格) : 가성(假成) 없이 아래 외자 이름 9획이 원격다.

② 형격(亨格) : 성자 두 글자를 합친 수(數)에 외자 이름 획수를 합쳐 형격을 놓는다.

③ 이격(利格) : 성자 두 글자의 획수를 모두 합한 수(數)로 이격을 놓는다.

④ 정격(貞格) : 성자 두글자의 합(16획)과 외자 이름 획수 (9획)를 모두 합친 것을 정격이라 한다.

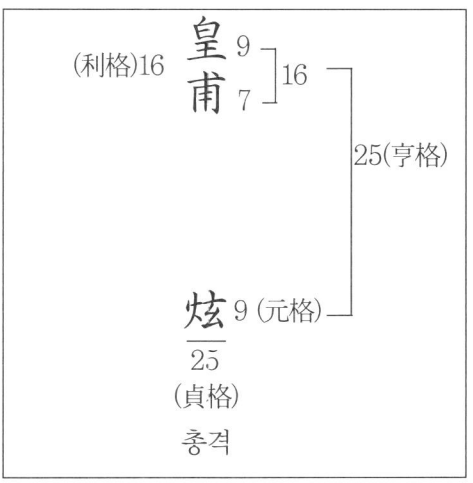

3. 수리와 운세

(1) 수리의 의의와 작용

성명 81수의 격 명칭

이상 원 · 형 · 이 · 정(元亨利貞)으로 분류 구성된 사격(四格)의 예에서 보았듯이 현대성명학 법식에 의한 수리란 글자 한자의 획수가 아니고 이름 두 글자의 합수, 성과 위 이름자 두 글자의 합수, 성과 이름 아래 글자의 합수, 성명 세 글자의 합수로 수리의 격을 놓는다. 단 외자 이름은 이름자 하나만의 획수로 예를 들어 성은 최, 이름 한자는 훈(訓)이라면 訓字 10획이라 81 수리 구성상 원격 10수는 공허격(空虛格)이라 一字名에서는 4, 9, 10, 14, 19, 20, 22획 등으로 된 외자 이름자는 피하는 게 좋겠으나 이런 경우(이름자 하나로 된 것)는 불리한 수리의 글자라 할지라도 나쁜 작용력은 감소된다.

81수 가운데 가장 적은 획의 이름은 정일(성은 丁, 이름은 一)이고 丁大, 丁九, 丁文, 丁今, 卜一, 卜七, 卜三, 卜大 등인데 정일이란 이름의 주인공은 일찍 부친 사망하고 중소기업에서 근무중이며 그저 평범하게 살고 있다.

◎ 예시 (가장 적은 획수의 이름)

2丁 정 2丁 정 2丁 정 2丁 정

1一 일 3大 대 4文 문 4今 금

2卜 복	2卜 복	2卜 복	2卜 복
1一 일	2七 칠	3三 삼	3大 대

◎ 획수가 적은 성자(5획 이내에 해당하는 글자)

卜	丁	弓	大	千	孔	毛	文	方	卞
점복	장정정	활궁	큰대	일천천	구멍공	터럭모	글월문	모방	꼭지변

夫	元	尹	太	片	丘	白	史	石	申
지아비부	으뜸원	맏윤	클태	조각편	언덕구	흰백	사기사	돌석	납신

玉	王	田	皮	玄
구슬옥	임금왕	밭전	거죽피	검을현

嚴	鶯	鸞
20	21	30

성명 세 글자를 합쳐 81수를 넘는 경우가 거의 없고 보는데 우리나라 실존 인물로는 지난 날 인기 여배우였던 엄앵란씨라도(확실치는 않으나 아무리 엄 앵 란이란 이름의 글자를 획수가 큰 글자로만 구성해 보아도 嚴자 20획 鶯자 20획 鸞자23획이라 총합해서 63 획이라 81수까지는 실질적으로 해당하는 예가 없으나 제갈씨(諸葛氏)에 二字格이라면 거의 81수 가까운, 우리나라에서 가장 획수가 많은 이름을 가진 사람도 없지 않을 것이다.

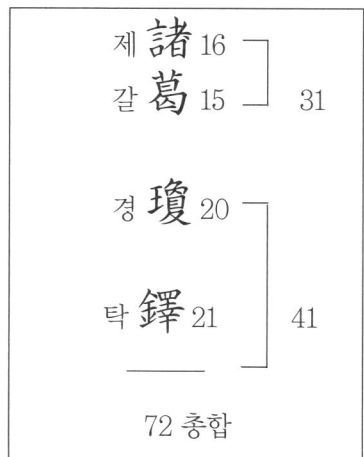

제	諸 16	┐	
갈	葛 15	┘	31
경	瓊 20	┐	
탁	鐸 21	┘	41
	72 총합		

오른편 예와 같이 제갈성씨 가진 사람이 두자(二字)이름으로 가장 많은 획수의 이름으로 짓고자 할 경우도 81획까지는 글자의 획수가 많이(10획 정도) 모자란다.

1 이란 숫자는 모든 형태의 수(數) 가운데 첫 번째요 시작이라 긍지를 가져도 좋은 숫자다. 특히 창업, 출발에 유리하고 기세가 마치 장수가 많은 군사를 이끌고 적진을 향해 치달리는 것에 비유할 수 있다. 그래서 1은 창업수요 기본수라 한다. 81수

가운데 1에 해당하는 11수 신성격(新成格-吉), 21수 두령격(頭領格-吉), 31수 융창격(隆昌格-吉), 41수 대성격(大成格-吉), 51수 춘추격(春秋格-길흉상반) 61수 영화격(榮華格-吉) 71수 만성격(晩成格-小吉) 81수 환원격(還元格-吉) 이와 같이 1에 해당하는 스리는 모두 길격이다. 0의 수는 10, 20, 30, 40, 50, 60, 70, 80의 수와 의(義)가 거의 같다. 0은 마치 사람 짐승 등 어떤 것을 막론하고 드나들 수 없이 폐쇄된 모습이라, 마치 젊은 나이에 감옥어 갇혀 꼼짝 못하는 형상이며, 또는 출입문을 봉쇄하여 출입하는 이가 없으므로 정적(靜的)인 형태, 이러한 분위기에서는 아무것도 못한다. 그래서 10수는 공허격(空虛格-텅 비어있슴) 20 허망격(虛妄格-희망이 좌절됨) 0수는 부몽격(浮夢格-꿈속의 장면처럼 허무함) 40수 무상격(無常格-민사 그대로 있지 않고 허무하게 변화됨) 50수 불행격(不幸格-불행한 일만 생김) 60수 암흑격(暗黑格-빛이 차단되어 캄캄함) 70수 적막격(寂寞格-고독하고 무미건조함) 80수 사격격(四隔格-사방이 꽉 막혀 있음)

(2) 81수 명칭표

1 기본격(基本格)○	2 분리격(分厘格)×	3 형성격(形成格)△	4 부정격(不定格)×
5 정성격(定成格)△	6 계승격(繼承格)×	7 독립격(獨立格)△	8 개물격(開物格)○
9 궁박격(窮迫格)×	10 공허격(空虛格)×	11 신성격(新成格)○	12 박약격(薄弱格)×
13 지모격(智謀格)○	14 이산격(離散格)×	15 통솔격(統率格)○	16 덕망격(德望格)○
17 건창격(建暢格)○	18 발전격(發展格)○	19 고난격(苦難格)×	20 허망격(虛望格)×
21 두령격(頭領格)○	22 중절격(中折格)×	23 공명격(功名格)○	24 입신격(立身格)○
25 안전격(安全格)○	26 영웅격(英雄格)○	27 중단격(中斷格)×	28 파란격(派亂格)×
29 성공격(成功格)○	30 부몽격(浮夢格)×	31 융창격(隆昌格)○	32 행운격(幸運格)○
33 승천격(昇天格)○	34 파멸격(破滅格)×	35 평안격(平安格)○	36 영걸격(英傑格)○
37 인덕격(仁德格)○	38 예능격(藝能格)○	39 안락격(安樂格)○	40 무상격(無常格)×
41 대성격(大成格)○	42 고행격(苦行格)×	43 미혼격(迷魂格)×	44 마장격(魔障格)×
45 대지격(大智格)○	46 나망격(羅網格)×	47 출세격(出世格)○	48 유덕격(有德格)○
49 은퇴격(隱退格)×	50 불행격(不幸格)×	51 춘추격(春秋格)	52 총명격(聰明格)○
53 우수격(憂愁格)×	54 신고격(辛苦格)×	55 불안격(不安格)	56 부족격(不足格)×

57 노력격(努力格)×	58 후길격(後吉格)○	59 실망격(失望格)×	60 암흑격(暗黑格)×
61 영화격(榮華格)○	62 고독격(孤獨格)×	63 길상격(吉相格)○	64 침체격(沈滯格)×
65 완성격(完成格)○	66 우매격(愚昧格)×	67 영달격(令達格)○	68 발달격(發達格)○
69 정체격(停滯格)×	70 적막격(寂寞格)×	71 만달격(晚達格)○	72 상반격(相反格)×
73 소성격(小成格)○	74 파탄격(破綻格)×	75 평안격(平安格)○	76 곤액격(困厄格)×
77 비애격(悲哀格)×	78 후곤격(後困格)×	79 종극격(終極格)	80 사격격(四隔格)×
81 환원격(還元格)○			

(3) 형격론(亨格論)

원(元)·형(亨)·이(利)·정(貞)의 사격(四格) 가운데 가장 영향력이 크게 작용하는 격이 형격(亨格)이다. 사람의 연령층에 비유하여 중년시대는 30세부터 50세 전후에 해당하는 연령층으로 이 연령대에 성공해야지 그렇지 못하면 시기를 놓쳐 중년층같이 활발하게 뛰지 못하므로 큰 성공은 접어두어야 한다.

형격이 13, 16, 23, 29수에 해당하는 가운데 정격(貞格- 이름 세글자의 획수를 다 합한 숫자)이 길하고 타격(원격. 이격)도 나쁘지 않으면 발명가. 철학가. 정치가 등에 입신(立身-모든 사람들에 이 셋 가운데 하나만이라도 달라짐)한다.

형격(亨格)이 13, 17, 18, 23, 26, 27, 45 등으로 구성되면 정치가에 유리한 수리이다. 그렇지 아니한 경우에는 문학가. 예술 방면에 마음을 두고 종사할 경우 인기가 대단할 것이다. 단 형격(亨格)수리는 위와 같더라도 정격(貞格)이 불리하면 도리어 형액(刑厄-관재수)이 따르거나 질병, 피살, 조난 등의 재난이 이르게 된다. 단 정격(총합수)이 길하고 타격이 좋으면 이상과 같은 액은 면한다. 그렇긴 해도 잔 근심이 생겨 형격이 작용되는 기간중에는 바람 잘 날이 없다.

형격이 15, 17, 23, 29 등의 강력한 의미의 수에 해당하면 편업(偏業-계리사 변리사 법무사 이발.미용사) 등으로 크게 발전한다.

형격이 23, 24, 29, 33, 37, 38 수리로 구성되면 문학가, 발명가가 아니면 고급공무원의 신분이다.

형격이 16, 21, 29, 32, 35 등의 수리에 해당하면 재운이 좋아 두자가 된다.

◎ 다음은 형격수리에 불리한 획수이다.

형격이 9, 14, 19, 20, 22, 26, 27, 28, 34 등에 해당하고 이격(利格)도 9, 14, 19, 29, 22, 26, 27, 28, 34 등에 해당하면 부부간이나 자녀와의 생이사별(生離死別)이 있다.

형격이 14이고 이격(利格)은 25수에 해당하는 이름의 주인공은 가정 내에서 시끄러운 일들이 자주 생겨나고 부부궁이 나빠서 2,3차 재혼하는 수가 있다.

형격이 14, 34, 44수에 타에 25수가 있으면 가정운이 나빠서 손재 우환 싸움 등으로 조용한 날이 없다. 그리고 남녀를 막론하고 2,3차 재혼하게 된다.

형격에 19수가 되고 원격에도 19수가 있으며, 아니면 타에 20, 22, 27, 28, 30, 40 등의 불길 수 등으로 구성되어 있으면 장애인이 될 우려가 있다. 어릴적에 소아마비에 걸려 다리가 온전치 못하거나 심한 경우 곱추 등의 장애인이 될 가능성이 있다. 혹은 수술의 실수나 부상에 의하여 몸이 온전치 못할 우려가 있다. 이상에서 지적한 장애인이 아니면 악질(불치병)에 걸려 명대로 살지 못한다.

형격은 19이고 원격(元格)도 19, 이격은 23, 정격은 27수에 해당하면 40대 초에 잔병치례로 고생한다.

형격이 19이고 이격(利格)에 19, 20, 22 등의 수(數)를 만나면 청년시절에 장애인이 되거나 단명할 가능성이 있다.

여자는 형격에 19가 있고 타에서 22수가 있으면 요사(夭死)한다.

형격에 22가 있고 정격이 30, 34, 36 등이 있으면 조난을 당하거나 단명하다

형격에 34, 36 수 등에 해당하면 늦은 나이에 조난을 당하거나 급한 증상으로 변사하는 수가 있다.

여자는 형격이이 21, 26, 27, 28, 30, 32, 33, 39 등에 해당하고 출생년이 辛, 辰, 午, 丙생이라면 청춘과부가 되거나 남편이 첩을 얻어 고독해지거나, 자신이 첩노릇을 한다.

여자는 형격에서 10수를 만나고 이격(利格)은 30, 원격은 26, 정격이 33수에 해당하는 이름자의 주인공이라면 자식을 두기 어렵고 또는 과부 신세를 면치 못한다.

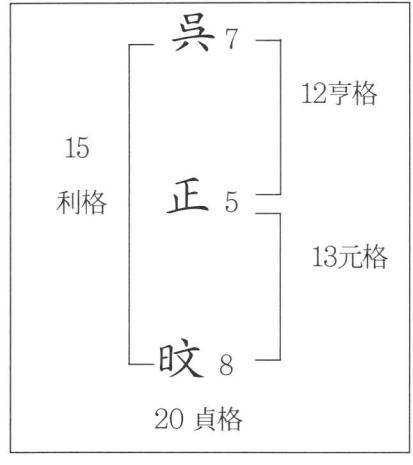

형격에 12, 원격에 19, 이격은 23, 정격은 27수에 해당하면 어릴적에 고생을 겪게 된다. 40 전후에 한차례 성공하나 오래 가지 못하고 말년운이 좋지 않다. 따지고 보면 잠깐 동안의 영화 는 누리지만 형액으로 고생한다.

형격은 길하고 정격(貞格)이 불길하면 일세(一世)에 명성을 떨칠 만한 성공을 했더라도 일시적이며 결국에는 불행해진다. 형격이 흉하고 정격이 길하면 명성을 떨치는 인물이라 할지라도 파탄이 심하다. 혹은 반생은 길하고 반생은 고생한다.

(4) 81수 길흉작용

① 길격 수리

원. 형. 이. 정을 막론하고 81수 가운데 길수(吉數)에 해당하는 수(數)는 다음과 같다.

1, 3, 5, 6, 7, 8, 11, 13, 15, 16, 17, 18, 21, 23, 24, 25, 31, 32, 33, 35, 37, 39, 41, 45, 47, 48, 52, 57, 61, 63, 65, 67, 68, 81

② 흉격 수리

위에서 체크한 길수(吉數) 이외에는 모두 흉수(凶數)에 해당한다. 다음과 같다.

2, 4, 9, 10, 12, 14, 19, 20, 22, 26, 28, 30, 34, 40, 42, 43, 44, 46, 50, 51, 53, 54, 55, 56, 58, 59, 60, 62, 64, 66, 69, 70, 72, 74, 75, 76, 77, 78, 79, 80

단 여자에 한해서는 22(頭領格) 33수(昇天格) 등은 비록 길격에 포함되지만 수리가 너무 세어 불길하다.

(5) 81수 길흉작용

$\boxed{1 \, 수}$ 기본격(基本格)

· 만물이 맨 처음 창시되는 형상(萬物始生之象)이다.

특성

1은 모든 수 가운데 첫 번째라는 의미를 지닌 강렬할 수 있다. 연약해 보이는 초목의 싹이 사람의 발걸음으로 단단히 다져진 도로의 땅속에서 어떻게 그 굳은 장을 뚫고 밖으로 나오는지 신비하다. 봄을 맞이한 초목은 만물에 차별 없이 넣어 주는 생기(生氣)의 강한 힘 때문이다.

운세

1은 우주 창시의 최초 모습이다. 무극(무극)인 ○의 시대에서 진화되어 최초 일기시생(一氣始生)의 무극에서 태극 1이 창시된 일기시대에 비유된다. 그래서 삼재(三才) 구성에 있어 성자(姓字)에 1을 가산하는 것이다. 한편 1수가 무척 강한 수의 의미와 같으나 그렇지만은 아니하다. 경험이 없는 첫 출발, 첫 대결 등으로 시작해서 좌절될 수도 있는 불안한 수에도 해당한다.

1수의 철학적인 뜻은 천지개벽의 모습에 비유되고 만물이 비로소 창시되는 모습이며 밝은 태양이 동녘 하늘에 솟아오르는 장엄한 모습이다.

$\boxed{2 \, 수}$ 분리격(分離格)

· 만가지 사물이 두 가지로 분리되는 상(萬物二分之象)이다.

특성

두 갈래진 기로(岐路)에서 어느 길로 들어설지 몰라 결정짓지 못하고 방황하는 모습이며 길을 비쳐줄 등불을 잃고 캄캄한 밤에 길을 찾지 못하는 상태에 비유된다.

운세

가까이 와야 할 것은 오지 않고 도리어 내게 있었던 것조차도 내 곁을 떠난다. 육친과의 이별. 뜻을 같이 하던 동지들과의 분산. 재물의 손실. 직장에서의 해직. 건강의 악화 등 온갖 불행한 일들이 연달아 생겨나는 흉수다. 뿐만아니라 어려울 때 도와주는 사람이 없으므로 혼자 곤궁한 상태에서 해결해야만 되는 운세다. 단 타격(他格)의 수리가 길하면 좋은 일, 나쁜 일 반반씩 이룰 것이다.

성취격(成就格)

· 이 수리는 길격으로 나날이 발전하는 형(日日進就之象)이다.

특성

지혜가 뛰어나고 운도 따르니 일찍이 품은 뜻을 성취하여 이름이 사방에 퍼지게 된다. 타격이 모두 길한 가운데 원격(元格)이나 형격(亨格)에서 이 수를 만나면 부부 화목하고 나날이 재산이 는다. 공직자의 경우 지위가 뛰어오른다. 주인공도 자신의 재주만 믿지 말고 열심히 노력하면 많은 사람들을 깜짝 놀라게 되는 특채(特採)가 있다.

운세

큰 인품을 지닌 사람이면 무리의 우두머리가 될 수리이고 머리가 빨리 돌아가 좋은 기회가 있으면 놓치지 않고 실행함으로써 이 점만 유의하면 크게 성공한다.

4 수 부정격(不定格)

· 이 수의 이름에 해당하는 주인공은 손대는 일마다 중도에 장애가 생겨 진행이 안되는 흉격 수리다.

특성

주인공은 자신의 재능만 믿고 자신이 넘치지만 믿는 정도가 지나쳐 남이 보기에도 안타깝다 하겠다.

운세

4는 사방으로 갈라져 나간다는 의미를 지닌 숫자이므로 부모처자와의 이별도 면하기 어렵다. 대부분의 세월을 타관에 나가 방황하게 되니 고생은 말로 헤아릴 수 없다. 심한 경우 몸에 질병이 떠나지 않으므로 단명할 우려도 있다. 이 수리의 주인공은 먼저 가정에서 화합에 힘쓰고 밖에 나가서는 웬만한 일은 남에게 양보하며 인화(人和)에 힘쓰면 액(厄)이 감소되어 최악의 불행에는 이르지 않을 것이다.

5 수 정성격(定成格)

· 음양이 화합되는 상(陰陽和合之象)이라 복록을 누리며 만사의 진행이 순조로워 세운 뜻은 성공한다.

특성

그러므로 선비는 관록이 이르고 경영인은 이익이 날로 는다. 뿐만 아니라 윗사람의 총애가 있어 근무하는 입장일 경우 중도에 그만두는 일이 없이 주인공 스스로 물러날 때까지 직장이 보장된다.

운세

타고난 천성이 착하고 인정이 많아 불쌍한 사람을 보면 있는 것 다 털어줄 정도의 자비를 베풀기도 한다. 적선지가필유영(積善之家必有榮)이라 인간 구제하는 선한 일을 많이 하면 그 가정에는 반드시 영화를 누린다 하였다. 바라지도 않았던 좋은 일이 생겨 그 이름이 온 누리에 퍼지게 된다 하였다.

6 수 계성격(繼成格)

· 조상이 쌓은 음덕을 주인공이 받아 발달한다.

특성

성격이 원만하나 감정이 예민하여 때로는 남의 의중을 꿰뚫은 것 같이 생각되지만 지나친 생각이다. 남녀 모두 바람기로 인해 돈이 헤픈 경향이 있으나 대체로 인색한 경향이 있고 자신을 위해서는 돈을 잘 쓰는 편이다. 지닌 재주가 많아 팔방미인 격. 그러나 장부다운 기개와 대범한 사고방식이 요구되는 수리이다.

운세

인덕이 있어 능력 있는 사람의 도움이 많다. 부모 조상에게서 토지를 물려받거나 아니면 대대로 내려오는 전통의 재주가 있어 경제적으로는 어려움이 없다. 그릇이 크지 못하므로 큰 벼슬이나 큰 재물은 얻기 어려워도 처자를 거느리고 사는 데는 옹색함이 없다. 단 남을 의심하는 버릇은 고치는 게 자신을 위해서는 좋다.

7 수 독립격(獨立格)

· 남의 도움 없이 홀로 노력해서 권세를 누리는 상이다.

특성

외강내유(外剛內柔)라 속으로는 겁이 많고 마음이 약하나 외면으로는 사납고 강하여 남이 깔보지 못한다. 의지할 사람이 없어 홀로 개척하려다 보니 괜한 일에도 피해의식을 떨치지 못하며 항상 감정을 나타내지 않고 속에 담아 두는 경향이 있다. 고독한 모습이라 능력이 있더라도 자만심을 버리고 겸허하게 처세하면 자연히 호흡을 같이 맞추어주는 협력자가 생길 것이다.

운세

군사를 이끌고 보무당당히 적군과 맞서서 싸워 이기고 개선가를 부르며 귀환하는 장부의 모습이다. 진행해 나가는 중간에 약간의 장애가 있으나 그 장애를 제거하고 자신이 세운 뜻을 이루게 된다. 여자는 여자라기보다 남성에 가까운 상이라 남편의 기를 누르고 자신이 하고자 하는 일을 관철하려는 의지가 강하여 가정적으로는 불행할 수도 있다. 남은 깔볼지라도 가정에서만 가족과의 화합에 힘쓰면 안락한 가정을 이룰 수도 있다. 경제적으로는 일생 궁핍할 때가 없을 것이다.

[8 수] 개물격(開物格)

· 만 가지 일에 운이 트여 어두운 곳을 벗어나 밝은 곳으로 나아가는 상(象)이다.

특성

두뇌회전이 빨라서 좋은 기회를 포착하는 데 남을 앞선다. 그리고 주관이 강해서 남의 말을 잘 받아들이려 하지 않는다. 근면 성실하여 노는 때가 없는 것은 불확실한 미래에 큰 뜻을 이루려 하기보다는 공(功)의 효과나 액수는 적어도 현찰을 챙기는 타입이다.

운세

강하다. 그래서인지 아무리 어려운 일을 당해도 용케 풀린다. 게다가 철석같이 강한 의지로 초지일관 자신감을 가지고, 일을 운영해 나가지만 만약 운세가 약하면 비록 천 사람의 지혜를 모은다 할지라도 성공이 어렵다.

[9 수] 궁박격(窮迫格)

· 양기(陽氣)가 다 없어지고 음기(陰記)가 점점 왕성해지는 상이다. 때문에 중년나이가 시작되는 때부터 말년까지는 모든 일에 가둥쳐 정리한다는 마음으로 서서히 축소해 나가야 후회됨이 업겠다.

특성

지능이 탁월하고 위기를 극복하는 데 천재적이지만 재주가 운세를 이기지 못한다.

남보다 지혜가 앞서고 활동력이 왕성하나 신명(神明)이 돕지 않으니 어찌하랴.

운세

처음은 큰일 한두 가지를 성공적으로 이끌어 나갔으나 역풍(逆風)이 불어 항해를 포기하고 안전부터 도모해야 한다. 그리고 처자와의 인연이 박하여 배우자와는 생이별 사별이 있기 쉽고 자식들과의 인연이 없어 불초한 자식을 두거나 병약한 자식을 두는 수가 있으니 가급적 원형이정 사격 가운데 어디에 닿거나를 막론하고 나쁜 작용을 하기 쉬우니 거명을 생각해 보기 바란다.

10 수 공허격(空虛格)

· 만사가 허무한 상이다.

특성

빈궁한 가정의 출신으로 사물에 대한 판단력이 정확하다. 주인공이 짜놓은 계획은 분명 하자가 없다. 그러나 하늘이 돕지 않으니 어찌하리, 타격도 불리하면 머리 깎고 절을 찾아가 승도에 적(籍)을 두어야 줄처럼 이어지는 액을 면하게 된다.

운세

절처봉생(絕處逢生)이라 곤액이 극한 상태에 이르면 다시 소상하는 의의가 있어 안심이라 하겠으나 절처에 빠지기까지의 고생은 이로 어찌 다 표현하랴. 되는 일이 없으니 무엇을 해야 좋을까 부모조상한테서 불려받은 재산이 없으므로 자수성가해야 될 운경이지만 박복해서 기진맥진하며 도무지 일이 풀리는 때가 없다. 그래서 이름에 0이 붙은 주인공은 머리 깎고 승려가 되는 것이 고생과 단명한 수를 면하게 될 것이다.

11 수 신성격(新成格)

· 음양이 화합함으로써 만물이 새롭게 번성하는 상이다.

특성

성품이 온화하고 원만하여 모든 일에 손을 대면 착실하게 노력한다. 단 세상 돌아가는 실전에 어두운 점이 아쉽지만 덕성(德性)이 있어 주인공에게 액운은 이르지 아니한다.

운세

어떤 일을 맡거나 해야 할 일이 있으면 대가가 많건 적건 자신의 일처럼 정성과 힘을 다하여 그 일에 매진한다. 때문에 윗사람의 눈에 들어 특혜도 받게 된다. 게다가 손대는 일마다 순풍에 돛을 달고 항해하는 것 같다. 가정에서도 온 가족이 화목하며 이웃들과의 화평도 잘 이루어 주인공의 주변에는 좋아 따르는 사람이 많다.

12 수 박약격(薄弱格)

특성

용모는 남녀를 막론하고 수려하나 남자는 여자처럼 의지가 박약하고 인내심이 모자라 어떤 일을 진행하다가 힘들면 쉽게 포기하는 경향이 있으므로 큰일 한 가지를 이루지 못한다. 편굴성이 있어 애증이 극단적이며 색(色)을 탐하는 경향이 있다. 혹은 분수에 넘치는 것을 탐하여 사람들의 비웃음을 당한다.

운세

무리한 일을 강행하다가 충격을 크게 받아 건강을 해치고 재물도 많이 잃게 된다. 오랜 세월에 걸쳐 손해만 보아왔으므로 가랑비에 옷이 젖는 줄 모른다는 격이다. 혼인이 늦고 부모와의 인연이 박하며 진심으로 대해주는 사람이 없어 환경적 정신적으로 고독하다. 여자는 부부궁이 불리하므로 생이사별의 징조가 있고, 아니면 가권을 손에 쥐고 남편으로 하여금 공처가로 만든다.

13 수 지모격(智謀格)

· 지혜가 뛰어나 만가지 일에 성공하는 상이다.

특성

두뇌가 총명하고 용모가 수려하나 이기적이고 행동이 가벼운 경향이 있다. 매사에 자신감이 넘치는데 지나침이 없도록 주의해야 된다. 즉 오만하지 말고 겸손한 마음으로 일을 맡아 처리해 나가면 실패가 없다.

운세

주인공은 지혜가 뛰어난데다 운도 따라주니 분수에 맞는 일에만 손을 대면 실패가 없다. 특히 사물에 대한 지식이 밝아서 남이 하기 어려운 일도 임기응변에 능하여 성공으로 이끈다. 이 수(13수 智謀格)에 해당하는 주인공은 81수 가운데 가장 지혜로운 두뇌를 지녔다 해도 지나친 표현은 아니다.

14 수 이산격(離散格)

· 노이무공(勞而無功)이라 일만 어렵게 하고 공(功)이 없는 상이다.

특성

위인이 소심하여 의심이 많아 아내에게 의처증까지 있다. 보수성이 강하나 자신은 남에게 속박당하려 하지 않아 인화(人和)를 못한다. 그리고 남녀 다 색정(色情)에 빠지기 쉽다.

운세

이 수리는 원형이정(元.亨.利.貞) 어느 격을 막론하고 모두 불리하다. 가정이건 재물이건 네 쪽으로 갈라져서 의지할 곳이 없다. 한때 좋은 직장을 얻어 높은 급료를 받음으로 가정에도 훈훈한 기운이 돌아 더 이상 바랄 것 없이 지내다가 작은 실수가 확대되어 실직하게 되니 이것이 바로 주인공에게 파란을 불러다 주는 시작이다. 가정에서도 처자의 위로 받기는커녕 냉대를 당해서 집을 나와 강산을 편답하다가 노년에 귀인을 만나 나머지 삶을 편하게 누리는 수도 있다.

15 수 통솔격(統率格)

· 나쁜 일이 도리어 복(福)을 누리는 원이 되는 상(象)이다. 즉 흉화위복지상(凶化爲福之象)이다.

특성

성격이 원만하여 모진 데가 없으며 말과 행동이 일치되고 아는 것이 많으므로 사람들의 존경을 받게 된다. 게으르고 웬만해선 성질을 잘 안 내는 인물이지만 글에 至善而不如惡이라 지극히 착하게만 하면 주변 사람이 보기에 모자라게 보이고 또는 답답하게 여겨진다.

운세

작은 은혜를 베풀고도 그것이 상대방에게는 큰 은혜가 되어 덕을 베푼 주인은 자신과 상대를 크게 발전시키는 계기가 된다. 수신제가치국평천하(修身齊家治國平天下−먼저 자신부터 지혜와 인격을 갖추고, 가정에는 불행한 가족이 없도록 화목하고 행복하게 여기는 분위기를 만들어 주며, 이런 뒤에야 국가를 위한 표면에 나서서 좋은 정치를 하고, 국력이 강해지면 주위의 나라들이 함부로 대하지 못하고 두려워한다)라는 글귀와 같다. 큰인물이 이 수리의 주인공이라면 출세하여 나라를 다스리는 정치가로 입신하거나, 백만 군졸을 거느리는 장수가 되어 이름을 떨친다.

[16 수] 덕망격(德望格)

· 메마른 초목에 단비가 내리는 상이다.

특성

원만한 성격에 자비심이 많아 불쌍한 사람 구제하기를 즐거움으로 삼는다. 지혜와 인자한 마음과 동맹과 덕을 갖추었다.

운세

신망이 있고 지혜가 출중하며 많은 무리를 통솔하는 수령격(首領格)이다. 큰일을 도모해도 그릇이 커 능히 성공으로 이끈다. 따라서 부귀영달하여 이름을 사방에 떨친다. 여자도 이 수리(16수)를 갖추었다면 현모양처로 재테크에 큰 몫을 하게 된다. 여자는 혼인이 늦고 남자는 재혼수가 있으니 늦게 혼인하면 이러한 수를 면한다. 혹 색정에 빠져 곤액을 겪기도 할 것이다.

[17 수] 건창격(健暢格)

· 앞으로 나아갈 줄만 알고 물러갈 줄은 모르는 상이다.(知進無退之象)

특성

의지가 굳고 두뇌회전이 빠르지만 지나친 자부심은 주인공을 난관에 처하게 되는 원인이다. 형격수리가 불길하면 성격이 거칠고 자부심이 강하여 실패의 원인이 되는데 고집이 세고 방약무인(傍若無人)의 경향도 있으니 매사에 겸손하면 주변에서 도와주려는 사람이 많다. 몸과 정신이 건강하여 겸손만 하면 날로 발전하게 된다.

운세

웬만한 난관이면 빠르고 명석한 두뇌에 좌절할 줄 모르는 기상으로 매진 마침내 큰 일을 해낸다. 변덕이 있어 잘 되어가는 일을 고치느라고 손을 대었다가 크게 낭패를 보는 수가 있다. 남녀를 막론하고 오만을 부리지 말고 굽힐 만한 일에 몸을 굽히는 권도가 있으면 인화(人和)가 잘 이루어지므로 힘이 벅찬 일을 당해서는 도와주려는 사람이 많다. 미혼남녀는 혼인이 늦게 이루어진다. 여자는 남성 못지 않은 기백이 있는데 기(氣)가 너무 세면 부군(夫君-남편)을 극(克)하여 과부가 되는 수가 있다.

[18 수] 발전격(發展格)

· 발전무퇴지상(發展無退之象)이라 앞으로 나아가기는 해도 뒤로 물러서지 않는 기백(氣魄)이 대단한 상(象)이다.

특성

이 수리의 주인공은 지혜롭고 의지가 굳으며 박력이 있다. 때문에 만가지 난관에 봉착하더라도 뛰어난 지혜로 능히 해결해 나간다. 완고한 성격에 방약무인으로 인해 인화(人和)를 못하는데 뿐만 아니라 괴벽성 때문에 남이 주인공을 싫어할 경향이 있다.

운세

운이 좋으면 비록 실수를 해도 그냥 넘어가게 되거나 그냥 넘어가지 않더라도 남이 모르게 되고 최소한의 손해에 그치고 만다. 두 걸음 나아가고 한 걸음 물러서니 하루하루의 발전은 깨닫지 못하지만 세월이 누적되고 보면 많은 발전이 있음을 알게 된다. 비록 해결하기 힘든 어려움이 생기더라도 공교롭게 도와주는 사람이 나타나 구제해 준다. 아니면 주인공 자신이 난관에서 벗어날 묘책(妙策)이 떠오르게 된다.

[19 수] 고난격(苦難格)

· 바람이 구름을 몰아다가 태양을 가리는 상(風雲蔽月之象)이다.

특성

남녀를 막론하고 머리가 좋고 여러 가지 지식을 갖추었으며 부지런하여 활동력이 왕성하나 웬일인지 시작만 있고 끝이 없다. 특히 여자의 이름에 지격(地格)이나 총격에 해당하면 낭비가 심하고 바람기가 세다.

운세

아무리 총명하고 뛰어난 수단에 열심히 뛰지만 아직은 곤액이 사라질 때가 아니므로 뜻을 정하여 하는 일마다 실패하니 이 수리의 주인공의 잘못이 아니라 천지신명의 눈에 벗어나 돕지 않은 때문이다. 남에 앞서는 지혜와 재주가 있다고 오만하지 마라. 하늘과 땅과 귀신과 사람은 모두 오만한 자를 미워하여 이미 타고난 복도 삭감한다. 건강이 나쁘고 자녀와의 인연도 박하여 노년에 고독하다. 고초가 심하고 보면 정신질환(우울증)에 걸려 고생할까 우려된다.

20 수 허망격(虛妄格)

· 모든 일이 허망스러운 상이다(空虛無成之象)

특성

이 수리가 원격(元格)이나 형격에서 만난 주인공은 발달이 느리거나 생각이 약간 모자라서 남의 앞자리에 서지 못하는 수가 있다. 설사 총명한 두뇌를 지녔다 할지라도 어떤 일을 90% 완성하다가 10% 모자라 허사로 돌아가는 수도 있다. 닭 쫓던 개 지붕 쳐다 본다는 속담에 비유된다.

운세

주인공은 건강이 나쁠 수 있고 뜻을 세워 이를 진행하는 중간에 장애가 자주 발생함으로 자포자기에 빠져 올바른 가닥을 찾지 못한다. 타격이 길한데다 이 수리에 닿으면 드문 일이지만 큰 인재(인재)가 탄생하여 세상에 이름을 떨치고 부귀 장수하는 수도 있다. 그러나 일반적으로 손에 쥐었던 보배를 깊은 바다 속에 빠뜨리고 허무해 하는 형상이다. 여자는 이름에 이 수리를 만나면 남편궁이 불리하거나 남의 첩 노릇을 하게 된다 하였다.

21 수 두령격(頭領格)

· 성공하여 이름을 사방에 떨치는 상이다(立身揚名之象).

특성

"뱀의 머리는 될지라도 용의 꼬리는 되지 말라"는 말이 있다. 아무리 보잘 것 없는 직책일지라도 단 몇 사람 중에도 우두머리가 되는 것을 원한다는 뜻이다.

운세

사람이 여러 부하를 거느리는 지휘관이 되려면 아무리 작은 모임의 신분이라 할지라도 우두머리가 될 운세를 타고나야 한다. 예를 들어 어깨에 별 셋을 단 중장(中將)의 신분이라 할지라도 합참(合參)이나 육군본부(해공군 동일) 같은 곳에 근무하면 자기 위에 대장인 별 넷 자리를 윗사람으로 섬겨야 하니 이것이 바로 지휘관이 못되는 것이다. 반대로 대위(大尉) 계급인 신분이 중대(中隊)에 부임하면 중대장이요 즉 지휘관이다. 주인공은 신분에 따라 그 형태가 다르지만 수리가 두령격에 해당하므로 뱀의 아무리 작은 규모의 위치라도 맨 윗자리에 있게 된다.

큰 인물이면 대업을 이루어 부귀와 권세를 누리지만 인품이 뛰어나지 못한 경우에는 도리어 파란만장의 수난을 당한다.

여자는 수리가 너무 세어 육친과 이별하고 독신여가 되거나 남편이 있더라도 가권(家權)을 쥐고 내주장(內主張)하게 된다.

22 수 중절격(中絶格)

· 중도에 진행하던 일이 좌절 실패하는 상(中途挫折之象)이다.

특성

또는 가을 풀이 서리를 만난 상(秋草逢霜之象)이라고도 칭한다. 서리 맞은 풀은 성장은 고사하고 제 생명 유지하기도 어렵다. 본시 총명한 두뇌를 타고났으면서도 별로 되는 일이 없으므로 지닌 재주도 부리지 못하고 엉뚱한 사고력으로 고집스럽게 손을 떼지 못한다.

운세

하늘도 사람도 주인공을 돕지 않는다. 그러므로 비록 힘써 일해도 일한 만큼의 수확이 없다. 남의 도움을 기다리지 마라. 처음에는 도움을 주는 것 같다가 중도쯤 이르면 떠나가고 만다. 주인공 한 사람의 고생뿐이 아니고 가정 경제도 어렵게 되니 매사에 손대 볼 요기마저 상실하게 된다.

이상과 같지 않은 경우라면 형격(亨格)과 정격(貞格)이 길격으로 구성된 때문일 것이다. 병약(病弱), 고독, 실망 등 언짢은 일들이 이어져 이르는 것 같다. 타격(他格)이 길하면 한때 고생으로 액이 끝나지만 4격이 다 나쁘면 개명할 필요가 있다.

23 수 공명격(功名格)

· 입신(立身)하여 이름을 사방에 드날리는 상(立身揚名之象)이다.

특성

문관(文官)보다 무관(武官)이 유리하다. 무관이란 군인이나 경찰복을 입게 되는 것으로 대대장급(경찰은 서장급) 지위로 보면 알맞겠다. 카리스마가 있어 사람들의 윗자리에 군림하여 통솔해 나가는 데 적합하다.

운세

남보다 먼저 시대적 배경을 깨우침으로 무슨 일이나 뒤떨어지는 일 없이 앞서나간다. 때문에 좋은 기회가 있으면 행동이 민첩하여 놓치지 않는다. 이지적이고 정감이 풍부하여 많은 사람들의 존경을 받게 된다. 어느 쪽에 뜻을 두었든 간에 한차례 갈 길을 정하면 후회하지 않고 그 일에 매진한다. 여자는 수리가 세어 꺼리게 된다. 그러나 이는 여성들이 사회 참여를 안 하던 시대에 한해서이고 지금은 각 분야에 여성들도 빠짐없이 참여하는 남녀평등의 시대인 만큼 23의 공명격을 꺼릴 필요가 없다.

24 수 입신격(立身格)

· 큰뜻을 세워 성공하는 상(立志大成之象)이다.

특성

예능 방면에 뛰어난 재주를 지녔으면서도 돈 버는 수단도 뛰어나며 여러 방면에 아는 것이 많으니 팔방미인(八方美人)이란 별명도 듣는다. 하는 일이 애쓰지 않으면서도 순조롭게 진행되는 것은 조상님들이 쌓은 덕을 이 수리의 주인공이 받게 되기 때문이다.

운세

강하다. 웬만한 실수는 탈을 잡지 아니한다. 그러나 처음에는 고생운이 있어 자칫하면 타락하여 소중한 행복을 놓치는 수가 있으니 좌절하지 말고 행운이 이를 때까지 기다려야 한다. 그리고 이 수리의 주인공은 난관을 스스로 능히 해결할 수 있는 지혜가 있어 남의 도움이 없이도 스스로 궁지에서 나와 차근차근 계단을 오르듯이 한 걸음 한 걸음 전진하게 되니 부모 조상의 유산이 없더라도 자수성가하고 귀인의 제휴가 없더라도 스스로 큰 뜻을 이룬다.

25 수 안전격(安全格)

· 순풍이 불어 잔잔한 물결을 따라 항해하는 상(順風行舟之象)이다.

특성

이 수리의 주인공은 타고난 성품부터 근면성실하고 분수를 지킬 줄 알아 착실하게 살아감으로 비록 운세 상으로 불리한 면이 있더라도 최소한도의 재난에서 끝이 난다. 특히 이상보다는 현실주의자로 돌다리도 두들겨 본 뒤 건너며 확답이 없는(모르는) 일에는 절대 손대지 않는다. 그래서 81수 가운데 가장 안전한 삶을 누리게 된다는 길수(吉數)라하겠다.

운세

타격(他格)이 길하고 삼재(三才)가 길격으로 구성되며 인화(人和)에 힘을 쓰면서 분수에 맞도록 살아가면 가정 내에 행복은 물론이요 정신적 육체적 건강을 유지한다. 본분에 맞는 것만 취하고자 하니 욕심이 없으면 재난도(無德無災) 없는 법이라 일생 안전하게 살아간다는 수리이다. 여자는 81수 가운데 35수(平安格)와 더불어 가장 이상적인 수리라 하겠다.

26 수 영웅격(英雄格)

· 바다 한복판에서 거센 풍랑을 만난 형상(舟逢海中大風之象)이다.

특징

대장부가 삶 가운데서 파란만장한 어려움을 겪지 않으면 영웅이 되기어렵다. 때문에 영웅이 때를 만났다 함은 장수가 큰 공을 세우려면 나라에 어려운 일(전쟁 등)이 생겨 군졸을 이끌고 적진을 향하여 보무당당히 나아가 침입해 오는 적을 소탕하여 승리의 개가를 부르는 일이다. 때문에 영웅으로 이름을 떨치려면 나라에 변이 일어나야 하고 그 변을 평화 시대로 바꾸어 놓아야 한다.

운세

영웅격은 좋은 수리가 아니다. 몇 백만 분의 하나에 해당하는 영웅적 기질을 타고난 인물이라 할지라도 나라가 평안한 상태에서는 큰 공을 세울 만한 기회가 없어 자신이 지닌 재주를 발휘하지 못하고 한을 남기게 된다. 그러므로 이 격(格)의 수리가 있는 주인공은 영웅이 되지 못할 인물인 경우 나라나 사회를 위해 공헌도 못하면서 갖은 풍상을 겪게 된다. 자신을 알아주는 이가 없는 것이 가장 안타까운 일이며 한번 고생길로 들어서면 생사를 건 싸움에 임하는 것 같으니 취하지 못할 수리이다. 여자는 호주격으로 매우 센 이름이지만 독신여로 출세를 원한다면 도리어 바람직한 수리일는지도 모른다.

27 수 중단격(中斷格)

· 매사에 처음은 있으나 끝이 없는 상(有始無終之象)이다.

특성

성격이 지나치게 강하며 외줄타기를 좋아하고 남에게 지기를 싫어한다. 사치를 좋아하니 돈이 헤프고 남녀를 막론하고 한번 색정에 빠지면 색(色)에 몰두하여 일에 지장을 초래한다. 그리고 한번 성질이 나면 방약무인(傍若無人 – 곁에 사람이 있어도 없는 것 같이)으로 행패를 부리는 수도 있다. 따라서 이 수리가 있는 주인공은 본래의 좋지 못한 성격을 버리고 인화(人和)에 힘쓰며 겸손한 자세로 처세하면 본래는 잘생기고 똑똑해 보이는 이미지를 지녔으므로 주인공을 좋아하는 사람들이 많고 인기가 오를 것이다.

운세

모든 일이 진행하는 중도에서 마(魔)가 생겨 실패한다. 성격이 급한데다 사납고 난폭스러워 주위 사람들이 기피한다. 고독, 조난, 급병, 손재 등 좋지 못한 일들이 연달아 발생, 그야말로 사는 것이 죽는 것만 못하다(生不如死)는 말과 같다. 여자는 남편을 극한다. 이 수리가 중복될 경우 형액(刑厄)을 겪기도 한다. 욕망의 잣대를 대폭 줄이고 겸허한 마음으로 처세하면 지난날 파란만장한 어려움을 겪었더라도 후분은 정신적 육체적으로 안정될 것이다.

28 수 파란격(波瀾格)

· 가정 내에서나 외지에서 풍파를 만난 상(波瀾萬丈之象)이다.

특성

본시 좋은 품성을 타고났더라도 사회의 거센 바람이 불어닥치면 자연적으로 죄악의 함정에 빠지는 수가 있다. 자부심이 강하여 어려운 일에도 쉽게 여겼다가 중도에서 포기하게 된다. 남녀를 막론하고 색정(色情)에 빠져 헤어나지 못하는 경우도 있다.

운세

일생 편한 날이 없다. 인화(人和)를 못하니 어려운 일을 당해도 주변에는 구해 줄 만한 사람이 없다. 일생동안 경영하는 일에는 소리만 크고 얻어지는 것이 없다. 비록 운이 도와주지 못하고 의지할 만한 사람이 없더라도 맡은 일에 최선을 다하면 천지신명이 감동 전화위복(轉禍爲福－재앙이 복으로 변화됨)하여 지금까지의 고통은 사라질 것이다.

[29 수] 공격(成功格)

· 용이 풍운의 조화를 얻은 상(龍得風雲之象)이다.

특성

이 수리의 주인공은 지혜롭고, 모든 방면에 뛰어난 재주가 있는 데다 활동력이 왕성하므로 뜻을 두면 성취하고 계획을 정하면 반드시 이루어진다. 큰 인물이 이 수를 만나면 그 나라의 고위급 신분으로 권세를 누리게 된다.

운세

큰 업적을 이룬다. 좋은 일이 따라주고 주인공의 지혜도 크게 열리니 일약 성공하여 온 나라에 이름을 떨친다. 재운과 관운이 따르니 사업이건 관직이건 만족한 재물, 만족스러운 지위를 얻어 부귀를 누린다. 여자는 장부다워 보이는 경향이 있고 남편을 출세시키며 자신도 상당한 사회적 지위를 확보한다.

[30 수] 부몽격(浮夢格)

· 만 가지 일이 모였다 흩어지는 뜬구름이요 꿈속의 일같이 허무한(萬事浮雲之象) 상이다.

특성

인물이 준수하고 지혜 또한 뛰어나 하는 일마다 꿈속의 일같이 허무하다 본래는 두뇌회전이 빠르고 모험적인 일에도 약간의 성공은 하게 되나 얻은 것은 오래 머물지 못하고 모두 나가게 되니 모래를 쥐고 길을 걷는 것처럼 얻은 것은 공교롭게도 나가버리고 만다. 공수래공수거(空手來空手去)라 애당초 빈손 들고 태어났으니 빈손 들고 가는 것이 정해진 이치라. 마음을 비우면 홀가분하게 된다. 공문(空門)의 인영이 있겠다.

운세

잠시 동안의 만족이요 기쁨이다. 얻은 것 다 나가고 있던 자리 비어 주니 얻은 것 잃은 것도 없고, 잃은 것도 없으나 어찌 똑같은 사람의 마음으로서 섭섭함이 업으랴 가슴 속이 텅비어 허무하기 그지없다. 단 음극생양의 이치가 있어 일약 출세하거나 횡재하여 부귀를 누리게 되는 예도 간혹 있다.

31 수 융창격(隆昌格)

· 몸과 마음이 모두 편안한 상이다(心身平安之象)

특성

주인공은 이지적(理智的)이고 의지가 굳으며 마음이 유순하고 항시 평화로운 모습을 잃지 않으므로 남녀노소 구분 없이 모두 이 수리의 주인공을 좋아하여 따른다.

운세

손대는 일마다 무리가 없는 한 성공한다. 설사 난관에 봉착할지라도 협력자가 많아서 고생 없이 구제된다. 그러므로 기국이 큰 사람은 세상이 놀랄 만한 큰 업적을 달성한다. 여자는 출가 후 시집이 무럭무럭 잘 되어 나가니 오는 복덩어리를 얻은 셈이다.

32 수 행운격(幸運格)

특성

일명 요행격(僥倖格)이라고도 한다.

요행이란 기대하지 않았던 어떤 일이 다행스럽게도 주인공에게 유리한 결과로 귀결된다는 뜻이다. 같은 입장에 처했더라도 행운이나 불행이 자신에게 유리한 방면으로 작용되는 것은 아마도 주인공에게 보이지 않는 신(神)의 가호가 있기 때문이다.

운세

남이야 어떠하던지 자신에게만은 행운이 따를 것이라 하여 오만한 마음을 가질 수 있지만 이는 어리석은 생각이다. 물론 32수는 길격에 해당하는 것만은 분명하다. 단 "나에게 좋은 일만 생기겠지"하는 마음을 미리 가져서는 안 된다는 말이다. 못 속에 숨어 있는 용은 다른 물고기가 두려워서가 아니라 장차 하늘에 올라가 풍운의 조화를 일으키기 위해 물고기의 수모를 참고 있는 것이지만 때가 이를 때까지 참지 못하고 작은 피라미 따위와 세력 다툼을 하고 있다면 어찌 성공을 기약할 수 있겠는가.

33 수 승천격(昇天格)

· 찬란한 태양이 동쪽하늘에 솟아오르는 상(旭日昇天之象)이다.

특성

81수 가운데 기세가 가장 강렬하다. 운이 한차례 트일 때에는 그 누구도 주인공의 당당한 전진을 막지 못한다. 너그럽고 국량이 크며 인자하므로 모든 사람들이 주인공의 기세에 눌려 고분거리게 된다. 즉 카리스마가 대단하다. 큰 인물이 이 수리에 해당하면 출세하여 이름을 세상에 떨친다.

운세

대지대업(大志大業)을 완성한다. 가뭄에 시달리던 초목이 단비를 흠뻑 맞은 상이라 놀라운 속도로 번성한다. 두뇌회전이 매우 빠르나 사람됨됨이가 좋지 않아서 자신의 장점을 숨기는 타입. 정치건 사업이건 안 되는 일이 별로 없다. 단 너무 좋으면 흥진비래(興盡悲來)라 지극히 흥하면 최대의 성공을 이룩한 뒤에는 더 오를 것이 없어 내리막길로 접어드는 법이라 이에 앞당겨 누리던 지위도 다른 이에게 물려주고 모든 재물도 반쯤 덜어 궁핍한 사람들에게 자선을 베풀면 불쌍한 자들에게 보시(布施)함으로 안전지책을 도모하는 일이요 최선의 방책이겠다. 단 여성은 가급적 이 수리를 피해야 생애가 평안할 것이다.

파멸격(破滅格)

· 파란만장지상(波瀾萬丈之象)이다. 이 수리(數理)를 형격(亨格)에서 만나면 일생 중 가장 중요한 시절에 온갖 재난이 연달아 생겨 마음을 안정시키지 못한다.

특성

아무리 지혜가 뛰어나고 경영면에 있어 철두철미 완전무결하게 경영할지라도 운에서 도와주지 않으면 한갓 수고로움만 있고 공이 없다(徒勞無功) 비록 재산이 많고 직장이 튼튼하나 미처 생각지 못한 폭풍이 불어닥치면 영웅의 기질이 있더라도 성공은 고사하고 궁지에 처하여 소생하기 힘들다.

운세

이 수리의 주인공은 경제적으로나 가정적으로 어려움이 없어 순조로운 나날을 보내다가 갑자기 폭풍이 불어 닥쳐 풍랑에 시달리는 배와 같이 재난 속에 빠지고 만다. 본래 부모 조상의 덕이 없어 자수성가(自手成家)가 불가피하지만 하는 일마다 마가 생겨 한차례 풍비박산나 가정 경제가 거덜 나고 만다.

또는 혼인이 늦어 간신히 배필자를 만나게 되지만 부부간에 뜻이 맞지 않아서 항시 가정분위기가 냉랭하다. 병약, 관재, 육친과의 이별 불화 등의 유도력이 있는 수리로 가급적 이름에서 이 수리만은 피하는 게 좋다. 여자는 남편을 극(克)하는 수리로 생리사별(生離死別)하고 고독한 삶을 누리게 되는 최악의 수리라 하겠다. 부부간의 파란, 재물의 실패, 또는 형옥수(刑獄數)까지 있게 되는 흉수(凶數)라 하겠다.

평안격(平安格)

· 삶이 즐겁고 가정적 사회적으로 근심 없이 평탄한 상(無憂平安之象)이라 사람에게 근심이 없으려면 건강, 재물, 가정화목 등을 갖춘 것이다.

특성

타고난 성품이 온화하고 낙천적이며 처세하는 방법이 온화 단정하여 많은 사람들이 주인공을 좋아하게 된다. 보수성이 있고 예능 방면에도 소질이 있으나 인연이 없다. 충직(忠直)하고 근면성실하여 어떤 일에 손을 대어도 성공으로 귀결된다. 그리고 돌다리도 두들겨 보고 건너는 조심성이 있다. 소극적이어서 큰일은 해내지 못한다.

운세

원·형·이·정 가운데 이 수리가 지배하는 동안 가정에서나 사회에서나 평화가 이른다. 급히 해야 할 이유도 없으니 물이 지형을 따라 흐르듯이 순리대로 따라가면 가는 길을 막는 액운이 없다. 문학. 예술 방면에 종사해도 무방하며 기업은 크게 확대하지 않는 게 좋을 것 같다. 여자는 이름에 이 수리(35)가 있을 경우 보수성이 약간 있고 책임감이 강하여 집안일을 잘 다스리니 현모양처(賢母良妻)라 하겠다.

36 수 괴걸격(怪傑格)

· 영웅의 기질을 타고났다 해도 영웅으로 공을 세울 수 있는 시대적 배경이 맞지 않으면 타고난 재능을 부려볼 수 없으므로 안타까운 일이다(英雄失時之象 – 영웅이 때를 잃은 상이다).

특성

주인공은 의협심이 강하고 인정이 많아 남이 고난에 빠진 것을 보면 손익(損益)을 따져 보지 않고 구해 주려는 자비심이 있다. 성질이 급하고 솔직하여 대인관계에 있어 손해를 많이 본다. 태권 권투 레슬링 등 스포츠 계통에 매진하면 성공이 빠르다.

운세

사람이 깊이 지니고 있는 속마음을 남이 알고 있다면 주인공은 그만큼 손해를 보게 된다. 그래서 심려(心慮)가 깊은 사람은 남에게 쉽게 당하지 않는다. 이 수리의 주인공이 닮은 사람은 중국 삼국지의 장비에 비유된다. 약게 살려면 내 마음속에 간직하고 있는 비밀을 표출(表出)해서는 안 된다.

한 나라의 권세를 쥐고 있는 자리에 군림하려면 숱하게 닥쳐오는 역경을 겪어야 한다. 이 수리(36수)는 81수 가운데 가장 많은 풍상을 겪게 된다. 속된 말로 모 아니면 도다. 귀여운 자식에게 영웅 되기를 바라는 마음에서 36수를 취용하여 이름을 지어주지 마라 연달아 다가오는 수난을 어찌 다 감당하리오.

37 수	인덕격(仁德格)

· 입신양명(立身揚名)하여 그 부모에게까지 영예가 미치게 되는 상(以顯父母之象)이다.

특성

정치가에게 유리한 수리이다. 뜻이 굳고 과단성이 있으며 공과 사를 분명히 함으로 많은 사람들의 존경을 받는다. 자신과 상관이 없는 일까지 참견하다가 손해 보는 예도 적지 않으나 주인공이 쌓은 덕은 최고의 역경에 처할 경우 신명(神明)의 도움을 받게 된다.

운세

이 수리의 주인공은 의지가 굳어 많은 어려움을 돌파하고 성공을 한다. 큰 인물이 이 수리의 이름을 지으면 큰 사업을 성취하여 명성을 사해(四海)까지 떨치는 영웅이 된다. 하늘에서 준 성공이요 운에서 밀어주는 행운으로 인해 부귀를 누리게 된다. 단 불쌍한 사람을 위해 가진 것을 나누어 주거나 좋은 정치를 한다면 이것도 큰 덕을 베푸는 공이 된다.

38 수	예능격(藝能格)

· 학문과 예술 방면에 종사하면 성공이 가능하(文藝成功之象)다는 수리이다.

특성

이 수리의 주인공은 학문과 예능 방면에 천재적 소질이 있어 많은 사람들의 인기를 얻게 된다. 발명가, 창작 등에 소질이 있기 때문인데 단 게으른 감이 있어 이점을 개선하면 금상첨화(錦上添花)라 하겠다.

운세

이 수리의 작용력은 길흉 간에 평범하다. 어떤 일에 적극성을 띠고 노력해도 큰 성과가 없고, 소극성(消極性)을 띠어도 큰 재앙은 이르지 아니한다. 그야말로 평범격(平凡格)이다. 온순 명랑하여 따르는 사람이 많으나 무리를 이끌어나가는 데는 카리스마가 없어 온당치 않다. 결론적으로 말하면 성격이 온유(溫柔)하여 악의가 없으니 모든 사람들이 기뻐 따르지만 무리의 윗자리에 임하여 이끌어나가는 데는 적합지 못하다.

39 수 안락격(安樂格)

· 태풍이 멈추니 파도가 잔잔해지는 상(風息派靜之象)이다.

특성

타고난 재능이 있으니 이지적이고 언행이 일치되고 남을 해치려는 마음이 없다. 큰 그릇이 될 사주를 타고난 인물이 본 39 수리의 이름에 해당하면 지위가 나날이 올라 마침내는 장관급에 이를 수도 있다.

운세

이 수리의 이름을 가진 사람은 어린 시절과 청장년 시절에 어려움을 겪게 된다. 그러나 한 때의 곤액이고 구름이 걷히고 밝은 달을 볼 수 있듯이 이제부터는 바야흐로 운이 열려 사업인은 경영이 순조롭고 봉급생활자는 녹봉과 지위가 오른다. 그러나 양극생음(陽極生陰)의 이치가 작용하여 좋은 일만 생기는 게 아니다. 남자는 두 차례 장가들 수이고 여자는 남편과 이별할 가능성이 높다.

40 수 무상격(無常格)

· 낯선 타향에 방랑하면서 중중한 풍상을 겪게 되는 상(他鄕彷徨, 重逢風霜之象)이다

특성

이 수리의 주인공은 재주 있고, 지략이 뛰어나 권모술수에 능하여 남과 다툼에 이기지 못하는 예가 별로 없다. 때문에 자부심만 강하여 거만스럽고 언행이 가벼워 입 때문에 재앙을 자초하는 수도 있다. 여자는 품행이 얌전하나 남자는 버릇이 없다. 따지고 보면 승려(僧侶)의 이름이다.

운세

40수 즉 단위가 0이다. 0은 답을 올바르게 맞추었다는 의미도 되지만 불가(佛家)에서의 공(空)이오, 수학 글자로는 0 (아무것도 없음) 투기 심리가 많이 발동하고 책임감도 강하여 모험성이 있는 모든 일에 손을 대고 싶겠지만 이를 악물고 참아야 한다. 0의 유도력은 공허(空虛)이므로 공허의 의(義)가 이름과 수리에 있게 되면 머리깎고 절에 들어가 중이 되어야 한다.

41 수 대성격(大成格)

· 큰 공(大功)을 세우고 그 이름이 사해에 떨치는 상(立大功, 名振四海之象)이다.

특성

의지가 굳고 지혜로우며 담력과 부지런함과 용모까지 수려하니 무슨 일인들 두려우랴 인망(人望)이 있고 사람들의 존경을 받게 되니 그 무엇이 그리우랴 낡은 것을 버리고 새것을 취하는 격도 된다.

운세

사람됨이 겸손하고 친절하며 인화(人和)를 잘 하니 천지신명(天地神明)이 도와 대업(大業)을 순조롭게 이룬다. 의지가 굳고 담력 또한 비범하여 부귀를 누리고 많은 사람들의 존경을 받으니 지지표를 요하는 것에도 출마한다면 당선이 어렵지 않다. 그리고 건강한 몸으로 장수(長壽)한다.

42 수 고행격(苦行格)

· 의지가 박약한 상(意志薄弱之象)이다.

특성

이지적(理智的) 감상적(感傷的)이며 몸이 가볍고 눈치가 빨라 사람들이 매우 좋아한다. 냉정한 경향이 있으나 그 냉정이 도리어 속되지 않고 흡입력이 있어 자신도 모르게 이끌리게 된다. 이런 점으로 보아 예능방면에 종사하면 인기가 폭발할 것이다.

운세

팔방미인(八方美人)이라 할까 도대체 모르는 게 무엇일까 정치 경제 문화 사회 시류(時流)까지도 모르는 것이 없다. 안타까운 것은 비록 모든 분야에 조금씩 알기는 해도 전문성이 없어 무엇을 취할지 이것은 좋고 저것은 싫지 않으니 한 가지 일에 정신이 집중되지 않는다. 그저 팔방미인이란 별명에 만족해야 될 것 같다.

43 수 미혹격(迷惑格)

· 정신이 희미해서 사물에 대한 이치를 몰라 무엇에 항상 홀려있는 듯 마약을 먹은 듯, 또는

몹시 졸린 듯 여러 가지 현상이 자주 생긴다.

현실에서 전개되는 모든 형태가 마치 꿈속의 일과 같이 생각되는 현상이다.

특성

이 수리의 주인공은 재주가 뛰어나고 지혜로우며 남이 보기에는 매우 행복한 것 같으나 실제로는 빈궁에 고생이 많다. 남녀를 막론하고 바람기가 많은데 섹스에 대한 욕심이 남보다 훨씬 더 강하다. 남자는 여성화(女性化)될 가능성이 있고 여자는 정조관념이 없고 음탕하다.

운세

재능이 있더라도 어려움을 극복하는 인내심이 없고 조금만 어려운 일을 만나도 감내를 못하고 쉽게 단념해 버리는 성격이다. 금전운은 수입은 적으나 나가는 것이 많음으로 빚을 지고 살아가는 형세다. 바라건대 잘 돌아가는 머리로 가정의 동향을 살펴 대처하고 사회적으로는 세상이 돌아가는 실정을 몰라 언제나 한 걸음 늦어 좋은 기회를 만나더라도 놓치고 만다. 이 두 가지 좋지 않은 점을 개선하여 인내를 가지고 노력하면 눈부신 발전이 있겠다.

44 수 마장격 (魔障格)

· 가정을 깨드려 분산시키고 허물을 범하여 망신하는(破家亡身象) 상이다.

특성

좋은 일과 나쁜 일이 극단적으로 작용한다. 육친과는 이별이 아니면 부부간에 생이사별하고 가정에는 남에게 알리지 못할 부끄러운 일이 생긴다. 그리고 때를 만나지 못한 영웅의 상이라 평생을 두고 맺힌 한을 풀지 못 한다.

운세

이 수리가 있는 가운데 44가 있는 이름은 가족과의 이별 재물의 소모 관재수 건강문제 등으로 번민하지 않는 날이 하루도 없다. 20세에서 30세 사이에 발전이 있었으나 까닭모를 마(魔)가 생겨 불행한 처지로 바뀌어 놓는다. 무언가를 하기 위해 조심스럽게 출발하여 진행하면 반드시 진행 못 할 만큼 장애물이 생겨 일을 그르치게 된다. 심장이 약한 사람은 자포자기나 우울증에 걸려 기뻐도 기쁜 줄을 모르고 슬퍼도 슬픈 줄을 모른다. 그런데 이 수리(44)에서 위인(偉人-거대한 인물) 열사(烈士) 효자(孝子) 열녀(烈女) 발명가 등이 많이 생겨느다.

45 수 대지격(大智格)

· 한 가지를 들으면 열 가지를 아는 상(一聞知十之象)이다.

특성

한바탕 거센 파도에서 천신만고를 격은 뒤 태풍이 멈춘다. 이지가 발달하고 의지가 굳으며 원대한 뜻을 지녔다. 단, 이기적인 경향이 심하다.

운세

인물이 수려하고 재주 또한 뛰어나나 운명이란 거대한 문(門)앞에서는 천하장사나 고래줄 같이 질긴 심장을 가졌더라도 허물어지고 만다. 생애 중 곤궁에 빠져 구사일생(九死一生)으로 살아난다. 하늘을 우러러 보아도 부끄러운 일이 없고 땅을 굽어보아도 죄 지은 일이 없으므로 천지신명의 가호가 있어 옛날 중국의 백이해가 70에 정승이 된 것처럼 늦게 큰 지위에 오를 것이다.

46 수 나망격(羅網格)

· 영웅이 때를 만나지 못하여 탄식하는 상(英雄不逢時之象)이다.

특성

이 수리의 주인공은 야무진 데가 없이 허술하여 쓸 만한 일 하나도 이루지 못한다. 정신력 인내력이 모자라 간난신고를 겪게 된다. 특히 관재수가 많음으로 이름을 나망(羅網)이라 명칭한 것인데 라망이란 천라지망(天羅志網)이라 마치 하늘을 나는 새와 땅 위를 다니는 짐승들은 그물에 갇혀 달아나지 못하고 꼼짝없이 그물에 갇히고 만다는 뜻이다. 즉 이 수리의 주인공은 여러 가지 흉액을 면하기 어렵다는 것을 비유한 흉격의 명칭이다.

운세

81수 가운데 흉격 수리이다. 의지가 박약하고 게으르며 주인공 자신도 삶을 위한 노력을 안 한다. 한 가지도 되는 일이 없으므로 빈궁을 면하기 어렵다. 물론 46수이란 흉수(凶數)만으로 겪는 고생이 아니고 타격이 길하면 흉액은 감소된다. 여자는 남이 못하는 재주가 있으므로 남의 도움이 필요치 않으나 남편 덕은 없다.

47 수 출세격(出世格)

· 영웅(英雄)이 때를 만나 타고난 재주를 마음껏 나타나게 되는 상(英雄得時之象)이다.

특성

이 수리는 출세하여 사방에 권세를 누리며 부귀공명을 만천하에 누리게 된다는 최상의 길격이다. 속담에 콩 심어 콩 얻고 팥 심어 팥을 얻는 이치와 같이 천부적 재능에 온갖 노력을 기울여 얻은 결과이다.

운세

요행은 없다. 그러나 흉재(凶災)가 주인공이 뜻을 정하여 나아가는 앞길을 막지는 아니 함으로 타고난 재주에 최선의 노력을 기울이면 힘쓴 만큼 반드시 얻게 된다는 길격 수리이다. 큰 인물이면 생살권(生殺權)을 장악한 권력자요 보통사람이면 노력 여하에 따라 그만큼 얻어진다. 혹 예능 방면으로 그 이름이 사방에 퍼질 수도 있다.

48 수 유덕격(有德格)

· 쇳덩이가 용광로 속에 들어간 형상(金入鍊爐之象)이라 일반적으로는 쇠가 자신을 불 속에 드는(金入火中) 것을 매우 꺼리지만 이 수리의 의의는 그렇지 않다. 영웅이 숱한 고생을 겪은 뒤 출세가 가능한 것 같이 쇳덩이를 불가마 속에 넣는 까닭은 큰 그릇(유익한 물건)을 만들기 위함을 뜻하는 것으로 고생 끝에 영화가 이른다는 비유다.

특성

이지(理智)가 발달하고 의지가 굳으며 덕성(德性)을 갖추었으므로 무리 사람들의 존경을 받고 자신도 인자하여 베푸는 것을 즐겨 한다. 특히 임기응변에 능하여 자신이나 남의 어려움을 보면 해결할 수 있는 방도를 알려줌으로 인간 구제의 덕도 많이 쌓을 것이다. 남의 덕을 입기도 하지만 남에게 덕을 베풀기도 잘하는 타입이다.

운세

초년에는 온갖 풍상을 겪게 된다. 그러나 그 풍상은 주인공이 출세할 수 있는 원인이 되어 모든 역경을 돌파할 수 있는 영웅적 그릇을 만들어 주기 위한 것이므로 주인공도 이를 깨달아 예고 없이 닥치는 풍파와 싸워나간다. 이 수리의 주인공은 '시작도 있고 끝맺음도 있다(有始有終)' 하였으니 큰뜻을 세워 진행하는 일이 중도하차 하는 유약한 마음이 없다. 말년 무렵에 지병(持病)이 있으나 수명에는 근심하지 않아도 된다.

49 수 은퇴격(隱退格)

· 큰 공을 이룬 뒤에 미련 없이 물러나 다음 사람에게 자리를 물려준다(功成身退之象)는 상이다.

특성

자신이 애착을 갖던 지위나 어떤 것을 미련 없이 버리고 스스로 물러나게 되는, 본인으로서는 무척 서운하고 아쉽겠지만 이것이 순리라 하겠다. 직위나 금전에 욕심내지 말고 재산권은 자녀에게, 직위는 후진들에게 밀려나기 전에 스스로 물러나 은퇴한다면 아무 탈이 없음을 알려주는 것이라 하겠다.

운세

재물이나 지위에 욕심부리지 말고 분수를 지키며 살아가는 슬기만 있다면 누가 뭐라 해도 어려운 일을 당하지 않고 액이 이르지 아니한다. 그러나 젊은 나이에 이름에서 이 격(格)에 해당하는 수리가 있으면 매우 좋지 않다. 경영자는 라이벌 업체로 인한 경영부진이 있겠고, 봉급생활자는 직장이 정년퇴직까지 이르기 전에 옷을 벗게 되기 때문이다.

50 수 불행격(不幸格)

· 만 가지가 모두 공으로 돌아가는 상(萬事的空之象)이다.

특성

부처님을 모시는 사찰(사찰)을 공문(空門)이라고도 칭하는 것은 까닭이 있다. 얼마 전에 열반한 법정스님의 법어(法語)에 무소유(無所有)란 말씀이 바로 해탈(解脫)하는 것과 같은 말이다. 하지만 일반 사람들이 어찌 공(空)의 경지에 처하는 것을 좋아할까. 혈육은 없고 배우자도 없으며 재물 권력이 모든 것이 없다는 것은 큰 불행이다. 때문에 81수 가운데 0이 붙은 10, 20, 30, 40, 50, 60, 70, 80 수는 모두 0수에 해당하므로 길격 수리에는 하나도 포함되지 않는다.

운세

죄를 짓고 옥안에 갇혀 있는 모습에 비유된다. 주인공의 의지도 박약한데다 게을러 손대는 일마다 시작만 있고 마무리가 없다(有始舞終). 색. 성. 향. 미. 촉(色聲香味觸)의 다섯 가지 큰 욕망에서 벗어나기 위한 수도자의 입장이라면 좋은 이론이겠으나 무(無)가 아닌 유(有)를 원하는 보통사람의 이름자 수리에 0이 붙은 것은 길명(吉名)이 못 된다. 그리하여 만 가지 일이 한갓 고단한 잠에 꾸게 되는 봄 꿈(一場春夢)에 불과하다. 어리석음, 무능, 박복, 정신박약, 허무함 등의 좋지 못한 일들이 작용된다. 여자는 이름자 수리(元亨利貞)의 사격(四格) 가운데 이 수리(50)가 있으면 남편 운이 나빠 홀로 사는 신세가 되거나 호적이 없는 자식을 두는 수가 있다.

---

51 수 춘추격(春秋格)

· 봄의 기온은 온화(溫和)하고 가을의 기온은 한랭(寒冷)하다(春溫秋寒). 즉 이 수리의 주인공은 반 세월은 길하고 반 세월은 고생을 겪게 된다는 뜻이다.

특성

한 번 이기고 한 번 실패한다. 일생 중 한차례 성공하지만 대부분은 실패하여 고생을 겪는다. 그러므로 이 수리는 성공한 뒤에 또 실패하고, 실패한 뒤에 또 성공하는 작용이 있어 길흉상반(吉凶相半)의 소흉수(小兇手)라 하겠다.

운세

비유하건대 초년에는 화창(和暢)한 봄 날씨와 같고 중.말년에는 서릿발 차가운 가을 날씨와 같다. 그러므로 운이 좋은 초년에 운이 쇠할 것을 생각하여 절약해서 유비무환(有備無患)의 이치를 적용하고 중년 말 이후에는 운세가 나쁘다는 점을 감안해서 투기적이고 모험적인 일에 손대지 말고 지키는 데 마음을 쓰면 크게 고생할 것을 작게 고생할 것이다.

---

52 수 총명격(聰明格)

· 일석이조 즉 돌 한 개로 두 마리 새를 잡는 상(一石二鳥之象)이다.

특성

이 수리의 주인공은 이지적이고, 의지가 굳으며, 특이한 재주가 있어 위태로운 경지를 잘 넘긴다. 세상에 모르는 일이 없을 만큼 팔방미인격(八方美人格)이지만 재승박덕(才勝薄德)이라. 남이 보기에는 쉽게 살아도 주인공으로서는 양에 차지 않는다. 그래서 항시 불만족한 상태로 살아간다. 남녀 모두 바람기가 심하고 모험심 투기심 등이 많아서 이로 인해 아니 겪을 고생을 자초하는 경우도 많을 것이다. 여자는 혹 정숙하지 못해서 집안이 시끄러워질 우려가 있다.

운세

착실하고 부지런하며 무(無)의 상태에서 유(有)를 창조한다. 더러는 일약 성공하여 사람들을 놀라게 하나 남이 생각하는 데 비하여 주인공은 불평불만이 많다. 계략이 출중하므로 지극히 어려운 문제도 쉽게 풀어나간다. 때문에 큰 뜻을 세워 성취하는 데 용이하고 운도 따라주므로 남이 생각하는 것보다 실속 있게 뜻을 이룬다.

53 수 우수격(憂愁格)

· 좋은 일보다 나쁜 일이 많은 상(吉少凶多之象)이다.

특성

남이 보기에는 행복한 것 같아도 주인공에게 미친 내부적 상태는 괴롭고 우울하다. 다른 수리까지 나쁘면 일생 동안 곤액이 끊길 날이 없다.

운세

불행은 가정에서부터 발생한다. 질병, 손재. 관재 등 좋지 않은 일들이 연달아 발생하고 남들과의 화합이 잘 이루어지지 않는다. 심한 경우 가정이 파괴되고 사망자가 생겨나며 재산은 남는 것 없이 모두 날려 보낸다.

54 수 신고격(辛苦格)

· 고생스러운 일이 끊기지 않는 상(辛苦不絕之象)이다.

특성

발전이 없는 흉격 수리이다. 이 수리의 주인공은 계획을 세워 추진하는 일에 이상하게도 생각지 못한 장애가 발생한다. 질병, 부상 손재 등으로 인해 주인공을 궁지에 몰아넣는다. 덕을 베풀고 인화(人和)에 힘쓰면 어려운 일에 처할 경우 도와주는 사람이 있을 것이다.

운세

평생동안 진행을 막는 장애가 따르므로 비록 지혜가 뛰어난 인물이라 해도 다가오는 불행을 막지 못한다. 먹구름이 그냥 지나가는 수도 있지만 대개는 폭우와 우레로 인해 세상을 뒤집을 것 같이 한다. 사람이 주는 재난은 막을 수 있지만 하늘이 주는 재난이나 복은 원한다 해서 피해지는 게 아니고 원한다 해서 복이 오는 게 아니다. 운이 좋을 때는 밝은 지혜가 계속 이어져 나오지만 운이 나쁠 때는 평소 총명하던 사람도 어리석은 생각이 나와 자초지화(自招之禍)식으로 궁지에 빠지게 된다.

55 수 불안격(不安格)

· 배를 타고 산에 오르고자 하는 상(船舶登山之象)이다.

특성

주인공은 아집(我執)이 지나치고 의심이 많아서남의 충고나 도움말은 받아들이지 않는다. 더러는 운의 도움인지 계획한 대로 일이 잘 진행된다. 때문에 도리어 남을 낮추어 보고 자신을 올려놓는 자만심도 대단하다. 말하자면 속이 꽉 차서 천금 같은 충고를 해주는 사람이 있더라도 받아들이지 않다가 뒤에야 뉘우치지만 타고 건너갈 배는 의심하는 동안에 이미 강복판을 지나간 것 같이 좋은 기회를 잘 놓친다.

운세

초년에는 좋은 가정환경에서 고생이 없이 잘 지낸다. 자신은 잘 한 것 같이 생각되지만 남이 보기에는 갓난아기를 물가에 놓아둔 것 같이 위태롭다. 아집(我執)을 버리고 남의 충고를 받아들이면 그 모든 충고가 주인공에는 금옥(金玉)보다 더 값진 것이 된다. 남자는 팔자가 세어 고독한 명이지만 여자는 현모양처로되 내주장(內主張)을 하게 된다.

56 수 부족격(不足格)

· 옛날 중국의 강태공이 낚시질로 때를 기다리는 형상이다.(姜公待時之象)

특성

다른 사람에 비하여 의지가 박약하여 끈기가 없으므로 큰일은 고사하고 작은 일도 이루지 못한다. 큰일을 결정하게 될 경우 반드시 경험이 있는 분의 지도를 받아야 한다. 남과 어떤 일로 계약 같은 것을 체결하게 될 경우 상대방의 속임수에 넘어가 고생할 가능성이 있기 때문이다.

운세

매우 불리하다. 철두철미 계획한 대로 아니 된다. 사업은 실패를 보겠는데 습관처럼 간발의 차이로 기회를 놓쳐 실패한다. 뿐만 아니라 건강이 나쁘고 좋지 않은 일들이 꼬리를 이어 일어난다. 초년부터 중년까지는 그래도 숨을 쉬겠지만 노년기에 가산을 파하거나 혈육과 이별하고 고독한 신세가 된다.

57 수 노력격(努力格)

· 콩 심어 콩을 얻고 오이 심어 오이 얻는(種豆得豆, 種瓜得瓜之象) 상이다.

특성

욕심만 부리지 않는다면 덕(德)도 해(害)도 없는 수리이다. 요행을 바라지 말고 삶을 위해 열심히 노력하면 느는 줄 모르게 재산이 늘어 작은 부자의 이름을 듣게 될 것이다.

운세

일생을 통틀어 볼 때 30 전에 어려움이 많았겠고 30 후 말년까지 주인공이 하는 일을 막는 운은 만나지 아니한다. 소중한 물건이 되려면 마치 쇠를 용광로 안에 넣었다 꺼냈다 하기를 수없이 되풀이해야 한다. 이유는 잡철(雜鐵)을 떼어내고 순수한 강철만 남게 하여 수없이 단련된 쇠붙이로 명검(名劍)을 만드는 것이다. 요는 누구를 막론하고 출세하려면 몇 차례 걸쳐 실패한 뒤에 기쁨을 얻게 되는 것이다. 앞서 말했듯이 요행운은 없지만 불쌍한 사람을 도와주는 등의 덕을 쌓으면 콩이건 오이이건 최다의 수확을 얻듯이 시냇물이 모여 큰 호수를 이루듯이 소문 없이 대성(大成)한다.

58 수 후길격(後吉格)

· 큰 그릇은 늦게 오랜 세월이 지나서 이루어지는 상(大器晚成之象)이오, 먼저 고생하고 뒤에는 즐겁고 편안한 세월을 보낸다.

특성

소극적이고 겁이 많아서 돌다리도 두들겨 본 뒤에 건너는 조심성이 있다. 조심하면 일생 큰 액은 당하지 않으나 하늘(운명)이 주는 재앙은 아무리 지혜로운 사람이라 할지라도 피하기가 어렵다. 주인공은 낭비벽으로 인해 가산을 다 잃는 수가 있는 것은 조심성이 많은데 왜 실패하느냐 반문(反問)한다면 본래 조심성이 많아도 손해(실패)를 당하려면 평소와 달리 이상하게 그쪽(실패하는 방향)으로 마음이 끌려 손을 대게 되고, 손을 쓰게 되면 앞서 투자한 돈과 노력이 아까워 손을 대기 때문이다.

운세

주인공이 손대어 진행하는 일의 핵심이 없어 적극성을 띠지 않는 경향이 있다. 흐지부지하면서 돈만 야금야금 까먹게 된다. 한두 차례 크게 실패하겠으나 후반기에 들어 늦게나마 쥐구멍에도 볕들 날이 있다는 식으로 깜짝 놀랄 만한 변화가 생기는 바 요행이 그 변화는 주인공에게 하늘이 주는 기회라 무슨 일인지는 몰라도 일단 감이 잡히면 기회를 놓치지 말고 남에 앞서 결단해야 한다.

---

59 수 실망격(失望格)

· 주인공이 원하는 바에 희망이 좌절된 상(希望挫折之象)이다. 어렵지 않게 여겨 자신 있게 진행하던 일이 뜻밖에 실패의 쓴잔을 마시게 됨으로 이제는 무슨 일에 손을 대어야 할지 몰라 괴로워하는 주인공의 모습이 알만하게 떠오른다.

특성

주인공은 어려운 일을 당하면 과감하게 극복해 나가려 하지 않고 미리 겁부터 먹어 마음이 흔들리니 시작은 있으나 끝맺음이 없다(有始無終).

운세

하늘은 근면성실한 자의 편이 된다. 일을 겁내어 나태해지면 하늘은 고사하고 사람도 돕지 않는다. 해 나가는 일에 핵심(核心)과 목적이 모호하여 이 핑계 저 핑계 다 면서 미루어 나가다 보면 황금 같은 시간과 재물만 허비한다. 한번 깊은 수렁에 빠지면 스스로 헤어나지 못한다. 불의의 사고(교통사고 등)나 질병으로 고생하는 수가 있다. 이름자 원.형.이.정 사격(四格) 가운데 59수가 있다면 대흉하다.

60 수 암흑격(暗黑格)

· 캄캄한 밤중에 등불이 없는 상(暗夜行人無燭之象)이라 움직이면 움직일수록 깊은 수렁에 빠져 헤어나지 못한다.

특성

성질이 불같이 급하고 참을성이 없어 매사를 중도에서 좌절당한다. 자존심만 강해서 남의 충고를 받아들이지 않고 고집불통이다. 부모형제와 배우자가 없거나 있더라도 뜻이 맞지 않아 외톨이 신세만 되니 주인공은 모름지기 우선 인화(人和-모든 사람들과의 화합)에 힘써야 한다. 혹은 머리 깎고 절에 들어가 승도(僧道)가 되는 것이 고생을 면하는 방도가 될는지 모른다.

운세

정신이 흐릿하여 잘못 판단을 잘 하고 술에 취하지 않았는데도 술에 취한 듯 세상만사가 취중이나 꿈속의 일처럼 흐리멍덩하게 되니, 세상 살아가는 방도가 지혜로운 사람도 쉽지 않은데 흐릿한 정신으로 무엇을 하겠는가. 설사 지혜로운 사람이라 할지라도 일이 자주 막혀 옳은 길을 찾지 못하여 중중한 고생을 겪는다. 그래서 이 수리(61수리)를 일컬어 암흑격이라 칭한다.

61 수 영화격(榮華格)

· 출세하여 임금에게 하사받은 비단 옷 입고 고향으로 돌아가는 상(錦衣還鄉之象)이다.

특성

이 수리(61수)의 주인공은 거만하고 이기적이며 자신을 위해서는 돈이 아깝지 않으나 남을 위해 쓰는 돈은 짠돌이가 된다. 세상에 자신보다 머리가 잘 돌아가는 사람이 없다 하여 궁핍한 사람을 보면 냉혹하다. 거짓이 많고 자화자찬하는 바람에 이로 인해 실패하는 일이 적지 않다. 그렇긴 해도 재주 뛰어나고 운세가 주인공을 도와주므로 출세하여 떵떵거리며 고향에 돌아간다.

운세

자만에 빠져 자기 과신을 하게 되나 살아가는 방법치고는 천우신조(天佑神助)가 있다. 그래서 일생 부귀를 누린다. 밖에 나가면 즐거우나 안에 들어서면 짜증이 난다. 단 오만이 지나치면 주변 사람들에게 미움을 받아 사귀기를 기피한다. 무엇보다도 가정 내에서 부모 형제 처자(여자는 남편과 자식)와의 화합에 힘써야 한다. 글에 가화만사성(家和萬事成-가정이 화목한 뒤에야 모든 일이 이루어진다)이라 하였다.

62 수 고독격(孤獨格)

· 궁핍하여 고생을 겪게 되는 상(窮乏困苦之象)이다. 또는 이 수리(62수)를 설상가상(雪上加霜)의 형태라 한다. 엎친 데 겹친 격이라 하며 어떤 불행이 이른뒤다 또 다른 불행이 겹친다.

특성

자신의 잘잘못 없이 복을 누리거나 재앙을 당하게 되는 것을 일컬어 운(運)이라 한다. 이 수리의 주인공은 돈거래에 신용이 없고, 책임감도 결여되어 눈에 띠지 않으나 세월이 흐름에 따라 재난이 누적된다. 그리고 남녀 모두 색(色)을 탐하다가 망신당하는 수도 있다.

운세

박력이 없는데다 주관도 없으며 질병, 손재, 가정불화 등 좋지 못한 일만 생기지만 주인공은 깨닫지 못한다. 목적한 일이 성공하기 어렵고 신용 하락에 고생이 극심하다. 여자는 입이 가벼운데 입을 함부로 놀리다가 관재를 당하거나 개망신을 당한다.

63 수 길상격(吉祥格)

· 만물이 점점 자라나는 상(萬物發育之象)이라. 뜻이 맞는 사람끼리 단합해서 큰일을 성공하게 된다.

특성

혼자서 하는 것보다 여럿이 합심하여 목표 달성을 위해 진행해 나간다면 무리가 없는 한 반드시 성공한다. 운을 잘 타고 났으므로 앞으로 나아가는 데 장애가 없어 부귀영화를 누린다. 특히 부부간에 화합이 잘 되어 언제든지 웃음소리가 끊길 날이 없다.

운세

운이 성공을 도와 마음먹은 대로 부귀영화를 누리는 길격 수리이다. 유통업을 경영하면 재물이 날로 늘 것이다. 인격을 갖추어 뭇 사람들의 존경과 신망(信望)을 받는다. 부귀와 명예, 인기 등 사람이면 누구나 다 탐내는 것을 주인공이 가졌다 하겠다. 단 모험이나 투기성이 있는 일에만 손대지 않으면 부귀영화를 누리게 된다.

64 수 침체격(沈滯格)

· 저는 발로 산에 오르는 상(蹇脚登山之象)이라. 별로 취할 것이 없는 흉격 수리이다.

욕심이 많고 샘도 많은 사람의 형상이다.

특성

나무 위에서 물고기를 구하려는 상(綠木求魚之象)이라. 이 수리의 주인공은 성공가능성이 없는 일에 뜻을 두어 실행하고 있다고 보겠다. 이런 경우 남과 의논해서 뜻을 정하는 게 현명한 일이다. 글에 "욕심이 없으면 재앙도 없다(無慾이면 無災)"라 하였다. 고금을 통틀어 욕심이 재앙의 원이 되지 않는 사람이 별로 없다. 높은 권세, 재벌, 인기 등 사람이면 누구나 다 좋아하는 것이지만 화근(禍根)이 된다.

운세

매우 좋지 않다. 남의 것을 눈독 들이기보다 내가 가진 것을 지킨다는 마음으로 살아가면 아무리 사나운 운을 타고났다 할지라도 최소의 재난으로 액막이가 될 것이다. 가정불화에 손재가 따르고 건강에도 근심이 있다. 가정을 포함해서 이웃과도 화목하여 일확천금의 헛된 욕심을 부리지 않는다면 설사 나쁜 운으로 이어지더라도 천연두 질병을 백신주사를 맞아 예방하듯이 손재나 어떤 재난이 있더라도 작은 액수의 손실이요 가벼운 부상 정도로 대신하게 된다.

65 수 완성격(完成格)

· 마른나무 봄을 만난 형상(朽木逢春之象)이다. 지난 세월에 고생을 겪었으나 봄을 만난 초목처럼 발달이 눈부시다.

특성

하늘과 땅이 오랜 세월 동안 존재하듯(天長地久之象)하는 상이라 장수부귀(長壽富貴)를 비유하는 말이다. 만 가지 일이 뜻대로 되니 마음이 평화로워 질병 재난의 근심이 없이 행복한 가정을 누리며 살아갈 수 있다는 길격 수리이다.

운세

가화만사성(家和萬事成)이라. 우선 가정부터 화목하면 밖에서도 상대방에게도 평화로운 인상을 준다. 또는 지나친 욕심을 버리고 분수에 알맞은 것을 원하면 안 되는 것이 없다. 이루기 어려운 일을 손대지 말고 자신이 가장 잘 할 수 있는 일에 손을 대면 뜻을 두고 안 되는 일이 없다.

66 수 우매격(愚昧格)

· 불리한 수리다. 즉 이러지도 저러지도 못하고 쩔쩔매는 상(進退兩難之象)이다.

특성

이 수리의 주인공은 평소 지혜롭고 명민하여 오착을 범하지 않으나 수리의 의(義)가 불리하므로 처사에 있어서도 바른 길을 찾지 못한다. 이 수리의 주된 작용은 가정경제가 곤궁한 처지에 이르거나 육친간은 뿔뿔이 흩어져 풍비박산될 가능성이 있다는 뜻이다.

운세

66은 주역괘로 중감수(重坎水) 즉 위도 물이요 아래도 물을 상징하는 괘(卦)이므로 중감수 또는 습감(習坎)이라 하여 64괘 가운데 가장 불리한 괘상으로 여긴다. 물(水)은 남녀의 정사(情事)를 의미하여 이 수리의 주인공은 남녀를 막론하고 색정(色情)에 깊이 빠져 헤어나지 못한다. 또 물은 지혜이므로 모르는 것이 별로 없는 팔방미인(八方美人)이라 하겠지만 입이 가볍고 행동이 가벼울 가능성이 있어 우려된다.

67 수 영달격(榮達格)

· 이 수리의 주인공은 사통팔달(四通八達之象)이라 동서남북 사방과 여덟 개의 간방문(間方門)이 활짝 열려 있어 왕래가 자유스러운 것이요 또는 비범한 두뇌를 지녀 상식적으로 모르는 것이 없는 경지의 인물을 지칭하는 의미도 된다.

특성

이 수리(67)는 영달격이라 하였으니 목표를 완수함으로 영화를 누리게 된다는 뜻이다. 좋은 일은 부르지 않아도 찾아와 주인공이 뜻을 성취하는 데 진행이 순조롭다.

운세

운이 대길하므로 일취월장(日就月將) 발전이 순조롭다. 가정이 화목하고 윗사람의 사랑과 은혜가 있다. 이 수리는 전반보다 후반(後半)의 운이 더 좋다. 부모 조상의 유산이 없더라도 자수성가(自手成家-자신의 능력과 수고로써 가정경제를 풍부하게 함)로 큰 돈을 모은다. 무슨 일이거나 순리를 따르면 재난이 없다.

68 수 발달격(發達格)

· 분수를 지켜 순리를 따르면 진행하는 일이 순조롭게 이루어진다.(修分順成之象)

특성

사람됨이 공정(公正)하여 사사로운 정에 이끌리지 않는 상(公正無私之象)이다. 지혜가 뛰어나고 신용이 있으므로 사람들의 존경을 받는다. 하지만 편하게만 살아가는 게 아니고 숱한 역경을 겪은 뒤에 고생을 면한다.

운세

남이 하기 어려운 일을 이 수리(68)의 주인공은 천부적(天賦的) 지능과 소질이 있어 능히 해결함으로 사람들의 부러움을 사게 된다. 예능 방면으로 나가면 명성을 얻고 따라서 경제도 풀려나간다. 다 좋으나 단 어렸을 때 두 부모 가운데 한분은 이별하게 될까 우려되는 바다.

69 수 궁박격(窮迫格)

· 앉으나 서나 편안치 못한 상(坐立不安之象)이다. 진행하는 일이 정리되지 않아 성패를 모른다. 그래서 항시 안절부절 애를 태운다.

특성

하늘에 먹구름이 짙게 껴 사방이 어두컴컴한 형상이다. 아무리 낮이라 한들 먹구름이 짙으면 온 누리는 컴컴해져서 사람의 마음을 우울하게 만든다. 경영하는 일은 거의가 엇박자 현상이 되어 개운한 때가 없으니 그야말로 의기소침(意氣銷沈)되어 비 오는 날 나갈까말까 망설이다가 이곳도 저곳도 가지 못하는 결과가 발생한다.

운세

좋지 않다. 두뇌 발달이 모자라고 말도 똑똑한 발음을 못한다. 불행한 수리이다. 만약 됨됨이가 정상적이면 단명 한다. 생애 중 몇 차례 길운이 이르지만 그 때를 모르므로 좋은 일이 와도 놓치고 만다. 병약(病弱)에 정신력도 모자란 흉격 수리의 이름이다. 이 수리에 해당할 경우 개명(改名)도 나쁘지 않다.

70 수 적막격(寂寞格)

· 적막하여 밝음이 없는 상(寂寞無明之象)이다.

특성

사람이 사는 집은 다투는 소리, 웃는 소리, 아기 우는 소리 등 시끌거려야 정상이다. 그런데 이 수리의 주인공 집안에서는 사람이 살지 않는 것처럼 조용하다. 혹 자손이 없다는 현상이고 혹은 어떤 근심거리가 해소되지 않아서 온 가족이 입을 다물고 있기 때문일 수도 있다.

운세

가정에 우환(근심걱정)이 떨어지지 않으니 환자가 연달아 생긴다. 또는 육친과의 생이사별이 있고 가족 중에 한번 병으로 누우면 좀체 일어나지 못한다. 관액, 브상, 사고 등의 우려가 있고 농아자(聾啞者), 맹인(盲人-시력장애인) 등 장애인이 이 수리에서 많이 나온다.

71 수 후길격(後吉格)

· 미리 준비가 있으면 근심이 없는(有備無患之象) 상이다.

특성

인내력이 약간 모자라고 성격이 급해서 무슨 일이나 마음이 급해서 뒷일을 고려해 보지도 않고 덥석 일을 저지르는 경향이 있으니 차분한 마음으로 주의를 기울여 자신이 있는 일에 한해서만 선택 추진해 나간다면 성공이 어렵지 않다.

운세

전체적인 면에서 간단히 평한다면 순풍(順風)에 배를 띄우고 항해하는 것 같이 운이 밀어주고 안전하다. 그러므로 비교적 좋은 이름인데 삼재(三才)까지 길격에 해당되면 부귀영달(富貴榮達)하고 가정도 화목하다.

72 수 길흉상반격(吉凶相反格)

· 대체로 길하다. 그러나 좋은 일 가운데 고민이 내재(內在)되어 있다(吉中含苦之象)

특성

무슨 일에나 노력하면 성과가 있거나 얻는다. 그러나 호사다마(好事多魔-좋은 일에 장애가 생김)로 내면에는 달갑지 않은 일이 생긴다. 세상만사 새옹지마(塞翁之馬)라. 어찌 생각하면 새옹지마가 순리요 인간들의 철학이다.

운세

비교적 무난한 수리이다. 단 행운이 돌아오기만을 믿고 나태하면 얻을 것조차 얻지 못한다. 반생(半生)이 행복하였으면 나머지는 어려움을 겪는다. 반대로 전반의 삶이 순조로웠으면 후반은 불리하다. 지난날 좋았던 일에만 연연하지 말고 끊임없이 노력하면 비록 좋은 운이 지나 버린 후반이라 할지라도 분수를 지키면서 근면 성실히 살아가면 기쁨이 이를 것이다.

73 수 소성격(小成格)

· 쉽게 얻은 것을 절반이 넘도록 다시 잃는 형상(得而半失之象)이다.

특성

얻으면 잃기도 하는 게 순리가 아니겠는가. 성패가 엇갈리므로 크게 모이거나 큰 지위에 오를 수도 있다. 이 수리의 주인공은 품은 뜻이 크다 할지라도 그것(大志)을 이룰 만한 재주도 없고 용기도 없다. 주인공의 행불행(幸不幸)은 분수를 지키는 데 있다. 대아(大我)를 버리고 소아(小我)의 삶을 영위한다면 평생 편안할 것이다.

운세

큰 뜻을 이루려면 3가지 조건이 필요하다. 첫째, 지혜가 있을 것 둘째, 지혜가 있더라도 본인이 정력을 기울여 노력할 것, 셋째 운이 주인공을 도와줄 것 등이다. 살아가면서 경험하다 보면 자신의 복분(福分)이 어느 정도인지 알게 될 것이다. 세상만사 과유불급(過猶不及)이라 하였으니 복분과 능력을 축소시켜 살아가면 안전하다. 명실보감에 "世事分已定, 浮生空自忙"이라 즉 세상만사가 다 이미 정해져 있거늘 뜬구름 같은 인생들은 헛된 것을 잡으려고 쓸데없이 바쁘기만 하다"고 하였다.

74 수 파탄격(破綻格)

· 낙엽이 바람에 이리저리 흩어지는 상(風飛落葉之象)이라. 이 수리의 주인공은 하늘을 지붕삼고 방랑하는 나그네의 모습에도 비유된다.

특성

이 수의 주인공은 비록 큰 뜻을 품었다 할지라도 지혜도 없고 능력도 없고 운도 없어 방황하는 모습이다. 그래서 한갓 먹을 것, 입을 것만 축내는 인간으로 출세는 염두도 못 둔다. 그렇지만 말이나 행동이 경망스러워 밖에 나가 호된 구타를 당할 것 같지만 용케도 성한 몸과 건강을 유지하며 살아가는 수수께끼 인생이다.

운세

이 수리의 주인공을 객관적으로 평한다면 이 세상에서는 단 한 가지도 쓸모없는 인간이다. 술에 대취한 듯, 또는 술에 취하지 않았는데도 술에 취한 듯해서 종잡을 수가 없다. 자신의 재산, 자신의 건강이 어떻게 돌아가는지도 모르는 자로서 남의 혐오대상이 된다. 때문에 몹시 타락해서 깨진 그릇과 같이 접착 사용이 불가능한 형태의 흉격 수리이다.

75 수 평안격(平安格)

· 큰 공(功)을 이룬 뒤 사회 일선에서 스스로 물러나는 상(功成身退之象)이다.
어떤 분야를 막론하고 먼저 스스로 물러나는 지혜가 필요하다.

특성

주인공에게 왕성한 운은 이미 지났다. 이제부터는 앞으로 나아가지 말고 한 걸음씩 물러나야 한다. 만약 자리 양보를 하지 않으면 뒷 사람이 강제로 밀고 들어온다.

예1의 태극도는 공성신퇴(功成身退)의 모습이다. 동지에 6음이 찼으므로 서서히 양(흰색)에 양보하기 위해 물러서는 모습이다. 이 태극도의 교훈은 음이 물러가는 모습만 보이고 양이 나아가는 것은 보이지 않

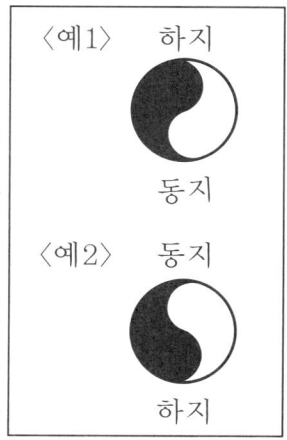

으나 음이 먼저 한 발짝 물러가면 그 빈자리를 양이 채워나가는 의(義)를 나타낸 그림이다.어떤 위치를 막론하고 더 커질 빈자리가 없으면 이제부터는 차츰차츰 물러서야 한다. 즉 이것이 평화요 겸손이다. 예2는 동지에 일양(일양)의 음이 꽉 차인 것을 "물러가라 양이나아간다" 하면서 음이 스스로 물러가기 전에 밀고 나가는 모 습으로 1인자의 자리를 밀어붙이고 나아가는 형상이라 전쟁이 붙은 것과 같다. 당연히 〈예1〉의 태극도가 맞는 그림이다.

운세

75수의 주인공은 운이 도와주지 않는다. 좋은 운이건 나쁜 운이건 막론하고 운이 차지하는 작용은 매우 크다. 욕심이 없으면 재앙이 없는 것(無慾而無災)이라 이제부터는 어려운 일을 양보하고 자리를 물러나와 도(道)를 즐기면서 살아간다면 운명이 가혹하다 할지라도 어찌 큰 재앙으로 부풀려 이르겠는가 순리를 따르면 비록 수리는 나빠도 삶은 평안할 것이다.

76 수 곤액격(困厄格)

· 이런 경우 저런 경우 다 겪어 본 형상(山戰水戰之象)이라 즐거운 일이 한도가 차면 이제부터는 내리막길인 것이다.

특성

흉격 수리이다. 어떤 것이 옳고, 어떤 것이 그른지 분명한 판단이 서지 않는다. 평소 지혜로운 삶을 누려 왔다 할지라도 나쁜 운에 들어서면 생각이 어지러워 그릇 된 판단을 하게 된다.

운세

좋지 않다. 차라리 문을 꼭 닫고 두문불출(杜門不出)하는 게 좋지만 그럴 수는 없고 문밖을 나서더라도 차 조심하면서 남의 감언이설(甘言利說)에 넘어가지 말아야 한다. 가정에서는 인내가 없으면 배우자와 갈라서게 되고 연달아 우환이 발생한다. 병약, 단명 등의 나쁜 점만 빼놓지 않고 이른다.

77 수 비애격(悲哀格)

· 낙극생비(樂極生悲)라 즐거움이 한도에 차면 슬픈 일이 생긴다는 흉격 수리이다.

특성

과일나무가 꽃도 피고 열매가 없으면 그동안 쌓은 공이 허사가 된다. 어려운 일을 처리할 경우 적당한 지혜가 떠오르지 않으면 선배나 경험자의 자문이 필요하다. 77은 주역괘로 중간산(中艮山)에 해당하는데 괘의 형태는 산 넘어 산이라 바삐 가는 길에 태산준령(泰山峻嶺)이 앞에 가로 막은 것 같다.

78 수 후곤격(後困格)

· 먼저는 운이 왕성하고 뒤에는 고생을 겪게 된다는 전곤후길지상(前困後吉之象)의 수리다.
특성
지능은 발달하였으나 77수의 작용력은 곤궁(困窮)한 상태로 몰아다 준다. 예를 들어 세상을 바꿔놓을 만한 영웅이라 할지라도 이 수리가 형격(亨格)에 해당하면 공을 세우지 못한다.
운세
이 수리가 작용하는 운세는 전반년에는 부모 조상의 덕으로 고난 없이 호강으로 잘 지내다가 후반에는 물려받은 재산을 다 없애고 자수성가(自手成家)하게 된다. 만약에 전반기에 고생을 하였다면 후반기에 좋은 일이 이어질 것이다. 그렇지 않고 반대로 초년경에 일찍 풍상을 겪었다면 중말년 이후부터는 일이 풀려 가정이 화목하고 의식주 근심도 없겠다.

79 수 종극격(終極格)

· 만 가지 일이 종말로 정지된 상(萬事終末之象)이다.
특성
이 79에 해당하는 이름은 흉격 중에서도 가장 나쁜 흉격이다. 사람에 있어 가장 나쁜 일이란 생명의 종말이기 때문이다. 그러므로 나이 많지 않거나 건강한 사람이 이 수리의 주인공에 해당하면 사업의 실패, 희망 두절, 재기불능(再起不能)의 형태로 돌아간다.
운세
궁지에 빠지면 스스로 헤어나지 못하고 남의 구원을 받아야 한다. 실직, 금전의 부채 등으로 재기(再起)할 희망이 보이지 않는다. 신체만 그럴 듯해 보여도 정신력이 박약하여 아무것도 창출(創出)하지 못하니 단순히 남의 종노릇 하면서 주인이 시키는 대로 하는 일이 마땅하겠다. 아내의 가출, 자녀의 불손(不遜) 등이 예상된다.

80 수 사격격(四隔格)

· 동서남북 사방이 막혀 뚫고 나가지 못하는 상(四隔不通之象)이다. 하늘높이 훨훨 자유롭게 나는 새가 조롱 속에 갇히고 범이 깊은 함정에 빠져 나오지 못하는 형상이다.

특성

이 수리의 주인공은 최악의 생사기로(生死岐路)에 봉착했으므로 자력으로는 구제되지 못하고 남의 힘을 빌려야 한다.

운세

죄를 짓지 마라 대수롭지 않은 일에도 작게 고생할 일이 크게 확대되어 고생한다. 질병의 우려가 있고 재물은 비어 있는 상태, 이 수리가 형격(亨格)에 해당하면 차라리 머리 깎고 중이 되는 게 생명을 길게 연장시킬 수 있다.

81 수 환원격(還元格)

· 초목이 화창한 봄을 맞이한 격(草木逢春之象)이라. 지난겨울 추위에 움츠리던 초목과 겨울잠에 들어갔던 벌레들은 모두 생기(生氣)를 띤다.

특성

이 수리는 81수 가운데 마지막이지만 그 의(義)는 제1수 기본격(基本格)과 거의 같다.

운세

매우 강하다. 작용력은 제1수와 거의 같다. 1인자의 의미가 있고, 모든 것 가운데 우두머리에 해당한다. 남녀 모두 배우자 없이 홀로 독신생활하게 된다는 점도 빼놓을 수 없다. 영웅은 이 수리가 있으면 크게 전공(戰功)을 세우고 이름을 사방에 떨친다(명진사방).

◎ 팔십일수 운기요결(81數 運氣要訣)

81수 길흉 작용에 대해서는 이상에서 구체적으로 근본 문구를 의역(義譯)으로 기술하였다. 본 항의 글은 고서(古書)에 번역되지 않은 채 있기에 성명학을 연구하려는 분들이 참고하면 도움이 될까 해서 토와 음을 달고 81수 작용을 또 수록(收錄)한다.

1數

天地開端萬物成　　　　　首領名譽得無榮
천지개단만물성　　　　　수령명예득무영
健全發達又威望　　　　　一生享福極貴珍
건전발달우위망　　　　　일생향복극귀진

하늘과 땅이 열리니 만물이 이루어진다. 몸과 정신이 건전함에 또한 위엄과 바라는 것이 있다. 지위는 무리의 우두머리라 명예와 부귀영화를 얻는다. 일생 복을 누리니 지극함이 귀한 보배로다.

2數

混沌未定動搖數　　　　　變動無常多遭難
혼돈미정동요수　　　　　변동무상다조난
破敗不安兼難離　　　　　辛苦病弱又短命
파패불안겸난리　　　　　신고병약우단명

혼돈하여 할 일을 결정 못하다가 동하여 요란함이 몇 차례다. 변동함이 계속되고 어려움을 많이 당한다. 병들고 허약해서 고생하는데 어찌하여 명까지 짧은가.

3數

諸事如意富貴榮　　　　　功名壽福皆獲得
제사여의부귀영　　　　　공명수복개획득

智達明敏兼首領　　　增進繁榮無限量

지달명민겸수령　　　증진번영무한량

모든 일이 뜻같이 되니 부귀영화요 지혜가 열리고 민첩하니 우두머리 지위를 겸하였다. 부귀공명과 수복까지 다 열리니 번영함이 끝이 없이 헤아리지 못한다.

4數

破壞滅製萬事止　　　破家亡神且凶變

파괴멸제만사지　　　파가망신차흉변

逆境病難兼夭折　　　辛苦之中有孝傑

역경병난겸요절　　　신고지중유효걸

깨지고 무너지고 찢어져 멸하니 만 가지 일이 정지된다. 어려운 중에 병까지 생기니 겸하여 명도 짧다. 집안이 망하고 흉변까지 생기니 가정이 파괴된다. 괴롭지만 효자와 열녀가 나온다.

5數

福祿壽全陰陽合　　　家業中興福德運

복록수전음양합　　　가업중흥복덕운

功名順理富榮達　　　衣食豊富受敬愛

공명순리부영달　　　의식풍부수경애

복록을 누리고 수명의 근심이 없으며 부부간에 화합한다. 공명을 순조롭게 달성하니 부귀영달이 분명하다. 가업은 나날이 흥하고 복덕이 오는 운이다. 그리하여 의식이 풍부하고 사람들의 존경과 사랑을 받는다.

6數

富裕安穩福祿至　　　天乙貴人守身變

부유안온복록지　　　천을귀인수신변

盛運幸福集一門   盛中含衰要謹愼

성운행복집일문   성중함쇠요근신

넉넉하고 편안하고 복록이 이른다. 운이 왕성하여 집안에 행복이 이른다. 천을귀인이 신변을 도울 것이다. 단 너무 좋으면 오래 머물지 못하는 법이라 장차 내리막길을 걷는 수가 있으니 조심하라.

7數

剛毅果斷排萬難   涵養修身兼雅量

강의과단배만난   함양수신겸아량

獨立權威又俊敏   吉慶增進大榮達

독립권위우준민   길경증진대영달

강하고 굳세고 관단성이 있어 능히 만가지 어려움이 닥쳐도 물리쳐 나간다. 독립심이 있어 권세와 위엄이 있으며 영웅적 기질에 민첩하다. 몸을 닦고 겸하여 아량이 넓을 것이요 좋은 일만 연달아 생겨 크게 영달한다.

8數

意志堅剛有始終   忍耐克己求和平

의지견강유시종   인내극기구화평

勤勉發展成大業   前難後易得成功

근면발전성대업   전난후이득성공

의지가 굳으니 일에 시작과 끝맺음이 있다. 부지런함으로 힘쓰니 발전하여 큰 사업을 성공시킨다. 인내로 자신부터 몸을 극하면 이 가운데서 평화를 누린다. 건저는 일이 어려웠으나 뒤에는 쉽게 성공한다.

9數

興盡凶始入不幸　　　　病弱短命又凶禍

흥진흥시입불행　　　　병약단명우흉화

有始無終別親苦　　　　克子窮迫孤寡悲

유시무종별친고　　　　극자궁박고과비

좋은 일이 한계에 이르면 이어서 불행한 일이 발생한다. 매사에 처음만 있고 끝이 없으며 부모와 이별하고 괴로움을 당한다. 병들고 허약함으로 인해 단명하거나 재앙이 이른다. 자식을 잃지 않으면 부부 이별하여 남녀 모두 고독하고 슬픈 일이 생긴다.

10數

日沒零暗萬事空　　　　病弱短命多災難

일몰영암만사공　　　　병약단명다재난

家破財散又失意　　　　克夫克妻別親苦

가파재산우실의　　　　극부극처별친고

해가 진 밤과 새벽 0시와 같이 캄캄한 밤중이라 아무 곳도 보이지 않으니 공(空)과 마찬가지다. 집안에서는 행복이 깨지고 시끄러워 심상치 않으니 재산이 흩어지고 계획한 일의 실패로 실의에 빠진다. 병이 잦고 몸이 허약하니 단명하거나 극복하기 힘든 재난이 이른다. 뿐 아니라 여자는 남편을 잃고 남자는 아내를 극하며 부모와도 이별의 괴로움이 있다.

11數

春陽成育漸茂盛　　　　穩健着實富貴榮

춘양성육점무성　　　　온건착실부귀영

挽回家運再興家　　　　順調發展得人望

만회가운재흥가　　　　순조발전득인망

따뜻한 봄볕이 발하니 초목은 점점 자라 그 잎이 무성해진다. 잃었던 가운을 다시 회복하여 집안이 흥한다. 사람됨이 온건착실하니 발복하여 부귀영화를 누린다. 순조롭게 발전하며 사람들의 신망을 얻는다.

12數

無理伸長不如意	家庭緣薄孤獨運
무리신장불여의	가정연박고독운
中途挫折遇災厄	守分自重保平安
중도좌절우재액	수분자중보평안

무리하게 일을 서둘지만 뜻 같지 않다. 중간쯤 진행하다 좌절되고 거기다 다른 재액까지 만난다. 가족과의 인연이 없어 고독한 운명이요 그러나 분수를 지키면서 은인자중하면 고민거리 없이 편안하다.

13數

智慧充滿多藝能	好奇過信要勤愼
지혜충만다예능	호기과신요근신
能忍能柔善處事	功業成就得富榮
능인능유선처사	공업성취득부영

지혜가 충만하고 예능 방면에도 뛰어난 재주가 많다. 능히 부드럽고 능히 참을 수 있으니 일처리가 뛰어나다. 너무 좋아 과신하게되니 근신이 요구된다. 그리하면 뜻한 일을 성취하여 부귀영화를 누릴 수 있다.

14數

興敗無常別親苦	失意煩悶多災厄
흥패무상별친고	실의번민다재액
家族緣薄孤獨命	徒勞無功不如意
가족연박고독명	도로무공불여의

흥했다가 패하고 패했다가 흥하기를 자주 번복된다. 일찍 부모를 이별하고 고생하니 이 수리는 가족들과의 인연이 박하여 고독한 운명이다. 실의에 빠져 괴로워하고 기타의 재액도 겪는다. 한갓 수고로우나 공이 없고 뜻하는 일마다 뒤틀려 나간다.

15數

福壽圓滿德望高   財子壽全貴人助
복수원만덕망고   재자수전귀인조

立身興家成大業   富貴繁榮有餘慶
입신흥가성대업   부귀번영유여경

복과 수명이 만족하고 인품의 덕망도 높다. 벼슬이 오르니 입신이요 따라서 집안이 흥하고 큰 사업이 성공하였다. 재물과 자식과 수명을 다 갖추었으니 귀한 신분의 도움이요 따라서 부귀 번영하여 남을 경사가 있다.

16數

貴人得助富榮達   逢凶化吉事業成
귀인득조부영달   봉흉화길사업성

初困後成爲首領   不可貪色倨慢心
초곤후성위수령   불가탐색거만심

귀인의 도움을 얻어 부귀와 뜻을 성취할 것이요 초년에는 고생을 겪다가 뒤에 성공하여 우두머리 지위에 오른다. 설사 흉한 일을 당해도 이상하게도 그것이 좋은 일로 변해 버린다. 단 색을 탐하거나 성공하였다 해서 거만해서도 안된다.

17數

剛情不屈權位高   修事謹愼守溫和
강정불굴권위고   수사근신수온화

健全暢達除萬難   終得榮達大業成

건전창달제만난   종득영달대업성

정신과 기(氣)가 강하고 누리는 권세도 매우 높다. 건전하고 밝게 달성하니 만 가지 어려움을 덜어낸다. 마침내 영달하여 큰 업적을 이룬다.

18數

智謀發展克難關   過剛遭難養柔德
지모발전극난관   과강조난양유덕
立志必成事皆通   功名成就得榮達
입지필성사개통   공명성취득영달

지혜가 발달하여 난관을 잘 극복해 나간다. 뜻을 세워 이루고자 하면 안되는 일이 없겠다. 그러나 성격이 너무 강한 탓으로 어려움을 겪는 수가 있으니 부드러운 덕성을 닦아라. 그리하면 공을 세워 무궁한 영화를 누린다.

19數

有始無終成事難   辛苦夭折多遭難
유시무종성사난   신고요절다조난
風雲蔽月受挫折   孤寡失子寂寞運
풍운폐월수좌절   고과실자적막운

시작은 있으나 끝맺음이 없다. 일이 어려워 이행하지 못한 때문이다. 짙은 구름이 달빛을 가린 격이니 하는 일이 중도에서 꺾인다. 고생이 많아 일찍 세상을 뜰까 우려된다. 홀아비와 과부가 자식까지 잃으니 신세가 매우 적막하다.

20數

破運別親災禍重   病弱短命孤寡愁
파운별친재화중   병약단명고과수

百事不全不如意   一生不安陷逆境

백사부전불여의   일생불안함역경

좋은 운은 지나고 불리한 운이 이르니 어버이를 잃고 재앙이 거듭된다. 백가지 일이 온전한 것이 없이 뜻한바 대로 아니 된다. 병들고 허약해서 명이 짧으니 반려자를 잃고 수심에 잠긴다. 때문에 일생 불안하고 또는 역경에 빠져 고생한다.

21數

光風霽月權位高   男子頭領得顯達

광풍제월권위고   남자두령득현달

立身興家富歸榮   女子克夫終不幸

입신흥가부귀영   여자극부종불행

바람이 불어 구름이 걷히니 어둠이 사라지고 밝음이 온다. 때문에 권세와 지위가 오른다. 입신하여 가업을 일으키니 부귀영화를 누린다. 남자는 두령격으로 무리를 거느리는 권세가 있으나 여자는 너무 세서 남편을 극하고 마침내는 불행하다.

22數

秋草逢霜中折運   孤愁病弱難得安

추초봉상중절운   고수병약란득안

逆境困難不如意   晚運凋落心身苦

역경곤란불여의   만운조락심신고

가을풀이 서리를 맞은 격이라 일이 중간에서 꺾인다. 역경의 곤란한 일이 생겨 일이 뜻대로 안 된다. 외로운 근심 속에 질병으로 몸이 허약하고 늦은 나이에 운세가 나쁘니 몸과 마음이 다 괴롭다.

23數

凱旋將軍勢壯麗　　　　　　　猛虎漸翼過急進
개선장군세장려　　　　　　　맹호점익과급진

功名榮達大志成　　　　　　　男子首領女寡婦
공명영달대지성　　　　　　　남자수령여과부

세운 뜻이 성공함에 싸움에 이기고 돌아오는 개선장군처럼 그 형세가 장관이다. 공명성취로 영달하여 큰 뜻을 성공함이라. 마치 맹호 등에 날개가 돋친 것같이 빠른 시일에 출세한다. 남자는 무리를 많이 거느린 우두머리 격이지만 여자는 팔자가 너무 세어 과부명이다.

24數

財益豊富智謨多　　　　　　　子孫餘慶富貴榮
재의풍부지모다　　　　　　　자손여경부귀영

難中成功立大業　　　　　　　家門繁昌福無量
난중성공입대업　　　　　　　가문번창복무량

재물은 손대는 일마다 이익이 많아 풍부하게 모인다. 주인공의 뛰어난 재주와 꾀가 적중하기 때문이다. 자손들은 경사가 많아 모두 부귀영화를 누리고 가정은 번창하며 복록이 무궁하다.

25數

資性英敏有奇才　　　　　　　怪癖不孝起障害
자성영민유기재　　　　　　　괴벽불효기장해

榮譽再覆成大業　　　　　　　修身涵養得人和
영예재복성대업　　　　　　　수신함양득인화

태어난 인품이 영특, 민첩한데다 남이 따르지 못한 기재를 지녔다. 영예로운 이름과 재물복이 있으니 큰일을 성취한다. 단, 괴벽스러운 경향이 있어 남과 화합을 못 할까 우려된다. 몸을 닦고 인화에 힘쓰면 금상첨화가 될 것이다.

變怪異奇如英傑　　　　變動無常多波瀾
변괴이기여영걸　　　　　변동무상다파란

吉凶極端多曲折　　　　難別孤寡難得安
길흉극단다곡절　　　　　난별고과난득안

이상한 변괴가 있어 얼핏 영웅호걸 같은 생각이 든다. 길흉이 극단으로 작용하니 시비곡절
이 심하다. 이랬다저랬다 변동으로 인해 파란만장이라. 배우자와 생리사별하고 홀아비 과부가 되
어 편할 때가 없다.

慾望無限受中折　　　　剛情過强受批難
욕망무한수중절　　　　　강정과강수비난

有時無終多厄難　　　　矯正自省得寓榮
유시무종다액란　　　　　교정자성득우연

욕망이 끝도 없으나 중간쯤에서 꺾이고 만다. 시작은 있으나 마무리까지 이르지 못하니 이
로 인한 부작용도 크다. 성격이 정도를 넘게 강해서 비난받을까 우려된다. 마음을 다스려 그간의
해온 일을 반성해서 이후는 그런 일이 없도록 노력하면 부귀영화를 누릴 것이다.

豪傑氣槪受批難　　　　夫妻相克家運落
호걸기개수비난　　　　　부처상극가운락

遭難不安終身苦　　　　孤苦無依多辛勞
조난불안종신고　　　　　고고무의다신로

호걸스러운 기상은 도리어 비난을 받는다. 조난을 당하니 불안하고 종신토록 고생한다. 부
부간에 사이가 나쁘거나 이별이 있다. 외롭고 괴롭고 의지 없으며 고생이 많다.

29數

慾望過多希望高	猜忌過慾性自改
욕망과다희망고	시기과욕성자개
智謀才略有財祿	龍得風雲成大業
지모재략유재록	용득풍운성대업

바라는 것이 너무 크다. 지혜롭고 꾀가 많으며 재물이 따른다 지나친 욕심 때문에 비난받으니 성격을 고치라 용이 풍운을 얻은 격이니 큰일을 성취한다.

30數

絕死逢生吉凶反	興敗不定孤寡悲
절사봉생길흉반	흥패부정고과비
時利時敗好冒險	處事細廬保平安
시리시패호모험	처사세려보평안

막바지 궁지에서 용케 살아나니 길흉이 반씩이다. 때때로 이익도 크고 손해도 보며 모험심도 많다. 흥하고 망하는 것이 일정하지 않아 기복이 심하다. 처세를 자세히 살펴라 그리하면 평안하리라.

31數

智仁勇三德具全	富貴繁榮福祿至
지인용삼덕구전	부귀번영복록지
地位名譽事業成	衆人之上福自至
지위명예사업성	중인지상복자지

슬기롭고 어질고 용맹한 3가지 덕이 갖추어졌으니 부귀영화와 복록이 자연 이른다. 그릇이 큰 인물이라면 여러 무리 사람들의 윗자리에 군림하니 복록은 자연 이른다.

32數

池中之龍未得時	僥倖惠澤貴人扶
지중지룡미득시	요행혜택귀인부
風雲際會可昇天	善捉機會得富榮
풍운제회가승천	선착기회득부영

못 속에 있는 용이 때를 만나지 못했다. 그러나 바람이 구름비를 몰아오면 하늘에 오른다. 요행수가 있어 고귀한 신분의 혜택을 입는다. 기회를 잘 잡으라. 바야흐로 부귀영화를 얻으리라.

33數

名富雙受權位高	男子富貴女孤寡
명부쌍수권위고	남자부귀여고과
家門隆昌震天下	運氣極旺要勤愼
가문융창진천하	운기극왕요근신

명성과 부귀를 쌍으로 받으니 가문이 융창하여 그 이름이 온 천하에 진동한다. 그러나 남자는 부귀를 누리지만 여자는 과부가 되는 수리이다. 운기가 지극히 왕성한 때문이니 장차는 내리막이라 조심하라.

34數

艱難不絕失幸福	配偶子女離別苦
간난부절실행복	배우자녀이별고
破家亡身多危險	凶生大厄接踵來
파가망신다위험	흉생대액접종래

어려운 일이 끊이지 않으니 행복을 잃는다. 가정이 파괴되고 망신수가 있으며 위태위태한 일이 생긴다. 남녀 배우자와 이별하는 고통이 있으니 흉한 일 중에도 대흉하여 큰 액이 발꿈치 따라 이른다.

35數

優雅發展好文藝	溫和平安保守財
우아발전호문예	온화평안보수재
才智努力獲成功	此數最適女性名
재지노력획성공	차수최적여성명

인품이 우아해서 사람들이 따르니 자연 발전할 것이요 문예 방면에 취미가 있고 좋아할 것이니 재주 있고 지혜로우며 여기에 노력까지 구비되니 성공함을 얻겠다. 온화하고 평화로우며 재물도 헛되이 나가지 않고 보호받는다. 이 수리는 여자에게 가장 이상적인 이름이다.

36數

波瀾變動多困苦	風浪不淨難得安
파란변동다곤고	풍랑부정난득안
一生浮沈萬事難	捨己成仁風雲兒
일생부침만사난	사기성인풍운아

파란과 변동수가 있어 고생이 심하다. 일생 하는 일이 뜨거나 잠기어 어떤 일 한 가지도 이루기가 어렵다. 비유하건대 풍랑을 만난 배가 바람이 좀체로 자지 않는다. 자신을 버리고 인(仁)을 행하니 풍운아라 하겠다.

37數

權威顯達得衆望	充實熱誠運極旺
권위현달득중망	충실열성운극왕
排除萬難成大業	含養德性要慎重
배제만난성대업	함양덕성요신중

권위 있고 공을 이루어 보람찬 일을 하니 무리의 신망을 받는다. 만가지 어려움을 극복하고 큰 업적을 이룬다. 이 수리의 주인공은 충실하고 정성스러운데다 은이 왕성하여 지나침이 있으니

한걸음 물러나 덕성을 길러라.

38數

薄弱平凡無威力   技能藝術成功數
박약평범무위력   기능예술성공수
中途挫折失意事   始終努力得向上
중도좌절실의사   시종노력득향상

의지가 박약하니 평범한 사람으로 위력이 없다. 때문에 중도에서 꺾이고 실의에 빠진다. 단 기능(엔지니어)이나 예술 방면에 힘쓰면 성공하는 수가 있다. 포기하지 말고 처음부터 끝까지 노력하면 얼마간의 보람은 있겠다.

39數

攪亂一過風浪靜   男子首領女孤寡
교란일과풍랑정   남자수령여고과
雲開見月得富榮   內藏敗兆要謹愼
운개견월득부영   내장패조요근신

난리가 한차례 스쳐가니 마치 거센 물결이 지나간 것 같다. 짙은 구름이 걷히고 밝은 달을 보게 되니 부귀영화를 얻는다. 남자는 무리의 우두머리요 여자는 과부의 운명이다. 안에 실패할 징조가 보이니 주의하면 면한다.

40數

智謀膽力好投機   謹身謙讓處世者
지모담력호투기   근신겸양처세자
批難遭難孤哀悲   絶死逢生保平安
배난조난고애비   절사봉생보평안

지혜와 담력을 겸하고 투기. 모험을 좋아한다. 어려운 경지에서 물리치고 나왔으나 외롭고 슬프다. 처세에 있어 삼가고 주의하는 사람에겐 죽음에 닥쳐서도 삶의 길을 찾게 된다. 이후부터는 악이 없이 평안해지리라.

41數

德望高大名譽振	富貴榮華福祿至
덕망고대명예진	부귀영화복록지
智謀膽力財富貴	前途洋洋成大業
지모담력재부귀	전도양양성대업

덕망이 높고 크며 명예를 진동한다. 지모가 출중한데다 담력까지 갖추었으니 부귀를 얻는다 부귀영화를 누리며 사는 것은 복록이 있기 때문이요 앞길이 훤하게 트여 큰 업을 성취시킨다.

42數

多藝多能聰明才	終乃十藝九不成
다예다능총명재	종내십예구불성
意志薄弱不專心	孤獨失望不如意
의지박약부전심	고독실망불여의

재주가 뛰어나므로 잘 하는 일도 많은 총명재사다. 그러나 의지가 박약해서 끝까지 지탱해 나가지 못한다. 때문에 열 가지 재주를 갖추었으나 아홉 가지나 성공을 못한다. 고독하고 희망이 없으며 진행하는 일은 뜻대로 안 된다.

43數

夜雨之花薄命格	權謀術策假虛飾
야우지화박명격	권모술책가허식
外幸內苦多散財	失去信用踏死線
외행내고다산재	실거신용답사선

비오는 밤에 핀 꽃과 같이 명(命)이 박약하다. 겉은 행복해 보여도 속은 괴로움이 있다. 재물 흩어짐이 자주 생기기 때문이다. 권모술책을 좋아하여 허식을 쓰니 신용을 잃고 스스로 죽는 선을 밟고 있다.

44數

一時幸運傾斜盡	遭難辛苦多障碍
일시행운경사진	조난신고다장애
極成極敗家破亡	橫厄短命悲哀運
극성극패가파망	횡액단명비애운

한때 행운이 있다 하나 일시적인 기쁨이다. 성공과 실패가 극단적으로 작용하므로 집안이 망한다. 어려운 일을 피하기 어려우며 괴로움과 장애가 많아 몹시 고생한다. 그리고 횡액이 따르고 주인공은 단명하며 슬픔이 이른다.

45數

智謀遠大經綸沈	新生開運獲大功
지모원대경륜심	신생개운획대공
九死一生遇災難	名振天下富貴榮
구사일생우재난	명진천하부귀영

주인공은 지혜롭고 꾀가 뛰어나 원대한 포부와 경륜을 깊이 간직하고 있다. 그러나 구사일생의 어려운 것을 벗어나게 된다. 새로이 운이 열려 큰 공을 세우니 이름을 천하에 떨치고 부귀영화를 누린다.

46數

薄弱無力多辛苦	病弱孤貧悲哀運
박약무력다신고	병약고빈비애운
一生困難受災殃	變怪異奇不知格

일생곤난수재앙   변괴이기부지격

이 수리의 주인공은 정신이 박약하고 육체도 무력하여 겪는 고생이 많다. 때문에 일생 곤난한 일이 연달아 생겨 재앙에 이른다. 병들고 허약하고 외롭고 가난ᄒᆞ니 슬픈 운명이요 변괴가 기괴하고 이상하나 그 까닭을 모른다.

47數

開花結實衣食足	他人合作成大業
개화결실의식족	타인합작성대업
大志成就天賦幸	子孫繁榮有餘慶
대지성취천부행	자손번영유여경

꽃이 피고 열매가 맺은 격이니 들인 공력에 효과가 있어 의식이 풍족하다. 큰 뜻을 성취하리니 하늘이 주는 행복이다. 남과 함께 하면 큰 업도 성공으로 이끈다. 자손도 번창하여 영화와 남은 경사가 있다.

48數

智謀才能德望高	名富雙受天賦福
지모재능덕망고	명부쌍수천부복
顧問師表受尊敬	威望洋洋得榮達
고문사표수존경	위망양양득영달

지혜와 책략과 재능이 있고 덕망도 높다. 때문에 중대한 모임이나 경영의 고문으로 사표가 되어 존경을 받는다. 명예와 재물이 바다와 같으니 영달함을 얻어 화목한 가정을 이룬다.

49數

吉時大吉凶時凶	若逢凶運災禍來
길시대길흉시흉	약봉흉운재화래

吉凶難分變化運	中末變成辛苦數
길흉난분변화운	중말변성신고수

　좋은 때는 한없이 좋았다가 흉할 때는 지극히 흉하다. 길인지 흉인지 깨닫지 못하는 것은 길흉이 자주 바뀌는 때문이다. 만약 흉운을 만나면 덩달아 재앙이 이른다. 중년 말 나이에는 좋았다가도 변하여 고생을 겪는다.

50數

一成一敗一瞬間	一度富榮一朝夢
일성일패일순간	일도부영일조몽
晚年失敗難得安	離愁孤寡遭慘敗
만년실패난득안	이수고과조참패

　한차례 성공하고 실수함이 눈 깜박하는 순간이다. 말년에 들어 실패하므로 편안한 세월 보내기가 어렵다. 한차례 부귀를 누렸다 하지만 하루아침의 꿈처럼 허무하다. 이별과 수심과 부부 이별 등의 불행이 이른다.

51數

一盛一衰是運路	可惜失敗受困苦
일성일쇠시운로	가석실패수곤고
早年盛運得名富	修養自重保平安
조년성운득명부	수양자중보평안

　한차례 왕성한 운과 한차례 쇠약한 운으로 교체된다. 젊은 시절에는 명예도 있고 부자라는 칭호도 듣는다. 애석하다, 실패한 뒤 당하는 괴로움이여, 주인공은 덕성을 기르면서 무겁게 행동하면 평안하겠다.

52數

先見之明察時世   一擧千里得功名
선견지명찰시세   일거천리득공명
卓識技巧好投機   成就大業享富榮
탁식기교호투기   성취대업향부영

앞을 내다보는데 능하여 세상이 돌아가는 정세가 밝다. 탁월한 지식과 공교한 기술이 있겠고 투기도 잘하여 성공한다. 한번 손을 들어 천리에 도달하니 공명을 성취한다. 그리하여 큰일을 성취하고 부귀를 누린다.

53數

破家亡産多障碍   晚年多災破家産
전반행복후불행   만년다재파가산
外吉內禍多憂愁   他運補求僅保安
외길내화다우수   타운보구근보안

일생을 통틀어 전반년은 행복하였고 후반년은 좋지 않다. 겉토기는 길해도 안은 재앙과 근심할 일들이 많다. 늦은 나이에 재난으로 인해 재산을 다 없앤다. 다른 운세가 좋았다면 간신히 편안함을 얻겠다.

54數

破家亡産多障碍   離別橫厄凶慘憺
파가망신다장애   이별횡액흉참담
憂苦損失災禍來   辛苦不絶大凶數
우고손실재화래   신고부절대흉수

가정이 망하여 남는 재산이 없는데다 장애마저 따른다. 우환과 고상과 재산의 손실이 남은 재난까지 이른다. 이별이며 횡액 등으로 인해 그야말로 참담하여 말이 아니다. 고생이 사라지지 않는 대흉수다

55數

一面極盛一面衰　　　　吉中有凶不得安
일면극성일면쇠　　　　길중유흉부득안
外美內苦多災害　　　　不屈堅志克難關
외미내고다재해　　　　불굴견지극난관

한편은 운세가 지극히 왕성하고 한편으로는 쇠약하다. 겉은 아름답게 보이나 한편은 재난과 손해가 있다. 좋은 일이 있는 가운데 흉한 일도 있으므로 평안함을 얻지 못한다. 마음을 단단히 먹고 난관을 물리치라.

56數

萬事齟齬成四難　　　　薄弱挫折災禍至
만사저어성사난　　　　박약좌절재화지
日暮暗澹精力退　　　　家破財産孤無衣
일모암담정력퇴　　　　가파재산고무의

만가지 일이 다 어긋나니 일을 성공하기가 어렵다. 해가 지고 어두우니 정력조차 물러간다. 의지박약에 좌절되고 재난에 이른다. 집안이 파괴되고 재산이 흩어지며 의지할 데 없는 고독한 신세가 된다.

57數

雪中靑松性剛毅　　　　然後繁榮事亨通
설중청송성강의　　　　연후번영사형통
前半必遭大災難　　　　終到富貴福無量
전반필조대재난　　　　종도부귀부무량

눈속에 푸른 소나무가 의연하게 서 있는 모습처럼 주인공의 성품은 굳세고 강하다. 전반 즉 젊은 시절에는 반드시 재난이 있게 된다. 전반 고생을 겪은 뒤에야 하는 일이 잘 풀려 마침내는 부귀를 얻어 무량한 복을 누리게 된다.

58數

先年大敗再興家　　　　　禍福無常渡困厄
조년대패재흥가　　　　　화복무상도곤액

先苦後甘富榮達　　　　　大器晩成得幸福
선고후감부영달　　　　　대기만성득행복

일찍 크게 실패하고 다시 재산을 일으킨다. 먼저는 고생하고 뒤에 좋으니 부귀를 얻어 영화로다. 그러나 좋았다 나빴다 되풀이하는 곤액을 겪는다. 그러나 큰 인물이 되려면 늦게 성공하는 법이라 늦게 뜻을 이루어 부귀를 누릴 것이다.

59數

有始無終不成事　　　　　一旦遇災終不利
유시무종불성사　　　　　일단우재종불리
失望逆境終身苦　　　　　辛慘非命大凶數
실망역경종신고　　　　　신참비명대흉수

처음 시작은 있으나 끝마무리가 없으니 이루어 놓은 것이 없다. 힘든 일을 만나 고생하지만 종신토록 노력해도 몸만 고달프게 된다. 그뿐 아니라 하루아침에 재난을 당하니 끝내 일어나지 못한다. 때문에 맵고 참혹한 일만 당하는 큰 흉격 수리이다.

60數

動搖不安多災禍　　　　　無謀無算陷失敗
동요불안다재화　　　　　무모무산함실패

暗黑無光事難成　　　　　病弱短命受苦厄

암흑무광사난성   병약단명수고액

경영하는 일이 불안하여 이럴까 저럴까 흔들림으로 인하여 재난만 이르게 된다. 마치 촛불이 꺼진 캄캄한 곳에서 일을 하려니 어두워 성공하지 못한다. 꾀도 없고, 계산도 못하니 실패에 빠지고 만다. 뿐만 아니라 병이 들거나 신체가 허약해서 이로 인해 받는 괴로움도 크다.

61數

名富兩得富貴榮   家庭風波人不和
명부양득부귀영   가정풍파인불화
倨慢不遜失人和   修身養德要謹愼
거만불손실인화   수신양덕요근신

명성과 재물을 얻으니 부귀영화를 누린다. 거만하고 공손치 못하니 남과 어울리지 못한다. 가정에 풍파가 많고 남과 화합을 못한다. 몸을 닦고 덕성을 기르며 처세에 겸손해야 한다.

62數

雪上加霜無氣力   家運漸衰多辛苦
설상가상무기력   가운점쇠다신고
信用失去受災難   步步失意敗亡數
신용실거수재난   보보실의패망수

눈 위에 또 서리가 내린 격이니 기력이 없다. 신용은 잃게 되고 재난을 받게 된다. 가운이 점점 쇠하여 고생을 많이 하고 걸음걸음 내디딜 때마다 패망하는 수리이다.

63數

富貴繁榮得信望   子孫餘慶身平安
부귀번영득신망   자손여경신평안
年年益壽福無窮   福祿兩全幸福人

연년익수복무궁   복록양전행복인

부귀를 얻은데다 가운이 점점 번영할 것이요 때문에 신망을 얻는다. 자손의 경사 거듭 있겠고, 몸은 평안하다. 해마다 나이가 길어가고 복은 무궁하다. 복과 녹이 다 온전하니 참으로 행복한 사람이다.

64數

一家離散多破壞	一生難得平安時
일가이산다파괴	일생난득평안시
病厄災禍重重來	孤獨悲愁辛苦運
병액재화중중래	고독비수신고운

집안이 시끄럽고 어수선하여 육친끼리 싸우고 흩어진다. 슬픔과 병액과 재난이 거듭거듭 이른다. 일생동안 편안할 때가 없으며, 고독하여 슬픔과 근심이요 괴롭고 고생하는 운세다.

65數

萬事如意得平安	事事成就喜樂樂
만사여의득평안	사사성취희락락
家運隆昌貴中運	富貴長壽福無量
가운융창귀중운	부귀장수복무량

만가지 일이 평안하고 가운은 융창하여 귀중한 운이다. 일마다 다 성취하니 기쁨이 거듭된다. 부귀에 장수를 누리며 무량한 복이다.

66數

多慾去福失信用	損害破滅災厄至
다욕거복실신용	손해파멸재액지
進退兩難不自由	破家亡身衰退數

진퇴양난부자유   파가망신쇠퇴수

욕심이 지나치면 복이 달아나고 사람에게는 신용을 잃는다. 나아가지도 물러설 수도 없는 처지에 있으니 자유롭지 못하다. 손해가 심하여 파멸지경에 이르니 가산을 파하고 망신하며 운이 쇠약해진다.

67數

四通八達萬事成   事事如意無障碍
사통팔달만사성   사사여의무장애
興家立業富貴榮   慾上加慾要謹愼
흥가입업부귀영   욕상가욕요근신

이것저것 못하는 일이 없고, 안 되는 것도 없으니 만 가지 일이 다 성취된다. 집안을 일으키고 사업을 튼튼히 하니 일마다 뜻같이 되고 가로막는 장애가 없다. 욕심이 계속 생기니 조심하면 길하다.

68數

勤勉力行意志强   發明機能兼藝才
근면역행의지강   발명기능겸예재
智慧聰明信用厚   立身興家得名望
지혜총명신용후   입신흥가득명망

부지런하고 의지가 굳세다. 슬기롭고 총명하여 신용이 두텁다. 기능이 있고 발명하는 재주도 있다. 출세하여 가정을 일으키고 명망을 얻는다.

69數

動搖不安逢波瀾   精神異狀失望苦
동요불안봉파란   정신이상실망고

非業破敗逆境來 　　　　　 病災短命陷危境
비업파패역경래 　　　　　 병재단명함위경

이 수리는 안정을 못하고 불안한데다 파란이 집안에서 발생한다. 주인공의 운에 맞지 않는 업에 종사하니 파패가 잇따르고 역경이 이른다. 정신의 이상이 있어 실망하고 괴롭다. 질병의 재앙으로 단명하고 자칫 위태로운 경지에 빠질까 우려된다.

70數

家運衰退離別苦 　　　　　 不具廢疾無用人
가운쇠퇴이별고 　　　　　 불구폐질무용인
憂愁不節多遭難 　　　　　 一生慘憺寂寞數
우수불절다조난 　　　　　 일생참담적막수

가운이 다했는지 쇠퇴하고 육친과 이별하는 괴로움이 있다. 근심이 끊이지 않으며 어려운 일만 많이 생긴다. 불구의 몸이 되거나 고칠 수 없는 악질에 걸려 쓸모없는 인간이 되며 일생 달 갑지 않은 일만 생기고 혼자서 적막한 방만 지킨다.

71數

富貴福祿安泰運 　　　　　 外面幸福內煩悶
부귀복록안태운 　　　　　 외면행복내번민
外實內虛辛苦多 　　　　　 忍耐修身可保安
외실내허신고다 　　　　　 인내수신가보안

부귀와 복록을 누리는 수리로 태평한 운이다. 그러나 안에 실속이 없이 외면만 좋게 보인다. 때문에 겉은 행복해 보이지만 안의 실정은 근심이 있다. 인내심을 기르고 몸을 닦으면 편안하리라.

72數

幸福之中有苦痛	前半幸福後半悲
행복지중유고통	전반행복후반비
苦痛之中有幸福	前半辛苦後半樂
고통지중유행복	전반신고후반락

행복한 가운데 고통스러운 일이 있고 괴로움이 있는 가운데 행복이 포함되어 있다. 전반 반생애는 좋았으나 후반의 운은 슬픔이 있다. 또는 전반 고생이 있고 후반 생애는 즐거움이 있다.

73數

志高力弱事難成	一生平安得靜逸
지고역약사난성	일생평안득정일
盛衰交來小成運	勇住邁進事達成
성쇠교래소성운	용주매진사달성

품은 뜻은 높으나 힘이 모자라 성취하기 어렵다. 성쇠가 자주 엇갈리는 가운데 조그마한 일은 성공한다. 일생이 평안하면 시끄럽지 않게 고요히 세월을 보낸다. 용력과 지혜를 짜내면 사소한 일은 모두 성취한다.

74數

無智無能出世難	秋風落葉受災厄
부지무능출세난	추풍낙엽수재액
徒衣徒食無用人	到老益甚嘆人生
도의도식무용인	도로익심탄인생

지혜도 없고 해나갈 만한 능력도 없으니 한갓 의식만 축내는 쓸모없는 인간이다. 가을바람에 날아다니는 나뭇잎과 같으니 늙을수록 고생이 심해지니 세상에 태어난 것을 탄식한다.

75數

進取不吉退守吉	急作成功大敗數
진취불길퇴수길	급작성공대패수
作事妄進大敗數	退守安靜保平安
작사망진대패수	퇴수안정보평안

앞으로 나아가면 불리하나 물러나와 분수를 지키면 길하다. 경영하는 일에 멈출 줄 모르고 나아가려다가는 크게 실패한다. 물러서서 분수를 지키며 고요히 때를 기다리면 평안하다.

76數

一家離散破家財	妻子離別孤苦運
일가이산파가재	처자이별고고운
名譽地位失信用	病弱短命悲愁嘆
병예지위실신용	병약단명비수탄

한집안 가족들이 떠나 흩어지고 재산도 거덜난다. 그동안 얻었던 명예와 지위는 신용을 잃는다. 처자와 이별하니 외롭게 살아가는 운명이요 질병에 허약해서 단명함을 탄식 슬퍼한다.

77數

長上惠助福祿至	中年幸福末年悲
장상혜조복록지	중년행복말년비
前樂後苦悲嘆運	中年不幸晚年樂
전락후고비탄운	중년불행만년락

윗사람에게 은혜를 입어 한때 복을 누린다. 먼저는 즐겁고 뒤에는 슬픈 일이 생겨 탄식한다. 중년에 행복하였으면 말년에 슬픔이 생기고, 중년에 불행하였다면 늦은 나이에는 즐거움이 있다.

78數

中年成功富貴運	若得他吉運補救

중년성공부귀운   약득타길운보구

末年辛苦不幸數   可免凶禍保安泰

말년신고불행수   가면흉화보안태

이 수리는 중년 운이 좋아 성공하고 부귀도 얻게 된다. 그러나 늦은 나이에 들면 고초가 심한 불행수이다. 만약 타에서 길한 수리를 만나면 이 수리의 결점을 보강하여 구원이 된다. 그리하면 흉화가 떠나고 신세가 평안해질 것이다.

79數

精神不定無節調   有用無謀遇慘敗

정신부정무절조   유용무모우참패

失去信用受批難   世人所業廢物輩

실거신용수비난   세인소업폐물배

정신이 왔다 갔다 하고 절조가 없다. 신용을 잃어 비난도 받는다. 용기는 있으나 지혜가 없으니 도전하면 참패만 당한다. 세상 사람들은 쓸모없는 무리라 해서 가까이 하기를 꺼린다.

80數

艱難辛苦多波瀾   凡俗離脫修行者

간난신고다파란   범속이탈수행자

病弱短命災厄重   安心立命小安康

병약단명재액중   안심입명소안강

간난신고가 많고 파란도 많다. 질병이나 허약체질로 인해 건강이 나쁘거나 단명하거나 재액이 거듭 이른다. 이 수리는 속세를 벗어나 수행자의 신분이면 길하다. 마음을 편안히 먹고 분수를 지키면서 갈등만 이겨내면 편안하다.

81數

陽氣來復還元一	富貴名譽福祿重
양기내복환원일	부귀명예복록중
春風?蕩慶福多	尊榮無比貴珍格
춘풍태탕경복다	존영무비귀진격

음이 극해서 양기가 다시 이르는 환원격이다. 봄바람이 순하니 경사스러운 복이 많이 이른다. 부귀와 명예와 복까지 따르니 귀하기가 비할 데 없는 보배와 같아 영화를 누린다.

4. 천. 인. 지 삼재(天人地 三才)

(1) 삼재 구성의 원리

삼재(三才)란 천(天) 인(人) 지(地)를 칭하다. 삼재는 다음과 같은 법식에 의하여 구성된다. 만약 음오행(音五行)이 상생(相生)되도록 구성되기 어려우면 삼재오행의 길격을 적응하면 길하다.

◎ 천격(天格)

천격은 성자(姓字)의 획수로 정한다.

· 일자성 이자명(一字姓二字名)의 경우

본 성명학에서는 一字姓에 한하여 姓字 획수에 숫자 1을 더하여 三才五行을 기록한다.

예 : 金씨는 8획이지만 1을 加하여 9획으로 한다.

金 8+1=9획(水) 李 7+1=8획(金) 朴 6+1=7획(金)
洪 10+1=11획(木) 崔 11+1=12획(木) 文 4+1=5획(土)

예 : 三才五行은 1.2획 木 3.4획 火 5.6획 土 7.8획 金 9.10획 水

甲　乙　丙　丁　戊　己　庚　辛　壬　癸
1　2　3　4　5　6　7　8　9　10
└─┘　└─┘　└─┘　└─┘　└─┘
木　　火　　土　　金　　水

· 二字姓 二字名의 경우는 성자에 태극 1을 더하지 않는다.

예 : 南 宮　皇 甫　諸 葛　鮮 于　獨 孤
9　10　9　7　16　15　17　3　17　8
└─┘　└─┘　└─┘　└─┘　└─┘
19　　16　　31　　20　　25
水　　土　　木　　水　　土

· 一字姓 一字名의 경우는 성자에 1을 가산 天格을 정한다.

예 : 許(11)氏는 본 11획인데 태극 1數를 더하여 12가 되고 三才 五行은 天格이 木 이다.

· 一字姓 二字名의 경우는 성자 획수에 1을 더한 숫자로 天格 오행을 정한다.

◎ 인격(人格)

· 一字姓 二字名은 태극 1을 가산하지 않은 근본 성자 획수(예 金8 李7 洪10 崔11 朴6)에 이름 윗자 획수를 가산하여 人格을 정한다. 예를 들어 金知秀라면 金8 知8로 16이 되는 바 三才五行 원칙에 의하여 五行은 土가 된다.

· 一字姓 一字名은 성자 본 획수에 이름자 획수를 더하여 人格을 정한다. 예를 들어 許 이름이 進이라면 許11, 進15의 획수를 합친 26으로 人格을 놓는 바 오행은 土에 속한다.

金 8+1(태극수)=9(數)天　　許 11+1=12天木

知 8+8=16(人)土人　　　　 11+8=9人火

秀 7+8=15(土)地　　　　昌 8+1=9地水

· 人格은 태극1을 가산하지 않은 성자 획수에 이름자 위 글자의 획수를 합친 숫자로 五行을 정한다.

◎ 지격(地格)

· 一字名의 地格은 이름자에 태극1을 가하여 얻은 숫자로 五行을 단다.

예를 들어 金 眞이라면 眞이 10획인데 1을 가하면 11이라 1.2수는 木에 속하므로 地格五行은 木에 속한다.

· 一字姓二字名은 이름자 上下를 合算(합산)한 수로 地格을 정한다. 李知洙라면 知8 洙10이라 합치면 18인데 7.8은 金이라 地格五行은 金이다.

· 二字性二字名

태극수 1을 가산하지 않는다. 예를 들어 2자성 南宮씨의 경우 南9, 宮10인데 南에 1을 가산하지 않고 19획으로 따져 20수가 아닌 19획으로 한다.

일러두기 음오행(音五行)과 三才 오행을 모두 相生으로 구성되면 좋겠으나 음오행을 상생되도록 작명하기는 쉽지 않다. 한가지 예를 든다면 金. 權. 姜. 高氏 등의 경우 발음오행으로 木에 속한다. 그런데 이 木과 상생되는 오행은 위 이름자에 ㅁ.ㅂ.ㅍ 등의 水에 속하는 글자이거나(水生木) 木生火로 火의 발음인 ㄴ.ㄷ.ㄹ.ㅌ의 4글자로 구성하게 되는 데 金씨 성자에 相生발음은 다른 글자에 비해 훨씬 적기 때문이다.

· 가.카 발음의 글자(木) 약간 적음-建 京 圭 ? 구 등의 예

· 나.다.라.타 발음의 글자(火) 적음- 湳 達 斗 烈 大 등의 예

· 사.자.차 발음의 글자(金) 많음- 相 秀 洙 碩 昭 등의 예

· 마.바.파 발음의 글자(水) 적음– 晩 免 民 甫 平 武 등의 예

· 아.하 발음의 글자(土) 많음– 永 用 瑛 漢 鎬 등의 예

(2) 삼재오행 배합에 의한 운세론

三才(天人地) 오행은 一字姓과 一字名에 한해서 太極數1을 가산한 것으로 예를 들어 성이 金이라면 8수 金이 아니고 9획 水가 되는 것이다.

◎ 성(姓)이 木(1. 11. 21. 10. 20획)인 경우

高 洪 曹 徐 孫 馬 桂 芮 袁 殷 秦 夏 崔 張 康 梁 魚 許 班 國씨 성에 해당

고 홍 조 서 손 마 계 예 원 은 진 하 최 장 강 량 어 허 반 국

(이상의 姓은 모두 木에 속한다)

[木.木.木] 생활의 기반이 튼튼하고 가업이 늘어나며 건강 장수한다. 그러므로 마음만 있으면 무슨 일이라도 성공하는 길격 배합이다.

특성

지혜롭고 성격이 온후한데다 인내력이 강하고 착실하고 선량하다. 단 활달성이 모자라 남과 잘 사귀지를 못한다.

건강

근심없다. 정신적 육체적으로 건전하다.

가정

좋은 배우자를 만나 원만한 가정을 누릴 것이다.

운세

매우 길하다. 본래 기반이 튼튼한데다 짚고 일어설 기반이 이미 구축되어 그야말로 팔짚고 헤엄치기다. 목적을 달성하고 사업은 날로 흥하며 건강 장수한다.

[木.木.火] 뜻을 정하고 나아가는 길이 걸리적거리는 장애가 없다. 때문에 남보다 훨씬 앞서

사업에 성공해서 유비무환의 계책을 세우게 된다. 종신토록 부귀를 누리게 되는 길격 배치다.

특성

진행하는 일에 장애가 없으므로 나날이 발전한다. 그러므로 좀 지나치게 뜻을 두어도 무리되지 않을 것이다.

건강

정신도 마음도 모두 건강하다. 물이나 음료수를 즐겨 마시는데 몸 안에 약간 열이 있기 때문이다.

가정

자녀들을 지나치게 귀여워하는 관계로 버릇없이 자랄 우려가 있다. 아무리 소중한 자녀라 할지라도 때로는 냉정하고 엄하게 키워야 뒷날 처세에서 욕을 먹지 않을 것이다.

운세

매우 좋다. 경영하는 일은 기초가 튼튼하므로 성공 발전한다. 단 급한 일이 있더라도 당황하지 말고 순리를 따르라.

木.木.土 │ 분에 넘치는 일만 손대지 않으면 순조롭게 성공한다. 진행하는 일에 장애가 없으므로 일사천리로 진행된다. 장수부귀(長壽富貴)에 사업의 기반이 튼튼하니 가족들과의 평화도 이룬다.

특성

사교 수단이 뛰어나고 재주가 뛰어나며 총명하다. 성격은 온건 착실하므로 사람들이 따르고 신용지키기를 목숨같이 한다. 부귀와 수복(壽福)과 평화를 누린다.

가정

수신제가(修身齊家)라 이 수리의 주인공은 평소 신망이 있고 사람들의 존경을 받으니 수신(修身)을 잘한 까닭이요 가정에서 부부가 화목하니 제가(齊家)를 잘한 때문이다.

건강

우려할 바가 아니다. 정신적 심리적 육체적으로도 건강하니 따라서 장수(長壽)한다.

운세

순풍에 돛을 달고 항해(航海)하듯이 위태로움이 없이 안전한 경영을 한다. 단 의롭지 못한 일을 탐하면 복이 변하여 재앙이 오리니 주의하라.

木.木.金 비록 큰일을 해낼 수 있는 재능을 지녔다 할지라도 운이 돕지 않으면 중도에 실패한다. 사업 또는 직업 변동이 잦으니 항시 몸만 바쁘고 소득이 없다.

특성

완고하지만 정직하며, 재물보다 의로움을 중요시한다. 남을 상대함에 정성을 다해 대하지만 사교력(社交力)이 부족하다.

가정

자녀운이 나쁘다. 심한 경우 불효자를 둔다. 아니면 자녀의 방탕으로 근심할 수 있다. 부부간에는 약간 트러블이 생기지만 심히 우려할 정도는 아니다.

건강

폐(肺)에 관계되는 것, 기관지염증, 호흡기장애 등으로 고생하는 수가 있다.

운세

일생 중 몇 차례 재미 보는 수가 있다. 아랫사람의 협박을 당할 가능성이 있으며 사는 것이 바늘방석에 앉은 것처럼 안정을 못하고 항시 불안하다.

木.木.水 水生木으로 子女를 포함해서 아랫사람의 도움을 받는 수가 있다. 일시적으로 순조로운 운을 만나 발전하므로 일단은 성공하는 셈이다. 그러나 뜻밖의 변괴가 생겨 충격을 받는다. 가정이 싫어져서 타관에 떠돌며 방황하는 수도 있다.

특성

쉬지 않고 일하는 노력가이다. 의인증(擬人症−남을 의심함)이 있어 항시 불안하다.

가정

부부간의 생활이나 자녀관계는 비교적 원만한 셈이다.

건강

신장(腎臟) 귀. 골절 등의 가능성이 있다.

운세

초년운은 순조롭게 발전한다. 그러나 내구성이 없으므로 피었다가 지는 꽃잎처럼 일시적 영화에 불과하다.

木.火木 위아래 사람을 막론하고 덕이 있다. 경영하는 일은 기초가 튼튼해서 실패하지 않는다. 자손도 발달하고 장수하는 배합이다.

특성

감정이 예민해서 성내고 좋아하는 것이 금세금세 얼굴에 나타난다. 그리고애정이 극단적이므로 속마음이 표면으로 노출된다.

가정

부부 화목하고 자녀들은 착실하다. 혹 조상의 음덕(蔭德)이 주인공에게 미쳐 뜻밖의 좋은 일도 생기는 수가 있다.

건강

질병 없이 건강하므로 장수한다. 단 색정에 빠져 건강을 해치는 수가 있다.

운세

지나친 욕심만 아니면 비교적 순조로운 편이다.

木.火火 한 차례는 진행이 순조로워 만 가지 근심이 사라진다. 단 내구성이 없어 오래까지 운이 좋았다고는 볼 수 없다. 급한 성격 때문에 손해를 보는 예도 많다. 실의에 빠지면 오랫동안 헤쳐 나가지 못할 우려가 있다.

특성

신경이 예민해서 좋고 싫은 표정이 금세 얼굴에 나타난다. 누굴 좋아하게 되면 한없이 빠지게 되고 반대로 누구를 미워하면 독을 품게 된다.

가정

부부관계가 원만하므로 온 집안 식구가 화목하다. 부모나 그 위 조상한테서 소중한 것을 얻게 되거나 유산이 있다.

건강

고혈압, 심장 질환 등의 증세가 우려된다.

운세

유능한 사람의 도움이 있다. 그러나 때에 따라서는 혼자 남아 고군분투(孤軍奮鬪)하게 된다. 그리고 색난(色難—이성간의 유혹 및 스캔들)이 있을 수 있다.

木.火土 위에서부터 木生火 火生土로 위에서 生해 내려오니 그 집안의 전통(傳統)이 이어져 내려오고 있는 모습이다. 몸과 마음이 평화롭고 특히 윗사람의 제휴(提携)가 있다.

특성

온공(溫恭)하고 삽삽하고 친절하고 사교성이 좋아 주인공의 주변에 아는 사람이 많다. 보수적인 경향이 있으며 이것저것 아는 것이 많아 팔방미인격(八方美人格)이다.

가정

매우 좋다. 부모한테는 물려받은 것이 많고 자식들은 효도하니 가정은 평화로워진다.

건강

근심이 없다. 육체적 정신적으로 건강하므로 장수(長壽)가 가능하다.

운세

가정적으로 이어 내려오는 전통을 이어받게 된다. 뿐만 아니라 몸과 마음이 평화로우매 이에 따라 건강한 모습이다. 그리하여 무리한 일에 손을 대지 않으면 순조로운 운이 계속 이어진다.

木.火金 불리한 배합이다. 비록 일시적인 세월 동안 발전이 순조로워 성공하였다 할지라도 변화가 가정에서부터 생겨 시끄럽고 집에 있어도 괴롭고 나가서도 신통한 일이 없다.

특성

허영심과 바람기가 있고 사치와 낭비벽이 심하다. 가정이 예민하여 얼굴에 감정의 표시가 나타났다가 금새 사라진다. 그리고 실속없이 허황된 것에 잘 빠져 들어간다.

가정

시끄럽다. 배우자와 자녀를 막론하고 각각 자기 실속만 채우려 하고 양보심이 없다. 조용한 날이 없어 불행하다.

건강

피부병, 대장(大腸), 호흡기질환, 정신적인 질환 등이 예상되며 신체도 허약하다.

운세

겉은 행복해서 근심이 없는 것 같으나 그 내면에는 불행을 안고 있다. 경영하는 일이 공이 없고, 아랫사람의 모함에 의해 명예나 지위의 손실이 생긴다.

木.火水 비록 계획하여 이루어 놓은 것이 있더라도 내구성이 없어 오래 가지 않는다. 집에서는 처자와의 갈등이 생기고 밖에 나가서는 꽁한 마음이 있어 인화(人和)를 못한다.

특성

승벽심이 강하여 남에게 지는 것을 참지 못한다. 또는 복수심이 집요하여 분한 마음을 소화시키지 못하고 꼭 복수하려는 기회를 노린다.

가정

권위의식이 있어 손아래 동생들을 꼼짝 못하게 한다. 남녀를 각론하고 가정불화가 끊이지 않아 찬바람이 분다.

건강

과로로 인한 심신 허약이 예상된다. 만약에 건강에 문제가 있다면 혈관경화(血管硬化)나 소장(小腸)의 질환이 있겠다.

운세

가끔 갑작스런 재액(災厄)이 있다. 재물은 모래를 쥐고 길을 걷는 형상이라 벌어도 모아지지 않는다. 윗사람의 은혜가 있다 하나 궁핍은 면하기 어렵다.

木.土木 살아가는 것이 불안하다. 두 강자(强者) 사이에 낀 형상이라 빠져 나오지 못한다. 거주지. 직장 등을 자주 옮겨 다니느라 불안전한 세월을 보낸다. 때문에 내놓을 만한 성공은 기대하기 어렵다.

특성

신비한 것을 보면 마음이 움직여 그에 빠지고 만다. 그러다가 또 다른 신비를 보면 금새 마음이 옮겨진다. 오래까지 견디는 지구력이 모자라고 귀가 엷으며 유혹에 잘 넘어간다.

가정

부모와의 인연이 박하여 조실부모하거나 형제자매간의 의도 없다. 남녀 모두 억센 배우자를 만나 일방적인 희생을 당하며 산다. 아니면 초혼에 성공 못하고 두세 번 배우자를 만나게 된다.

건강

위. 간 소화기계통 신경쇠약 발광 등이 우려된다.

운세

木土가 상극이라 위화(違化)와 갈등으로 인해 안정을 찾지 못하고 방황한다. 하늘을 우러러 보아도 땅을 굽어 보아도 부끄러운 일을 한적이 없다.

木.土火

작은 재미는 있어도 큰 성공은 바라지 마라. 성공이 어려우니 분수를 지키고 물이 지형을 따라 아래로 흐르듯 순리를 따르면 안전하다. 변동수가 많고 직장인은 고의적이 아닌 과실을 범하여 상사로부터 문책을 당한다. 이 경우 발끈 성질을 부리지 말고 침묵을 지킴이 좋다.

특성

호기심이 많고 의심도 많아 인화(人和)에 지장을 준다. 한 직장이나 한 가지 사업에 권태를 느끼므로 이동을 원하지만 참고 종전대로 지키는 게 현명하다. 옮길수록 야금야금 축낸다.

가정

부모와의 인연이 박하다. 이런 경우는 부모 곁을 떠나 따로 있어야 부모와 형제자매에게 유리하다. 일생 중 여러 차례 거주지를 옮기게 될 것이다.

건강

위. 간장. 소화기 계통의 질환이다. 아니면 신경쇠약증, 천식, 심한 경우 폐질환이 우려된다.

운세

좋지 않다. 특히 경영에 있어 투기 모험은 주인공을 심한 궁지에 빠져 허덕이게 한다. 불(火)에 관련된 물품을 취급하면 유리하겠다.

$\boxed{木.土土}$ 큰 일은 성공이 어려우나 경영의 규모를 줄이면 길하다. 부모조상의 유산은 없으나 자수성가로 모은 재산을 자녀에게 물려준다. 또는 세상에 드문 효자를 두는 수가 있다.

특성

성격이 급하며 호기심이 많다. 큰일은 성공하기 어려워도 분수에 맞는 일은 경영해도 무방하다. 직장인은 윗사람의 압박이 심하다. 다른 곳으로 옮겨 근무해도 마찬가지다.

가정

대체로 화목하다 가화만사성(家和萬事成)이라 하였듯이 과연 맞는 말이다. 주인공을 포함하여 한집에 살면서 트러블 없이 항시 웃음소리가 새어나오는 모범ㅈ 가정 분위기라 하겠다.

건강

위 질환, 호흡기 질환으로 고생하는 수가 있다. 간(肝)도 나쁘다.

운세

약간의 재난이 있고 손재수도 있으나 주인공에게 크게 부담스러울 정도는 아니다. 아랫사람의 도움이나 존경을 받고, 윗사람 또는 직장 상사와는 불화(不和)가 있겠다.

$\boxed{木.土金}$ 주변에 자신보다 훌륭하거나 잘난 사람이 많아 기를 펴지 못하는 모습이다. 자신은 아랫사람에게 잘 대해 주었는데도 덕이 없으니 탄식이 나온다 기(氣)를 활짝 펴지 못하는 신세, 자기 모습이 초라해 보일 뿐이다.

특성

소극적인 경향이 농후하다. 때문에 남이 인정해 줄만한 성공은 어려워도 작은 것 운영은 실패가 없다. 그러면서도 신세한탄을 자주 하게 되는데 분복(分福-녹분)임을 깨닫는다면 불행하지 않다.

가정

부모에게서 받을 유산이 많지는 않더라도 조금 있는 것 같다. 슬하에 자녀를 둘 만큼 두었는데 모두 부모 마음을 상하지 않도록 제몫을 해나간다. 그중 효자도 둔다.

질병

호흡기 장애 또는 시력(視力) 감소 등이 예상된다.

운세

자수성가 하게 된다. 기댈 곳이 없으니 믿는 것은 열심히 노력해도 한푼 두푼 모아두는 일이다. 아무리 운이 나빠도 절약하고 노력하면 작은 부자는 이룩할 수 있다.

木.土水 │ 태풍 잘 날이 없다. 안에서도 시끄럽고 밖에서도 남들과의 불화가 생긴다. 이는 주인공에게 문제가 있다는 증거다. 윗사람에게 정성을 다하여 섬기고 아랫사람들을 진심으로 사랑하고 용서로 대해주면 분명 화합이 잘 이루어질 것이다.

특성

담력이 작은데다 보수성이 강하여 깐깐하고 옹졸하다. 때문에 사람들과의 교제폭이 좁아서 사회 돌아가는 실정에 어둡다.

가정

좋은 부모를 만나 주인공은 부모의 유산을 적지 않게 상속받을 수 있다. 혹 부모 가슴 태우는 자식이 있을 것 같다.

건강

소화기 계통의 중증을 앓아본 기억이 있겠다. 또는 심장마비로 인한 뇌일혈의 증세도 두려우니 조심할 필요가 있겠다.

운세

하는 일이 이상하게도 꼬여나간다. 자신의 잘못이나 실패는 모두 세상 돌아가는 일 때문이라고 생각한다. 주인공은 이렇게 꼬인 마음을 고치기에 힘쓸 필요가 있겠다.

木.金木 │ 노이무공(勞而無功-노력하나 공이 없다)이요 식소사번(食少事煩-먹는 것은 적어도 일은 바쁘다)이라. 생기는 것 없이 바쁘기만 하다. 남을 깔보는 경향이 있는데 그것보다 주인공은 먼저 겸손할 필요가 있다.

특성

게으르고 의심이 많으며 보수적이다. 예민한 감정은 남을 깔보는 경향이 있다. 그리고 팔방미인격(八方美人格)이라 전문성은 없어도 주인공은 정치면에서 꽤나 아는 점이 많다. 나라 정치

비평에도 능하다.

가정

부모덕이 없다. 물려받은 재산이 없고 부모 때문에 가정불화가 자주 생긴다. 자식은 많은데 그 가운데 부모 속 태우는 자식이 있을 것 같다.

건강

배속에 있는 오장육부 전체가 다 조금씩 문제가 있는 것 같다 과음은 금물, 병을 키우기 때문이다. 방심하지 말고 자주 병원에 가서 체크해 볼 필요가 있다.

운세

좋지 않다. 생애 중 이해하기 힘든 악재(惡材)가 생겨난다. 가정은 물론 밖에 나가서도 인화(人和)를 못한다. 자성(自省)해볼 필요가 있다.

木.金火 그저 그렇고 그렇게(평범하게) 살아가는 이의 배합이다. 특별한 가문도 아니므로 부모 조상으로부터 골동품 등 값이 나가는 물건 하나도 물려받지 못한다. 힘든 일을 하며 살아가더라도 놀지 않고 일할 수만 있으면 천직으로 알아야 할 것이다.

특성

평범한 인물로 관직에 오르거나 고급스러운 사업은 못하고 자신의 처지를 잘 알아서 분에 맞는 일을 해나간다면 건강도 좋고 기타의 나쁜 일이 생기지 않을 것이다.

가정

부모님의 장수는 기대할 수 있어도 체감으로 느낄 만한 부모덕은 없다. 자식을 지극히 사랑하므로 효도는 못하지만, 그렇다 할지라도 불효자는 아니다.

운세

일생 동안 크게 놀랄 만한 사건은 생기지 않는다. 혹 돈을 빌려주고 받지 못해서 화병이 생길 수 있다. 농업, 목축업이 좋을 것으로 예상되지만 소도시에서 구멍가게 범위 내에서 장사해도 무방하다.

木.金土 물려받은 유산이 없으니 자수성가(自手成家)하게 된다. 성인(成人)이 되어서도 뚜렷한 직업이 없다. 일의 좋고 나쁜 것을 가리지 마라. 근면 성실하면 의식주 근심은 없겠다.

특성

성격이 매우 급하고 단순해서 악의는 없으나 언어 행동이 세련되지 못하여 존경은 받지 못한다. 감정 변화가 얼굴 표정에 그대로 나타나므로 감정을 속이지 못한다.

가정

남자는 억센 여성을 만나게 되고, 여자는 인격수준이 자신만도 못한 남성을 남편으로 삼게 될 것이다. 남녀 다 같이 가정 내에서는 아기자기한 맛은 없으나 싸움은 일어나지 않는다. 자녀 문제로 근심이 있다.

건강

늙기 전에는 건강하다가 말년에 해수 등 기관지, 호흡기 질환의 우려가 있지만 이로 인한 수명의 단축은 없다.

운세

투기, 모험적인 일 등은 생각지도 마라. 백번 손대어 백번 실패한다. 변화 없는 삶이지만 조심만 하면 그런대로 행복하거늘 긁어 부스럼은 만들지 말아야 할 것이다.

보기 │ 木.金金 │ 속에 있는 마음은 선량해도 남과 이야기할 때는 높고 강해서 상식이 모자라 보이는 결점이 있다. 분수를 지켜 큰 것 바라지 말고 근면 성실하면 가정에 들어가서는 가족의 소중함을 깨닫게 될 것이다.

특성

남들과 잘 어울리지 못한다. 남을 괴롭게 하거나 해를 끼치지 않는데도 즐겨 사귀고 싶어 하지 않는다. 모든 면에 상식이 있으면 자연적으로 사람이 따르고 사귀기를 원할 것이다.

가정

부모에게는 불효를 저지를까 우려되고 자녀들은 동기간끼리 불화로 인해 싸우며 주인공은 남녀 불문하고 배우자와 불화함으로 가정 분위기가 싸늘하다. 파란이 있겠다.

건강

근시안에 비염(鼻炎)으로 고생한다.

운세

고집불통이다. 성격이 너무 강해서 접근해 오는 사람이 별로 없다. 주인공은 그 원인을 몸소 깨달아 처세방법을 고치면 되겠지만 그게 쉬운가.

木.金水 쓸데없는 고민을 하는 예가 많다. 여성이라면 자질구레한 생각을 가져도 좋겠으나 남자라면 너무 잘아서 상대방을 피곤하게 한다. 일생을 통틀어 반은 길하고 반은 불리하다.

특성

삶에 대한 자신감이 결여되는 수가 있다. 추진하는 일에 조금간 이상이 생겨도 고비를 넘기고자 최선의 노력을 기울인다면 전화위복도 가능한데 그것을 감당해내지 못하고 다른 업종, 다른 방법으로 바뀌는 바람에 전공(前功)이 애석하게 된다.

건강

마음 병이 대부분이다. 나이가 많은 분이면 우울증이 우려된다. 생선가시가 목에 걸려 고생하는 수도 있다.

운세

사실보다 주인공의 정신적 영향이 성패를 좌우한다. 약간의 난관쯤은 극복하도록 노력하라.

木.水木 남과 거래하는(사업) 직업은 위화감(違和感)이 생겨 마땅치 않으므로 편업(혼자서 하는 일, 예 도장, 안경점, 이발, 계리사 등)에 종사하거나 남이 못하는 기술을 익혀 엔지니어로 종사하는 게 가장 유리하겠다.

특성

누구를 지적하거나 아니면 세상 돌아가는 정세가 못마땅해 항시 불평불만을 품고 있다. 대인기피증(對人忌避症)에 걸릴 우려가 있으므로 이 수리의 주인공은 무엇보다 낙천성을 길러 대인관계를 폭넓게 하고자 노력할 필요가 있다.

가정

부부관계는 어느 한쪽에서 이해함으로 비교적 트러블이 생기지 않는다. 자녀는 많이 둔다. 자식이라면 끔찍이 여겨 애지중지하는 편이지만 공평히 대하지 않고 애증(愛憎)이 극단적이다.

건강

혈압이 높은 경우는 적색신호다. 당(糖)이 높아도 마찬가지다. 성질을 내면 쓰러질 확률이 보통사람의 열배가 될 것이다. 요지는 급사(急死)를 예방하라는 뜻인데 충격적인 말을 들었을지라도 요지부동하는 심리로 의연해질 필요가 있다.

운세

과로하지 마라. 몸이 피곤하면 잠 한숨 푹자고 일어나는 습관을 길러야 한다. 귀하에게는 요행도 없고 불행운의 불행도 없다. 오직 인과로 의해서만 성패가 결정된다.

木.水火 　걸핏하면 남과 트러블이 생기어 남과 잘 싸운다. 애증이 극단적이라 누군가를 한번 좋아하면 그에게 푸욱 빠져 무엇을 주어도 아깝지 않으나 한번 섭섭한 일을 당하거나 오해하게 되면 무 자르듯이 잘라 버린다.

특성

감정이 민첩하여 남보다 먼저 깨닫는 바가 있으나 신경질적이고 비판이 예리하다. 그리고 남의 실수나 잘못을 보면 숨겨주지 않고 까발리는 성미이다.

가정

남녀를 막론하고 배우자와 생리사별(生離死別) 있겠다. 그리고 자녀 교육에는 엄격하여 자녀의 실수를 그대로 넘기지 않고 잘못을 저지른 만큼 문책한다.

건강

건강한 편이다. 단 심장질환의 우려가 있다.

운세

과욕만 아니라면 운영하는 일에 무난히 성공한다. 일생을 통하여 한 차례 생과 사의 기로에서 헤매는 수가 있다.

木.水土 　부모 조상의 유산이 있다고 보나 다 없애고 궁핍한 세월을 보낸다. 주인공은 근면 성실하나 운이 도와주지 않으니 어찌하랴. 세상만사 새옹지마(塞翁之馬)라 잘못이 없다 해서 어찌 일취월장 반전만을 기대하랴. 믿었던 일은 실패하고 믿지 않았던 일은 성공하는 수가 비일

비재(非一非再)라서 하는 말이다.

특성

성격은 오만함이 있어 남이 추켜 주기 이전에 잘난 체 뽐내는 경향이 있다. 인생의 실패 가운데 가장 큰 방해자는 다름 아닌 완고성과 가득 찬 오만이다.

가정

부부간에 성격이 맞지 않아 티격태격 싸움이 잦으며, 뜻을 어기는 자녀를 둔다. 또는 이 수리의 주인공도 자녀에게 모질게 대하므로 가정불화는 끊일 날이 없다.

건강

비교적 건강해 병원과는 인연이 멀다. 단 신장계통에 이상이 없는지 체크해 볼 필요가 있다.

운세

겉보기는 근심걱정이 없다. 그러나 안에는 여러 가지 복잡한 일들이 엉켜 있다.

木.水金 │ 원형이정 사격(四格) 수리가 모두 길하면 크게 성공하여 계속 발달한다. 그러나 일반적으로 수리가 나쁘면 살아가는 데 있어 만족스럽지않은 일들이 가끔 생겨난다.

특성

급한 성격으로 인해 차분하게 다루지 않고 덜렁대다가 중요한 일을 그르치는 경우가 있다. 말을 조심하라. 입은 재앙의 근본이 되기 때문이다. 오랫동안 잘 대해주다가 말 한마디 주의하지 못해서 공을 다 까먹는 수가 있기 때문이다. 아랫사람의 덕이 있다.

가정

부모의 각별한 사랑을 받고 자랐으며 주인공도 부모에게 효도한다. 따라서 슬하에 자녀도 주인공을 위하는 마음이 지극할 것이다.

건강

염려하지 않아도 된다. 단 신장(腎臟) 부위에 대해서는 체크해 볼 필요가 있겠다.

운세

2가지 업종을 운영하는 것 같다. 그중에 한 가지는 성공하고 다른 한 가지는 실패한다. 한꺼번에 회복하고자 자금을 더 투자하면 빠져나올 수 없는 어려운 경지에 처한다.

木.水水 성공은 일시적이고 뒤에 엉킨 일이 생겨 풀지 못한다. 한번 이기고, 한번 지는 형상이라 손해 볼 일은 없을 것 같으나 실패하는 후유증은 매우 크다.

특성

이기적이고 보수적이며 재물에 매우 인색하다. 그러므로 소면자(笑面子−속은 캄캄하고 나쁜 마음을 지녔어도 겉으로는 웃는 사람)라는 평을 듣는 수도 있다.

가정

괴팍스런 성격 때문에 처자에게 따돌림을 당할 가능성이 있다. 부모님 생존하였겠고, 자녀는 카리스마적인 아버지(주인공)를 좋아하지 않는다. 아내와 자녀는 한통속이다. 여자는 가정환경이 나쁘지 않으나 남자처럼 인색하고 살림에는 알뜰하여 전형적인 한국식 여성이다.

건강

괴질(怪疾−이상한 증세)이 있겠고 건강공포증이 있어 병원에서 진찰을 받으면 이상이 없는데도 본인은 매우 불안해한다.

운세

젊어서는 건강하며 나이가 많이 든 경우에는 호흡기질환으로 숨 가쁜 증세가 있다.

◎ 성(姓)이 2, 3, 12, 13, 22, 23 획수에 해당

卜, 丁, 弓, 大, 千, 王, 黃, 閔, 彭, 筍, 邵, 廉, 楊, 睦, 琴, 賈, 司, 空

　복 정 궁 대 천 왕 황 민 팽 국 소 염 양 목 금 가 사공

(이상은 모두 태극수 1이 성자에 가산된 것임. 三才로 火에 속한다.)

火木木 운에서 주인공을 도와준다. 때문에 세운 뜻을 성공적으로 마무리진다. 어떤 일에 손대든지 대개는 성공한다. 따라서 건강 장수한다.

특성

외유내강하며 겉으로는 만만해 보이지만 안에는 그 누구한테도 지기 싫어하는 강한 의지가 숨겨져 있다. 운 같은 것을 믿지 않는 현실파로서 노력만을 삶의 철학으로 여긴다.

가정

부모덕이 있다. 재산적 도움이 아니면 세상에서 알아주는 전통문화의 비법을 전수받는다. 부부 화목하고 자녀 때문에 신경 쓸 일이 없다.

건강

짠 음식은 먹지 말라 하였다. 타고난 성격이 건강에 대한 관심이 많아 식이요법을 좋아한다. 안전수칙을 철저히 지키는 성미로 건강 장수한다.

운세

기초가 튼튼한데다 능력 있는 사람의 도움을 받는다. 때문에 경영하는 방법상 차질이 없고, 운에서는 방해자를 차단하니 탄탄대로를 걸어가는 것 같다.

火木火   길격 오행으로 구성된 이름이므로 본인만 실수하지 않고 살아간다면 순조로운 진행이 될 것이다. 가정내에서는 부모의 공양, 자녀들의 뒷바라지를 잘 함으로 착한 아들, 훌륭한 아버지의 칭호를 받게 된다.

특성

일처리가 시원스럽다. 승벽심이 강하여 져 주어도 될 일을 지지 않으려다 이미지에 마이너스가 있고 힘만 빠진다. 남한테 양보하는 일 적당한 선에서 져 주는 일도 아무나 못하는 일이지만 아무나 못하는 일을 자신이 해보는 것도 슬기이다.

가정

부모에게 효심이 지극하다. 때문에 부부간의 갈등이 생기는 수가 있는데 그만큼 배우자에게도 배려해야 한다.

건강

안심해도 좋다. 단 유효기간이 지난 식품은 아깝더라도 먹지 말아야 한다. 그 외는 건강장수한다.

운세

경영은 순조롭다. 일취월장 나날이 발전한다. 근면 성실하고 쉬지 않고 노력하기 때문이다.

火木土   길격 배합이다. 때문에 약간의 지나친 희망을 가져도 무방하다. 이제까지 진행해

오던 일이 부진했더라도 잃은 것은 충분히 만회한다. 다만 원형이정(元亨利正) 사격수리(四格數理)가 좋아야 한다.

특성

승벽심이 대단하여 남한테 지는 것을 싫어한다. 바람기가 있어 바람을 피우다 보니 여난(여자는 색난)을 당하여 코너에 몰리는 수가 있다. 지나침 없이 정도를 지키면 무방하겠다.

가정

부부 사이는 비교적 원만하나 자녀들로 인하여 난처한 일을 당하거나 돈을 많이 쓰게 된다.

건강

체력관리만 잘하면 질병 없이 하늘이 준 명(命)을 다 누린다. 그렇긴 해도 자주 병원에 가서 건강 상태를 체크할 필요가 있다.

운세

사업의 기반, 일반적인 상식 수준, 어느 편이건 길게 끌고 나갈 수 있어 강한 운이다. 길가에서 자란 풀이 자생력이 강하듯이 폭풍을 만난다 해도 끄떡없다.

$\boxed{火木金}$ 무슨 일이거나 손을 대어 진행해도 내구성이 없어 중도에 좌절되기가 십중팔구(十中八九)다. 정신적 육체적으로 진이 빠질 지경이다. 아래로 흘러가는 물길을 막거나 물을 퍼올리지 말고 물이 흐르는 대로 내버려두듯이 순리를 따르는 게 최선이다.

특성

승벽심이 대단하여 남한테 지기를 싫어하는데 이길 수 없는 것을 이기려고 애쓰지 말고 일찍 못이기는 척 져주는 것도 삶에 대한 지혜요 방편이다. 무조건 이기는 것만이 능사가 아니기 때문이다.

가정

처자와의 거리감이 생겨 스트레스를 받는다. 배우자와 자녀 중 누군가가 문제가 있다면 상대방의 성격을 주인공 입맛에 맞게 고치려 하지 말고 본인의 평소 성격과 마음씨를 고쳐 상대방과 동질감(同質感)이 되도록 노력해 보라, 효과 80%다.

건강

주인공의 입지 상태를 긍정적으로 흡수하라. 그렇지 아니하고 고뇌하게 되면 뇌질환에 걸려 고생한다. 노년기의 경우라면 우울증 내지 치매에 걸려 고생한다.

운세

대개의 일은 중도에서 좌절된다. 단 분수에 맞는 일을 택하여 힘써 나가면 사전오기(四戰五起)로 몇차례 실패하였다가 조금씩 잃은 것을 다시 얻을 수 있다.

火木水 이 배합은 水生木 木生火로 아래서부터 위로 상생되어 올라간다. 때문에 일단은 무슨 일이나 성공 발전한다. 자칫 실수하면 성공한 효과 없이 출발점보다 더 많이 후퇴한다. 그러나 성공에 내구성(耐久性)이 없어 얻은 것을 놓치지 않도록 노력해야 한다. 또는 갑작스런 변괴나 사고를 당하여 실의(失意)에 빠질 우려가 있다.

특성

의심이 많다. 승벽심이 많으므로 그 누구에게도 지기 싫어하지만 마음대로 안 되어 갈등이 심하다. 겁이 많으나 외유내강하여 성질이 나면 안하무인(眼下無人)으로 겁 없이 날뛰는 경향이 있으니 이를 자중(自重)해야 한다.

가정

부부 사이는 나쁘지 않다. 부모나 조상으로부터 유산을 받게 된다. 자녀는 많이 두는데 모두 온순해서 부모 말을 거스르지 않는다.

건강

호흡기 장애, 대장(大腸)질환, 피부병 등으로 고생할 우려가 있다. 원인은 과로에 의한 체력 저하로 충분한 휴식을 취하면서 체력을 보강하는 것이 건강을 지키는 비결이다.

운세

겉보기는 좋아도 실속이 없다. 없으면서도 허풍떨지 말고 속도 겉보기처럼 알찬 것이 있도록 노력하라.

火火木 이 삼재에 해당하는 주인공은 바야흐로 좋은 운을 만났다. 마치 거센 풍랑에 시달리던 배가 태풍이 자고 물결이 잔잔하여 유유히 목적지에 도달한 것과 같다. 운이 나쁠 때는 모

든 사람이 나의 적이 되지만 운이 좋아질 때는 모든 사람이 나에게 유익하다.

특성

대인관계가 원만해서 사람들을 잘 사귄다. 특히 처세가 좋아 남녀를 막론하고 이성의 호감을 사서 잘 따른다.

가정

부부화합하고 자녀들도 유순 착실하다. 그러므로 비교적 행복한 분위기의 가정을 이룬다.

건강

대체로 건강하다. 혹 간이 나쁘거나 안질로 고생하는 수가 있으나 크게 근심할 일은 못된다.

운세

직장인은 녹봉이 오르고 경영인은 사업이 순조로워 많은 이익을 얻는다. 아랫사람(거느리는)의 덕이 있어 눈부신 발전이 있겠다.

火火火　위도 불이요 가운데도 불이며 아래도 불이다. 세 불(三火)이 온 세상을 다 태울 듯 맹렬하니 남는 것이 없다. 일생 중 한 차례 화재로 인하여 소중한 것 다 태울 우려가 있다. 주의하라. 주인공의 급한 성격도 실패의 원인이 된다.

특성

급하고 단순하고 참을성이 없다. 입은 재앙의 근본이라 하였으니 입을 조심해야 남도 도와주고 자신이 지닌 학식이나 인격수준도 높아진다.

가정

툭하면 싸움이 나서 편안할 날이 없다. 유유상종(類類相從)이란 말이 있듯이 급한 사람끼리 부부가 되니 결국에는 파탄이 나고 말 것이다.

건강

안질(眼疾)과 심장 혹은 소장 계통의 질환이다. 육식을 줄이고 채식하는 것이 건강에 유리할 것이다.

운세

무슨 일이든지 처음 시작할 때는 요란스러워 세상의 돈을 다 벌듯 하지만 끝을 맺을 때는 흐지부지 조용하다. 배우자건 남이건 실패의 원인이 남이라고 핑계대지만 차분하지 않고 급한 성격이 실패의 중점적 원인이 된다.

火火土 오랜 가뭄으로 인해 초목이 메말라 죽기 전인데 우렛소리만 요란하고 비는 내리지 않는 형상이다. 목마른 자에게는 물이 필요하고 춥고 배고픈 자는 옷과 음식이 필요한 것인데 그것이 쉽게 해결되지 않으니 안타까운 일이다.

특성

성질만 급하고 게으른 편이다. 일의 마무리가 곱지 않고 껄끄러우며 보고 듣는 사람으로서는 얼굴이 찌그러진다. 열정적이라 일할 때는 끼니도 잊은 채 정력을 다 기울인다. 그러나 권태가 빨라 자신이 하고 싶어 손댄 일인데도 권태를 느낀다.

가정

부모조상의 덕이 없으니 이에 따라 유산도 없다. 그래서 자수성가(自手成家)하는 수밖에 없는데 자수성가도 남 같지 않게 되는 일이 없다. 부부관계는 남자 편에서 아내에게 져주고 가정사에는 간섭하지 않아야 간신히 가정이 붕괴되지 않고 유지된다. 이 삼재에 해당하는 주인공이 여성이라면 그래도 가정이 유지될 수 있지만 남성이라면 가정화목에 쿠부해로가 쉽지 않다.

건강

술을 좋아하는 분이면 술로 인한 건강장애가 수위를 넘길 것이다. 80평균 나이 즉 자기 복도 다 누리지 못할 우려가 있다. 또는 눈 부위에 작은 종기가 생겨 대수롭지 않게 여기다가 수술 받을 정도로 종기를 키워 고생하는 수도 있다.

운세

단 한 가지도 제대로 되는 것이 없다. 때문에 불평불만이 많은데 다 자신의 탓으로 돌려 반성하고 개선하는 슬기가 있다면 불운쯤은 능히 극복해 나갈 수 있을 것이다.

火火金 火克金이라 二火가 一金을 불태우니 단련됨이 지나쳐 金은 못쓰게 되는 형상이다. 무용지물(無用之物), 이 말은 자존심 상하는 중에서도 가장 자존심 상하게 하는 비유이다. 운이 하향(下向)하기 시작할 때는 신지(神智) 제갈공명도 어찌해 볼 지혜가 떠오르지 않는 법이다.

일시적 성공에 기뻐하지 마라. 성패의 번복이 여러 차례이지만 그 가운데서도 소중한 것은 취하여 간직해 두라.

특성

남을 해칠 마음이 없고(無害人之心) 안과 밖이 똑같지만 큰일을 성취 못하는 까닭은 하고 있는 일을 끝까지 붙잡고 그 가운데 방책을 찾아내야 하는데 주관적 입장에서는(남의 일은 말하기 쉽다) 자신의 처지를 몰라준 것을 답답하게 여긴다. 운세가 나쁠 때는 자기가 자기의 마음도 마음대로 못하는 법이다.

가정

부모님 공경 잘하고 부부간에 화목하며 자녀들이 잘 크면서 부모 말을 공손한 태도로 잘 들어준다면 이보다 더 행복한 일이 없는 것이다. 쉬운 것 같아도 결코 쉽지 않은 가정 분위기라 비록 본 수리가 나빠서 주인공에게 힘든 일이 생길지라도 가정이 원만하니 절대적으로 자신이 불행한 처지라 여기지 않을 것이다.

건강

생명에 지장이 미칠 정도의 건강 장애는 없다. 심신과로에 의한 몸살이 자주 발병하고, 피부.호흡기.대장염 등의 질환이 예상된다.

운세

부모님의 유산이 없으니 자수성가가 불가피하다. 남이 보기에는 아무런 근심이 없을 것 같으나 내면에는 괴로움이 있다. 큰 것을 바라지 마라. 설사 그것을 얻었다 해도 재난의 씨가 되어 자신을 해치게 된다.

火火水 물(水)은 아래에 있고 불(火)은 위에 있으니 물과 불 즉 양(陽)과 음(陰)이 제자리에 있지 않고 위치가 바뀌었다. 이 형태는 주역괘로 화수미제(火水未濟)라 한다. 수화기제(水火旣濟)가 되려면 물은 위에(水上) 불은 아래에(火下) 있어야 한다. 물은 아래로 내리고(윤하) 불은 위로 솟구쳐야 바야흐로 물과 불이 서로 만나게 된다. 이를 수화기제(水火旣濟)라 한다.

특성

성질이 불처럼 급하고 신경질을 잘 부린다. 눈앞의 이익만 보고 먼 곳에 있는 것은 보지 못한다. 당장 100원을 얻으려다 뒤에 1000원을 얻지 못한다. 가정에서나 사회에서 가장 급한 것이 화합이다. 가정의 화목 사회에서 인화(人和), 이것은 성공의 첫 출발이며 가장 먼저 해야 할 과제다.

가정

찬바람이 분다. 가정을 잘 이끌어나갈 지혜가 없다. 여기에 해당하는 주인공은 남자이건 여자이건 서로 상대방의 입장을 바꾸어 생각(易地思之)해 보라. 그리하면 가정불화는 자연히 해소될 것이다.

건강

혈압의 상승, 심장질환 등에 유의하라 성(性) 불만 등으로 인한 히스테리, 이것이 오래 가면 정신적 질환으로 변할 수 있다.

운세

까닭 모르게 재난이 생기고 남의 계교에 의해 일자리를 잃는다.

火土木   메말라 단단한 땅위를 어린 싹이 뚫고 나오는 형상이라. 삶의 여건은 나쁘지만 자생력(自生力)이 강하므로 남의 도움을 받지 않고서도 궁지에서 벗어난다. 만약 조부모대 이상이 되는 조상의 음덕이 있으면 하늘(운)이 도와서 발전 성공한다.

특성

온순하여 편협심이 있고 소극적인 것 같으나 실은 그릇이 커서 대륙적인 아량이 있으며 사람을 접대함에 신분의 귀천에 관계없이 정성을 다한다.

가정

일찍 둔 자식은 성인이 되도록 기르기 어렵다(早子難養). 그러나 자식들을 많이 두게 되는 운명이다. 집은 가난하고 가족은 많으나 주인공 혼자 벌어 가족들을 먹여 살린다.

건강

건강하다. 참으로 다행한 일이다. 무거운 짐을 잔뜩 지었으니 몸이나 건강해야 한다. 소화기 계통의 질환으로 고생하게 된다.

운세

비록 윗사람의 눈에 들어 어려울 때 도움을 받게 된다. 가난은 나라(國家)도 구제 못한다는 식으로 큰 덕은 되지 못한다. 동분서주 바쁘게 다니면서 쉴 겨를 없이 노력하는 상이다.

火土火   권세와 능력을 갖춘 신분이 주인공을 돕는다. 뿐만 아니라 선대 조상(先代祖上)이 끼친 음덕이 있어 좌절 없이 성공 발전한다. 그래서 주인공은 의외의 성공을 하게 된 것이지만 이 세상에 신명(神明)이 있다는 사실을 모르기 때문이다. 그래서 선인선과(善人善果)요 악인악과(惡人惡果)라는 인과응보설(因果應報說)에 절대적 철학임을 깨닫게 된다.

특성

온후(溫厚)하고 국량이 넓으며 대인관계가 성실하다. 행동과 말하는 인상이 좋아 사람들이 많이 따른다. 무슨 일을 하든지 정성을 다 기울인다.

가정

부부와 자녀, 그리고 부모 가운데 한 사람만 착하지 않아도 화목한 가정 분위기를 만들기 어렵다. 그러나 이에 해당하는 주인공은 자신의 지혜와 천부적인 마음씨로 가족 중 한 사람도 불만이 없게 가정을 이룩한다.

건강

보기에도 건강하다. 그보다도 심리적 정신적으로 갈등 없이 평화로우면 무병장수(無病長壽–질병, 사고 없이 오래 사는 것)하게 된다.

운세

능력 있는 윗사람의 도움과 아랫사람의 협력을 얻어 남이 이루기 어려운 일도 성공한다. 그리고 이 수리는 성패가 자주 번복되는 것이므로 좋았을 때 준비해 두면(有備無患) 나빴을 때도 크게 망가지거나 고생이 감소된다.

火土土   선대 조상의 음덕인지 자신의 지혜로 기회를 잘 포착한 때문인지 알 수는 없으나 일단은 주인공이 세운 뜻을 이루게 된다. 정신적 심리적으로 건전함으로써 건강 장수하는 길격 배합이다.

특성

원만한 성격에 이지적인 노력가로 게을러 보이는 때가 없다. 활동력이 왕성해 항시 동분서주(東奔西走)하는데 가는 곳마다 환대를 받는다. 의리와 신용을 잘 지키고 인화(人和)에 능하다.

가정

화기애애(和氣愛愛)한 가정으로 모범적이다. 부모 조상이 끼친 덕을 주인공이 받는 것 같다. 무리가 없는 일이면 거의성공하기 때문이다. 슬하 자녀들까지 착하고 부모가 이른 말을 고분고분 들어준다.

건강

무병장수(無病長壽-질병이 없이 건강)하고 오래 산다. 그렇더라도 과로는 건강을 크게 해치니 주의하라.

운세

본인이 과욕만 부리지 않는다면 일취월장 왕성해진다.

火土金　火生土 土生金이라 부모 조상의 전통과 유산을 내가 받아 지켰다가 자식에게 물려주는 모습이다. 우선 좋은 가문의 자손임을 알게 된다. 뿐 아니라 능력 있는 윗사람의 사랑을 받아 이끌어 주니 짧은 시일에 성공하여 사회적으로 두각(頭角)을 나타낸다.

특성

성격이 원만하여 남의 과실을 용서하는 아량이 있다. 단 감정이 예민한데다 소극적이어서 기회를 만나도 망설이다가 아쉽게 놓치기도 한다. 그리고 주인공의 인상이 좋아서 따르는 사람이 많다.

가정

크게 손재를 당하거나 시끄러운 일이 생겨 풍비박산 즉 파산지경에 이를 듯 하다가 천우신조(天佑神助)로 안정된다.

건강

주인공이 만일 비대형이라면 혈압을 자주 체크할 필요가 있다. 또는 신장. 위장 계통에 질환이 생기는 수가 있다. 이 세 가지 가능성 있는 증세가 없거나 치료에 의해 완치된 경우라면 장수(長壽)한다.

운세

연령이 높은 분이거나 직장 상사의 제휴(提携)로 인해 경영자는 사업이 흥하고 관직자는 직위가 뛰어오른다.

火土水 │ 하늘에 짙은 구름이 끼었다가 반쯤 개이고 반쯤 흐리다. 모든 일이 길흉상반(吉凶上半)이다. 이러한 운세에서는 얻는 것도 잃는 것도 없으니 다행이 아니냐고 생각하겠으나 그렇지 않다. 왜냐하면 0인 상태에서 가장 소중한 세월이란 것을 잃었기 때문이다.

특성

남이 주인공의 속셈을 모른다. 허풍(虛風)을 품고 있는지 주걱쇠를 파고 있는지 알 수가 없다. 단 평가될 수 없는 것은 품속에 비수를 품었어도 외면은 웃고 있다는 점이다.그리고 농담을 잘하는데 여기에는 진심이 있다.

가정

부모에게 물려받은 재산이 있거나 아니면 세상에서 알아주는 전통문화의 계승자라 할 수 있다.

건강

위장, 신장, 방광 계통의 질환으로 고생한다. 여기에 원형이정의 수리까지 나쁘면 고치기 힘든 만성위장병이 있고 심한 경우 심장마비로 급변을 당할 우려가 있다.

운세

비록 윗사람의 특별한 도움이 있더라도 실패를 면하기 어렵다. 성패(成敗)의 번복이 여러 차례라. 동분서주하나 되는 일이 별로 없다. 어려울 때를 대비 절약이 최선이다.

火金木 │ 무거운 짐을 지고 태산을 넘게 되는 상이다. 한 고개만 넘게 되면 고생을 덜 하겠는데 산 너머 산이다. 경영하는 일은 힘만 들고 소득이 없다.

특성

마음은 겉과 속이 다르므로 웬만한 일이면 진심을 털어놓지 않는다. 주인공은 농담도 잘 하는데 농담 속에는 진심이 들어 있어 상대방의 동태에 따라 단순 농담으로 사용하거나 섞여 있는 진심을 작용할 수 있다.

가정

배우자와 뜻이 맞지 않는 것 같다. 뜻이 안 맞으면 자연 대립되어 티격태격 싸우게 된다. 이것을 항시 보아야 하는 자녀들은 집이 싫어 밖으로 나돌고, 나돌게 되면 나쁜 데 빠지는 수가 있어 근심거리다.

건강

신경쇠약, 폐질환, 정신착란 등이 예상되므로 자주 병원에 가서 건강에 대한 체크를 해볼 필요가 있겠다.

운세

남이 생각하기에는 평화롭게 살아가는 것처럼 보인다. 힘에 겨운 뜻은 두지 마라. 자신이 자신을 속이는 수가 있다. 뻔한 일을 행운 쪽으로 생각하려는 것이 자기 자신을 속이는 일이다.

火金火 　설상가상(雪上加霜)이라 나쁜 일을 거듭 당하는 것을 뜻한다. 또는 복불재래(福不再來)요 화불단행(禍不單行)이란 글귀도 있다. 좋은 일은 한번 지나가면 다시는 오지 않으나 나쁜 일은 거듭 이른다는 뜻으로 사고를 당한 일이 있거나 날치기를 당했다면 비슷한 일이 또 한차례 이르거나 세 번까지 이른다. 각별한 주의를 요한다.

특성

급하고 사납고 집요하다. 때문에 속을 건드리지 말고 참아야 주인공에게 봉변을 안 당한다. 한번 성질이 나면 상대방의 연령이나 신분에 구애 받지 않고 욕하고 대든다.

가정

혼자 살아가는 모습이다. 배우자와 자녀가 있더라도 심한 불화로 인해 생이별하고 고독하게 된다.

건강

신경쇠약 또는 호흡기 장애로 고생할 수 있다. 자신의 성질을 못 이겨 자해(自害-스스로 자신을 학대)하는 수도 있다.

운세

일생을 통해 좋은 때가 별로 없다. 비록 노력해도 제자리걸음이다. 단 원형이정 사격(元亨利貞四格) 수리가 나쁘지 않으면 액이 많은 폭으로 감소된다. 그리고 고진감래(苦盡甘來)의 이치가 적용되는 수도 있다.

火金土 삼재(三才)의 구성은 오행생극법(五行生克法)으로 반생반극(半生半克)이라 생애 중 희비(喜悲)가 거듭된다. 높은 뜻은 세웠으나 중간중간 장애가 따르고 뜻밖의 손재도 당한다.

특성

성격이 민감하나 의심이 많아서 매사 잘못 판단하는 경우가 많다. 주인으로서는 자신의 계산은 실수가 없다고 자부하겠지만 객관적으로 볼 때는 오만이요 자화자찬이라 하겠다.

가정

부부 사이는 찬바람이 분다. 부모이건 자식이건 배우자를 포함해서 누구 한 사람 지혜가 있다면 냉기를 온기(溫氣)로 분위기 쇄신을 할 수 있으련만 그러한 사람이 없어 안타깝다.

건강

체력이 항시 딸리지만 수명에는 무해하다.

운세

평범한 인생이다. 특히 좋을 것도 없고 나쁠 것도 없다. 이러한 사람은 자신이 하기에 따라 화복(禍福)이 결정된다. 분수를 지켜 과욕만 부리지 않으면 의식주 근심이 없으나 가정화목이 행불행이 작용된다.

火金金 저는 발로 산에 오르는 것 같이 좋지 않은 배경 속에서 삶을 영위하려니 심신으로 매우 괴롭다. 눈앞에 보이는 것들이 탐이 나서 욕구가 생기지만 자신에게는 인연이 없다고 단정하면 괴롭지 않겠다.

특성

타고난 재주가 아깝다. 비록 글재주는 뛰어나나 사고력(思考力)은 현 시대에 뒤떨어진다. 학교 우등생이 사회에서는 낙제생이란 이 수리 구성을 두고 일컫는 것 같다. "재주꾼은 재주 없는 사람의 종노릇한다."는 말이 실감난다(巧者掘之奴).

가정

주인공은 엄격한 가문의 출신인 것 같다. 때문에 집안에서부터 주눅이 들어 기를 펴지 못할 것이다. 때문에 자신도 그렇게 대하리니 시대적 배경이 판이하므로 자녀들과의 충돌이 예상된다.

건강

뇌질환 호흡기질환 등으로 고생할 가능성이 있으나 그 외는 비교적 건강한 편이다.

운세

사람들과 잘 어울리도록 노력하라. 남들과의 화합은 가정에서부터 시작되어야 한다. 경영도 시대에 맞는 것을 선택해서 운영해 나가야지 시대적 동향에 맞지 않으면 실패가 명약관화(明若觀下–불을 보듯이 뻔한 것)한 일이다.

火金水   깊은 산 속에서 길을 잃고 헤매는 모습과 같다. 어당초 윗사람이나 경험이 있는 사람에게 길을(해결할 문제) 물어 가는 게 현명한 일인데 아집(我執) 때문에 아니할 고생도 자초한다. 이 삼재 구성에 해당하는 주인공은 갑작스런 충격을 조심해야 한다.

특성

감정이 예민하고 의심이 많다. 자기 주장이 강하며 국가, 사회 정치 문화 계통을 막론하고 아마추어적 상식이 있어 비평을 잘한다.

가정

짝이 없어 홀로 나는 기러기와 같이 고독하다. 아마 배우자가 있더라도 까탈스러운 성격 때문에 불화가 생겨 갈라질 것이다.

건강

마음이 병, 자신의 건강을 의심하여 아무 이상이 없는데도 신경을 써서 신경쇠약에 걸릴 가능성이 있다. 단 집을 나와 부상을 입지 않도록 주의해야 한다. 폐질환도 있어 보이나 중한 데까지는 이르지 않을 것이다.

운세

큰일은 해낼 수 없다. 작은 일도 오래 지탱하지 않고 자주 개혁하는 바람에 따른 부작용이 크다. 원문(原文)에 의하면 "죽을 때도 사람이 없는 데서 홀로 죽게 된다"고 하였다. 달갑지 않은 사람과 만나 참으며 살려니 괴로움이 이만저만한 게 아니다. 가정 내에서 달갑지 않은 사건이 자주 생기지만 모두 자신의 탓이다. 사람들과 접근하게 되거든 좋은 이미지를 갖도록 노력하라.

특성

만가지가 분리되려는 상(萬相分離之象)이라 가정·사회를 막론하고 사람들과 화합이 잘 안 된다. 그 원인을 깨달아 인화(人和)에 노력하면 어디서부터 인지는 몰라도 벌써 대하는 태도부터 다를 것이다.

가정

부부유별(夫婦有別)이라 이는 사람이 지켜야 할 오륜(五倫) 가운데 하나로 현 시대에는 통하지 않는 말이지만 그렇더라도 남녀가 다 같이 자기가 할 일을 따로 정하여 상대방에게 서로 미루지 않는다면 가정이란 보금자리는 지켜지지 않을까. 자녀도 지나친 사랑은 버릇이 없어 사회로부터 퇴출당할 우려가 있다.

건강

작은 질병이지만 아픈 증세가 떠날 날이 없다. 아니면 체질이 약하여 힘든 일은 못한다. 폐나 신장 계통의 질병을 알아볼 수도 있다.

운세

우연히 생각지 않은 사람의 도움을 받아 큰 성과를 얻는 수가 있다. 직위이건 재물이건 지키는 데 힘을 쓰라 쉽게 얻은 것은 방심하다가 쉽게 잃는 경우가 많다.

火水火 남보다 뛰어난 재주가 있다. 아니 재주라기보다 잔머리에 능하고 눈치가 빠르다. 하지만 오만과 과신 때문에 크게 실패하는 일은 없다. 세상살이의 참된 이치가 어디에 있는지...

특성

이기주의자. 그리고 무척이나 총명해서 자신의 몫을 빼앗기는 일이 없다. 헤어나기 힘든 처지에서도 주인공은 먼저 헤어난다. 단 덕성(德性)만 길렀으면 국가적으로도 유능한 인재(人才)인데 이기성이 지나쳐 아쉽다.

가정

배우자와 자녀와의 이별이 있겠다. 아니면 남성의 경우 독선적이어서 가족들의 불평불만이 팽창되어 곧 터질 것 같은 징조가 있다. 결론적으로 주인공은 남이 아닌 자신의 처세관으로 인해 가정과 직장을 막론하고 아랫사람의 불만을 많이 사고 있다. 따라서 모두 자신의 곁을 떠난다.

건강

자주 아프지만 큰 병이 아니므로 생명에는 지장이 없어 오래 산다. 과민성(過敏性) 때문에 열을 잘 받고, 열을 받게 되면 심장이나 뇌에 지장이 생겨 갑작스런 불행을 당하는 수가 있다.

운세

걸핏하면 일을 저지르고 남의 도움 없이 수습도 잘한다. 수단가로 궁지에 처하여도 잘 먹고 잘 쓴다. 남이 보기에는 위태위태하나 끄떡없이 잘 지내는 것을 보면 이것도 타고난 운명인지 잘 모르겠다.

| 火水土 | 순조롭게 잘 진행하던 일이 중간쯤에 이르러 장애가 생겨 멈추고 만다. 아무리 지혜로운 사람도 운이 방해를 놓으면 총명이 가려져 처세나 일 처리에 착오를 범한다. 경영인은 아랫사람의 책임 부서를 대폭 개혁할 필요가 있다.

특성

책임감이 부족하고 자기 자신을 과대평가하여 오만하다. 의리보다는 세(勢)를 따르므로 줄서기에는 천재적이다. 성격이 불같이 급하고 괄괄하여 바로 큰 일을 저지를 것 같으나 금방 풀리는 장점이 있어 호감을 사게 된다.

가정

남성의 경우 자녀들에게 엄격하여 속에 불만을 품고 있어도 꼼짝 못 한다. 여성은 보수적인 방법으로 자녀들을 가르친다. 부모나 조상으로부터 물려받은 것이 없으므로 자수성가한다.

건강

허약체질의 이유도 있지만 주인공은 몸을 무척 아끼는 편이다. 그래서 노동에 가까운 직장은 차라리 무직자(無職者)가 될지라도 견뎌내지 못한다. 남성은 아내의 바가지가 괴롭고 여성인 경우 남편에게 바가지를 긁는다. 그리고 여성도 힘든 일은 못하고 자주 앓는다.

운세

속담에 "냉수 먹고 이 쑤신다"는 비유가 있다. 남한테 궁한 티를 내지 않으려고 제스처를 쓰는 것이다. 가정 내부야 어떻든 간에 궁해 보이도록 하는 것은 질색이다. 돈이 헤프지만 이상하게도 사치스런 치장에 고급 음식을 먹을 만큼은 돈이 생긴다. 때문에 사람 누구나 각자 살아가는 법이 있기 마련인가 보다.

火水金 자기과신(自己過信)은 실패의 원인도 되려니와 주변 사람들의 비웃음을 사게 된다. 앉으나 서나 갈등이 생겨 안절부절 마음을 편하게 갖지 못한다. 주인공은 잘못이 없는데도 상대가 보기에는 건방져 버릇없어 보이므로 미움을 산다.

특성

거만하고 잘난 체 뽐내기를 좋아한다. 상대방 앞에서는 "당신의 말이 옳다" 하고 마음속으로는 부정(不定)한다. 책임감도 없고 자신보다 수준이 높은 사람한테도 복종하지 않는다.

가정

본시 이기성(利己性)은 강하지만 가정에 들어와서는 부드러운 남편(여자는 상냥한 아내)이고 자상한 아버지다. 어쩌면 밖에서의 모습과 가정에서의 모습이 이처럼 판이한가. 하지만 가정을 거느린 세대주로서는 당연히 그리해야 옳을 것 같다.

건강

항시 머리가 개운치 못한 증세가 있다. 힘든 일은 질색이라 몸을 지나치게 아끼는 것 같다. 정신은 물론이고 신체 단련이 요구된다. 칼로리 높은 음식을 섭취하는 것보다 적당한 운동이 필요하다.

운세

큰 복은 몰라도 작은 복은 따른다. 안하무인(眼下無人-눈 아래 사람이 없어 보이는 것)이라 왕따 신세가 될 것 같으나 사귀는 친구는 많다. 경영에 있어 금방 어떻게 될 것 같이 말해도 실속은 나쁘지 않은 운세다.

火水水 水克火 오행이 싸우고 있으니 마치 나라에 전쟁이 일어난 것 같이 요란하고 불안하다. 아무리 뛰어난 지혜가 있더라도 운이 도와주지 않으면 진행하는 중도에 좌절당한다. 사람

에 따라서는 혹 만 가지 난관을 물리치고 세상에서 놀랄 만큼 큰 업적을 이루는 수도 있다.

특성

욕심이 지나쳐 큰 것만을 얻고자 하니 허영심에 불과하다. 상대와 대립하여 이길 수 없으면 깨끗이 복종해야 고생을 덜 하는데 힘도 없으면서 대항하고자 한다. 스스로 잘난 체 함으로 남과 화합을 못하고 따돌림을 당한다.

가정

많지는 않으나 삶의 기반이 될 수 있는 부모의 유산이 있다. 슬하에 자녀가 있고 남성의 경우 자신보다 덕스러운 배우자를 얻게 되고 여성은 자신보다 못한 남성을 만나게 된다.

건강

정신적인 면이 크다. 신경과민에 대수롭지 않은 증세인데도 중병이 아닌가하고 확대해서 생각할 수 있다.

운세

일생을 통하여 한차례 성공한다. 운이 나쁘다고 생각하기 보다는 주인공 자신의 잘못이 크다 하겠다.

◎ 성(姓)이 4, 5, 14, 15, 24, 25 획수에 해당

공 모 문 방 변 부 원 윤 태 편 구 자 사 석 신 옥 왕 전 피
孔 毛 文 方 卞 夫 元 尹 太 片 丘 自 史 石 申 玉 王 田 皮

현 련 배 서문 신 조 갈 경 곽 동 로 류 채 독고
玄 蓮 裵 西門 愼 趙 葛 慶 郭 董 魯 劉 菜 獨孤
*이상은 모두 (姓字에 태극수 1이 가산되었음) 土에 속한다.

土木木 편친슬하(偏親膝下)에서 자라는 수가 있다. 자수성가해야 할 운명이며, 배우자와 자녀와도 화합을 못 이룬다.

특성

정직하고 강직한 성격에 노력가라 하겠다. 바른말을 잘 하고 남의 비위를 잘 건드리는 성격이라 대인관계가 원활하지 못해 손해 보는 경우가 많다.

가정

특별한 일이 없다. 엄격하면서도 가정을 잘 이끌어 나간다.

건강

위장질환, 신경통 등의 질환이지만 모두 중증(重症)은 아닐 것이다. 대체로 건강할 것이며 한 차례 위기를 넘기면 평균 수명 이상의 수를 누린다.

운세

일단 경영을 시작하면 큰 어려움 없이 잘 진행된다. 따라서 이익도 적지 않다. 우연히 도와주는 귀인이 있기 때문이다.

土木火　이 배합은 원형이정(原亨利貞)의 수리가 모두 길격(吉格)으로 구성된 경우 탈 없이 편안한 삶을 누리지만 수리가 나쁘면 고생한다.

특성

인내가 강하고 근면성실하다. 온갖 풍상을 겪으면서 살아온 만큼 고생에도 면역이 되어 좌절할 줄 모른다. 글에 부귀는 재천(大富在天-큰 부자가 되고 못 되는 것은 하늘에 매였다)이요 소부는 재인(小富在人-작은 부자가 되고 안 되는 것은 사람에게 있다)이라 하였으므로 큰 부자는 못 되어도 작은 부자는 어떻게 삶을 운영하느냐에 따라 달렸다.

가정

안락한 분위기 속에서 자녀들도 잘 자라며 말썽 피우는 자식이 없으니 큰 복이라 하였다. 남성은 숙덕(淑德)있는 아내요 여성은 그릇이 크고 생각이 너그러운 남성에게 시집간다.

건강

위장병 계통에 문제가 있겠고 나이 많아서는 관절염으로 고생하나 비교적 건강하다.

운세

경영의 견고(堅固)함이 반석 같아 웬만한 재난이 아니면 실패하지 않는다. 단 발전이 느려 진행이 눈에 띄지 않을 뿐이다.

土木土　삼재 구성이 木土 상극이라 매사 어긋나고 있다. 타고난 지혜로 아는 것이 많지만 지위도 얕고 재물도 없으니 기가 위축되지 않을 수 없다. 하지만 부귀만이 제일이랴 곤궁해도 죄짓지 아니하고 남을 도우며 떳떳하게 사는 것보다 더 값진 것이 어디 있으랴.

특성

청렴결백하고 노력가로 남한테 의지하거나 도움받기를 싫어ㅎ-며 가난한 중에도 더 어려운 사람을 돕고자 하니 진정한 인물이다. 매사에 적당한 선(線)을 지키면서 정도(定度)에 벗어남이 없으니 바로 중용이다.

가정

부귀(富貴)만 빠지고 있을 것은 다 있다. 부모 장수에 부부의 의가 나쁘지 않고 자녀들도 효순(孝順)한다.

건강

건강한 편이며 소화기 계통의 질환이 있겠다.

운세

재물복은 의식주 해결하는 정도이고 큰 부귀는 바라지 마라. 기술을 배워 생애하면 생활에는 궁핍하지 않는다. 남녀 모두 이상에 맞는 배우자와 결혼하게 되는데 특히 여성은 한미(寒微)한 집 딸이지만 재물보다 귀중한 숙덕(淑德)을 갖추었으리라.

土木金　삼재(三才-즉 天人地) 구성이 아래로부터 위로 金克木 木克土로 극해 올라가니 불리한 배합이다. 무엇에 쫓기는 것처럼 불안하니 자연 소심해져서 어떤 일을 막론하고 자신감이 없게 된다. 때문에 조금이라도 어려운 일이라고 생각되면 애당초 손대기가 두렵다. 싸움은 붙어 보아야 승패를 아는 법 과감한 용기와 자신감이 요구된다.

특성

빼어난 용모에 재주 뛰어나지만 거친 풍상을 이겨낼 만한 강한 의지와 용기가 없어 안타깝다. 요행히 자손 귀한 집 출신이면 귀동자로 보호받으며 자라게 될 것이다. "하늘은 녹이 없는 사람을 탄생시키지 않는다(天下生於不祿之人)" 하였으니 어찌 먹고 사는 것을 근심하랴.

가정

부모 연령이 많도록 생존하고 부부간에 갈등이 없으며 자녀는 말썽을 피우지 않으니 평범한 가정 분위기라 하겠다.

건강

기관지 혹은 위장 계통의 질환, 혹은 치질로 고생하는 수가 있는데 일단 이러한 부위에 질병이 나타난다면 고생하게 된다.

운세

자손 귀한 집 출신이라면 애지중지 자라왔으므로 세상 돌아가는 일을 잘 모른다. 속담에 썩어도 준치란 말이 있다. 세정(世情)에 어둡긴 해도 타고난 자기 몫이 있으므로 의식궁핍은 면하겠다.

土木水 바삐 가는 길 앞에 큰 산이 가로막고 있는 형상이다. 산은 넘어야 하는 법이므로 천신만고(千辛萬苦)의 역경은 피할 수 없다.

특성

사람 됨됨이가 정직하고 근면 성실하여 이웃 사람들의 칭찬이 자자하다. 뿐만 아니라 청수한 용모에 언어 행동이 유순함으로 주인공에게 아낌없는 애정과 호감을 베푼다.

가정

혹 빈궁을 면 치 못하는 처지라 해도 이웃과의 인심은 잃지 않았다. 재물이야 탐한다고 손에 쥐여지지 않는 것이지만 인심은 베풀수록 고마운 칭송을 듣게 된다. 명심보감의 글귀에 덕을 어둡고 어둡게(남이 모르게) 쌓아서 그 음덕이 자손에게 좋은 영향이 미치게 한다.(積德於冥冥冥之中하여 以爲子孫之計라).

건강

생명이 위협받을 만한 질병은 없어 보이지만 몸은 허약하다. 언제나 무리하지 말고 충분한 휴식을 취하면 탈이 없다.

운세

안빈락도지상(安貧樂道之象-가난함을 편안하게 여기고 바른 길 찾기를 즐거워한다)이다.

土火木　이는 아래에서부터 위로 生하여 올라가니(木生火火生土) 삼재(三才,天人地)의 구성이 도덕적이고 정당성을 말해 주는 것 같다. 환경이 돕고 주인공의 머리가 뛰어나니 경천애인(敬天愛人)이란 가르침을 간접적으로 나타낸 것 같다.

특성

적극성이 있어 어떤 일에나 시원스럽게 그리고 정확하게 처리해 나가며 욕심을 최소한으로 줄여 진행함으로 안 되는 일이 없다.

건강

큰 고생을 겪는 질병이 없으니 항시 건강한 몸으로 활동하며 아울러 장수한다.

가정

부부화목하며 자녀들은 효순(孝順)한다.

운세

관직생활 또는 사업경영 모두가 좋다. 의식주 근심이 없고 온 가족이 화목하니 더 바랄 것이 없겠다.

土火火　삼재(三才)에 二火가 一土를 生하고 있는 모습이다 불기운이 너무 세어 맨 위에 있는 토는 메말라 초목이 생장할 수 없다. 그러므로 동서로 분주하나 몸만 약해지고 소득이 적다.

특성

남자의 경우 괴벽성이 있고 사이비 종교에 혹하기 쉽다. 취미가 다양하여 못해 본 일이 별로 없다. 그리고 명품이 아니면 몸에 지니지 않는다. 여자는 흡인력이 있고 차분하나 성질은 불같이 급하다.

가정

다정한 남편이요 아버지라(여자는 자상한 남편) 가정 분위기를 잘 알아서 적절히 대처한다. 그러나 한번 뒤틀리면 얼음처럼 냉정하다.

건강

근심되지 않는다. 단 음주는 적당히 하라.

운세

시작은 좋다. 주인공의 노력도 대단하다. 그러나 운이 허용치 않으면 진행 중에 마가 생겨 이루지 못한다. 가장 잊지 말 것은 불같이 급한 성격이다. 성질이 나면 이성을 잃을 수가 있다. 이 점 개선하면 귀하에게 많은 사람들이 호감을 사서 귀하와 사귀기를 원할 것이다.

　土火土　火土가 상생이요 土土가 비화(比和)라. 단순히 오행생극 원리로만 추리한다면 天人地 삼재는 길격(吉格) 구성이다. 그러나 평소 원하던 일을 성취하려면 영웅적 재질을 갖춘 사람이 세상이 놀랄 만큼 오랜 세월 동안 갈고 닦아야 한다. 부질없이 영웅이 되고자 탐하지 마라. 사람은 각각 하늘로부터 타고난 복분이 있는 법이라. 타고나지 않은 것을 성취하려면 도리어 재앙이 있을 뿐이다.

특성

노력가로 적극성이 있으며 사람을 대하는 태도가 성실함으로 많은 사람들과 사귀게 된다. 때문에 윗사람에게는 귀염을 받고 아랫사람한테는 공경의 대상이 된다.

가정

원만하다. 부부간에는 서로 싫어하는 말을 하지 않고 상대방의 입장을 이해하려 노력하는 관계로 큰 싸움이 일어나지 않는다. 자녀도 여럿 둘 수 있다.

건강

고혈압의 위험성이 있으니 병원에 가서 체크해 볼 필요가 있다.

운세

기초가 튼튼하다. 복분에 맞는 정도만 원한다면 도와주려는 사람들이 많이 있다. 모두 주인공에게서 받은 은혜가 있기 때문이다.

　土火金　오행 생극 원리로 반생반극(半生半克)이라 상생은 길하고 상극은 불길하므로 이러한 구성을 길흉상반(吉凶相半 - 좋은 일도 있고 나쁜 일도 있음)이라 한다.

특성

성격이 급하고 강하며 인내가 부족하다. 어떤 일을 결정할 경우 심사숙고한 뒤에 시작하는 게 일의 순서이지만 주인공은 잔머리 굴리는 게 싫다 하여 급히 결행하다가 실패하는 예가 한두 번이 아니다.

가정

싸우는 소리가 자주 밖에까지 새어나온다. 싸우는 당사자가 누구이건 간에 한 사람이 참으면 고장난명(孤掌難鳴-손바닥 하나만으로는 소리를 내지 못함)이라 조용해지겠지만 싸우는 상대가 다 같아서 대수롭지 않은 일에도 시끄럽다.

건강

주로 호흡기 계통의 질환이 우려되고 피부병으로도 고생할 수 있다. 폐가 더우면 코에 염증이 생긴다.

운세

반은 길하고 반은 불리하다. 외부내빈격(外富內貧格-겉보기는 부자 같지만 그 실질적인 내면은 빈궁함)이라 하겠다.

土火水 | 물과 불이 서로 싸우니(水火相克) 편안할 날이 없다. 설사 이미 성공하여 부귀를 누린다 해도 내구성(耐久性)이 없어 들어왔다가 다시 나가고 마는 좀-시간의 행운이다.

특성

근면성실한 노력가다. 또는 정직·진실되고 거짓을 꾸밀 줄도 모른다. 이러한 특성과 마음씨로 인해 천지신명이 감동 가장 어려울 때에 행운으로 보답해 줄 것이다.

가정

부모가 없거나 있더라도 부모에게서 받을 유산이 없다. 때문에 자수성가(自手成家)로 맨주먹 쥐고 노력해서 어느 정도 재산을 모은다. 악행을 범하지 않았기에 슬하 자손의 근심은 없다.

건강

호흡기 계통이나 피부질환이 예상된다. 생명이 위협받을 만한 질병은 없으나 감기 몸살 정도는 자주 앓는다.

운세

어떤 일을 막론하고 처음 시작하기에 앞서 심사숙고해 본 뒤에야 착수하되 모험은 좋지 않다. 오이 심어 오이를 얻고 콩 심어 콩을 얻는 운이라 노력한 만큼의 댓가는 얻는다.

$\boxed{土土木}$　이 구성은 단단한 땅 속에 묻힌 나무뿌리에 비유되는 데 아직은 땅위로 싹이 솟아오르지 못하고 때를 기다려야 세상 밖으로 나오게 된다. 마찬가지로 이 삼재오행에 해당하는 주인공은 아직 시기상조의 형태에 놓여 좋은 때가 이르기를 기다려야 한다.

특성

정직하다. 그러나 일을 처리해 나가는 데는 답답하다. 행동이 둔하지만 주인공 자신은 잘난 체하는 면이 있다. 여자는 사람의 마음을 끌어들이는 흡인력(吸引力)이 있다.

가정

남녀를 막론하고 결혼초에는 권태가 온다. 참지 않으면 헤어지게 되는 수가 있다. 남성의 경우 자녀들에게 보이지 않는 압박을 당하여(걸핏하면 약점을 들추어) 집 밖으로 나가 나그네 신세가 되는 수가 있다.

건강

소화기 계통의 질환이 있으나 상습적 위장병이라 증세는 경미하다. 그리고 건강을 위해서는 심리적 수양이 요구된다.

운세

한때 죽을 뻔 하다 살아난 경우가 있었을 것이다. 분한 일을 당하더라도 열 받지 마라. 까닭 없이 돈이 나가도 낙천적으로 생각하고 마음을 편하게 가져야 갑작스런 발병이 없을 것이다.

$\boxed{土土火}$　사업·직장생활을 막론하고 기반이 튼튼하므로 운영 중 포기하거나 직장에서의 권고사직 같은 일은 당하지 않는다. 큰 인물이 이 삼재 구성에 해당할 경우 부귀 장수하게 된다.

특성

근면 성실하고 정직하다. 안과 밖으로 한마음일 뿐 거짓으로 위장(僞裝)은 아니하고 진실성 있게 대해준다.

가정

부부간이나 자녀와의 관계가 평화롭다. 싸우는 소리는 들을 수 없어도 웃음소리는 자주 들린다. 모범적 부부관계요 자식을 다스리는 모범적 부모다.

건강

매우 좋아 보인다. 만 가지 병은 마음(心)에 있는 것. 마음이 평화로우면 지병(持病)이 없이 건강 장수한다.

운세

늦게 발달하지만 대체로 성공 발달한다. 삶 가운데 난관을 당하는 수가 있지만 천우신조(운세의 도움)가 있어 헤쳐 나온다.

土土土 │ 길격 배합이다. 三土라 불리할 것 같으나 오행 중에 水와 土는 상합(相合−같은 물질로 혼합이 잘 되는 것)이 잘 이루어진다. 때문에 합쳐도 水土는 변질이 안 된다.

특성

민감성(敏感性)이 정도를 지나친 것 같다. 그래서 남과는 친하기도 잘하고 헤어지기도 잘한다. 마치 개었다 흐렸다 변덕이 많은 일기(日氣)와 같다. 경박해 보이지만 큰 비밀은 가슴 속에 넣고 아무리 친한 사람일지라도 가슴 속의 비밀은 꺼내지 아니한다.

가정

근심거리가 없다. 남녀 같이 가정이란 안식처를 소중히 여긴다. 때문에 설사 방종(放縱)에 빠질지라도 가정은 지킨다.

건강

매우 좋다. 원형이정 사격 수리가 나쁘면 신경 계통의 질환으로 자주 아프다. 수명에는 관계 없다.

운세

일생 동안 태풍이 없다. 태풍이 없으면 물결은 높지 않고 잔잔해져 항해(航海)하는 데 위태롭지 않다. 큰 성공은 하늘이 편을 들어주어야 이룰 수 있는 것이므로 성패를 예측할 수 없으나 작은 성공은 길흉간에 성명의 영향을 받는 수가 많이 있다. 그렇다 해서 성명 삼재(三才)가 주인공의 화복을 결정해 주는 것은 아니다.

土土金 │ 土生金은 땅속에서 값진 보물을 캐내는 형상. 노력을 많이 해 성공하게 되면 노력의 대가는 크겠다. 매사에 자신감이 있고, 또 착수만 하면 성공이 80퍼센트, 때문에 주인공은

삶에 대하여 항시 여유만만하다.

특성

지혜롭고 정직하다. 이기적인 경향이 농후하여 조금이라도 손해 보는 일은 안 한다. 또는 게으른 경향이 있어 매사에 적극성을 띠지 않고 이리저리 재 보다 좋은 기회를 놓치는 수도 있다.

가정

소홀히 하는 경향이 있다. 단 여성은 살림이 알뜰한 데 평소에 그리던 이상적인 남성을 보면 유혹에 흔들려 일을 저지르게 되는 우려도 있다. 남이 보기에는 주인공의 가정 분위기가 부러울 것이다.

건강

건강관리에 한해서는 철저하다. 웬만한 병은 초기에 발견하여 쉽게 치료함으로 후회하는 일은 없다.

운세

경영인 직장인을 막론하고 평소에 계획한 일을 추진함에 있어 진행이 느리지만 뜻은 이룬다. 단 남녀를 막론하고 명예를 손상시키는 소문이 퍼져 곤경에 처할 우려가 있다.

土土水 준비가 없이 만용(蠻勇)을 부려 착수하게 되면 수습이 불가능한 입장에 처하여 후회하게 된다. 누구를 막론하고 큰일을 성취하려면 지혜와 노력과 운(運) 이 세 가지 조건을 반드시 갖추어야 한다. 그러나 이 배합의 주인공은 지혜와 노력 두 가지는 갖추었다 할지라도 운이 따라주지 않는다. 복분을 알고 규모를 줄여 천지신명께 겸손할 줄 알아야 한다.

특성

눈치가 빠르고 잔꾀에 능하며 사람을 깔보는 경향이 있다.

가정

자주 나들이를 하므로 가정에 소홀한 면이 있다.

건강

좋다 나쁘다 하며 엄살이있다.

운세

과욕만 부리지 않으면 의식주와 용돈은 궁하지 않다.

土金木 이 삼재구성(三才構成) 一生二克격이라 소흉격(小凶格)에 해당한다. 초년의 운세는 나쁘지 않으나 중년부터 말년까지는 기복(起伏)이 심하여 고생하게 된다. 그동안 벌어놓은 것 다 까먹고도 모자란 셈이다.

특성

윗사람 즉 자신을 지배하고 있는 상관(上官)과 사회적으로 알려져 있는 신분에게는 거의 종노릇하다시피하나 아랫사람이나 자신보다 못한 처지에 있는 사람에게는 냉대하는 경향이 있다. 억강부약(抑强扶弱-약한자 편이 되어줌)과는 정반대인 멸약존강(蔑弱尊强-약한 이를 멸시하고 강한 자를 받들다)으로 대개 추세(追勢)하는 자들의 속성이다.

가정

부모 조상에서 물려받을 유산이 약간 있으나 본인이 잘못해서 다 없애고 자수성가(自手成家)해야 한다.

건강

신경통 관절염 등의 질환으로 노년이 되면 더욱 심하다.

운세

세상사 그 누구나 마음대로 되는 것이 없지만 분수에 맞도록 살아가면 큰 불행은 없겠다.

土金火 주인공은 능력이 모자랄지라도 주위 사람들의 헌신적인 도움으로 애당초 바랐던 것보다 훨씬 큰 것이 이루어진다. 그러나 늘기는 고사하고 제자리 지키기도 힘들다. 능력이 없는데다 운이 따라주지 않으므로 얻은 것도 저절로 사라지고 만다.

특성

야비한 행동의 소유자로 처세 방법을 달리해야 비난을 받지 않을 것이다. 왜냐하면 이익이 될 만한 신분에게는 몸을 낮추어 갖은 아양을 떨며 비굴하게 행동하지만 자기만 못해 보이는 사람에게는 냉정하고 가혹하게 대하기 때문이다.

가정

슬하 자식들의 불초로 인해 집안이 시끄럽고 조용한 날이 있다.

건강

호흡장애 폐결핵 등의 질병이 우려된다.

운세

초년에는 운이 주인공을 도와주다 중년에 접어들면 내리막길을 달린다. 여유 있을 때 덕을 쌓는다면 이것도 유비무환이라 그동안 저축한 덕을 신명(神明)이 보상해 줄 것이다.

土金土 좋은 가정환경에서 곱게 자란 사람으로 온화하고 여유가 있어 보이고 품위가 있다. 다만 혼탁한 세속의 티끌이 묻어 주인공도 썩는 냄새가 날까 우려된다.

특성

예의바르고 항상 온화한 표정에 웃음을 띠우고 있어 많은 사람들에게 호감을 산다. 부모덕이 있어 유산도 상속받게 될 것이며 여러 자녀들 가운데 하나도 말썽 피우는 자식이 없어 상복(上福)을 타고났다 할지라도 과장된 말은 아니다.

가정

좋은 부모 슬하에서 애지중지 각별한 귀염을 받고 자랐으며 부부관계도 원만하여 평화로운 분위기가 항시 지속된다. 자녀도 원하는 만큼 둘 수 있고 근심 끼치는 자식이 없으므로 남들이 부러워할 것이다.

건강

몸이 약간 허약하나 단명한 운은 아니므로 안심해도 좋다. 운동으로 체력을 단련한다면 금상첨화라 하겠다.

운세

왕성하다. 약간의 실수를 한다 해도 유리한 방향으로 전개 되어 경영에 영향을 받지 않는다. 직장생활을 하는 경우라면 직장 상사의 눈에 들어 좋은 부서에 임명된다.

土金金 계획을 세워 진행하는 데 발전이 느리긴 해도 날이 갈수록 희망이 보인다. 그러나 이러한 삼재 구성에 원형이정 수리가 나쁘면 진행 도중에 장애가 생겨 본 위치로 되돌아가야

하고 마침내는 헛수고에 그치고 만다.

특성

국량(局糧)이 좁고 용기가 없으므로 겁(怯)을 탄다. 그러면서도 잘난체 하는 데 자신보다 나은 사람에게는 그의 비위를 맞춰 주느라 아양을 떨고 돈이 없거나 못난 사람에게는 지나칠 만큼 냉혹하다.

가정

간간이 큰 소리가 주인공의 집안에서 들려나오는 것으로 미르어 고부간의 갈등, 부부 사이의 불화(不和) 때문인 것을 알 수 있다. 시끄러운 집에서는 자녀들에게 보여줄 만한 게 없어 대개 버릇없기 마련이다.

건강

호흡기에만 이상한 증세가 나타나지 않으면 건강 유지는 이상이 없는 것으로 추리된다.

운세

원형이정의 사격수리(四格數理)가 모두 좋으면 크게 성공한다. 그러나 수리가 불길한 경우 운세가 막혀 노력한 성과가 없으며 맞바람을 향하여 배를 저어가는 것처럼 나아가기 어렵다.

土金水 큰 뜻을 세워 노력해 나가면 길운(吉運)까지 힘을 보태주어 처음에 세운 목표를 달성하기에 어렵지 않다. 삼재(三才) 구성이 위로부터 土生金 金生水라 이는 부모 조상의 음덕(蔭德)이 자신에게 이르고 자신의 베푼 덕이 자손에게 내려가 生하고 生하고 生하기를 끊임없이 이어져 자손만대까지 부귀영화를 누리게 된다는 증표라 하겠다.

특성

사격수리(四格數理)가 불길한 경우는 길흉의 작용이 달라진다. 자기과신(自己過信)을 잘하면서 오만한 태도를 취하고 말이 많다.

가정

분위기가 냉랭하여 찬바람이 일어나는 것 같다. 온 가족이 함께 노력해서 냉랭한 분위기를 훈훈한 공기로 바꿔 놓아야 한다. 특히 이곳(土金水)에 해당하는 주인공부터 가정화목에 최선의 노력이 필요하다. 한 가정의 행불행은 오로지 주인공 부부의 노력과 지혜에 매였다.

건강

무병장수(無病長壽-질병 없이 건강한 몸으로 오래 사는 것)한다.

운세

기복(起伏)이 심하여 길인지 흉인지 가늠하기 어렵다. 천가지 재주를 지니고도 한가지 재주도 써먹지 못하고 불우한 삶에서 탈피를 못하니 안타깝다.

土水木 어떤 일을 막론하고 시작할 때는 산이라도 떠올 듯이 요란하지만 끝에 가서는 언제 무슨 일을 손대었나 하고 기가 죽어 마치 중죄를 지은 죄수처럼 변명하느라 쩔쩔맨다. 아무리 지능지수가 높더라도 운에서 도와주지 않으면 세상을 흔들어 높을 만한 영웅도 실패의 쓴 잔을 마실 수밖에 없다.

특성

마음씨가 온후하고 침착하며 책략이 뛰어나다. 그러나 사람 사귀는 수단이 없어 많은 사람의 도움이 필요한 경우 사귄 사람이 없어 실패하게 된다. 가만히 한자리에서 옮기지 않고 하는 일이면 활동력이 없더라도 무방하나 도와주는 귀인이 나타나지 않으므로 큰일을 해내지 못한다.

가정

부모님을 모시고 살게 될 경우 고부간(姑婦間)의 불화로 항시 분위기가 냉랭하다. 남성의 경우 어느 쪽 편을 들어야 할지 난감하다.

건강

여성이면 대하증(帶下症)이고 남성은 폐, 신장 패혈증(敗血症)으로 고생하는 수가 있으니 주의하라.

운세

타고난 재주가 있으면 삶이 편할 것 같으나 그렇지 않다. 운이란 심판자가 도와주어야 한다. 노력한 만큼 댓가는 얻지 못한다. 그래도 끊임없는 노력이 요구된다.

土水火 土克水 水克火의 배합이라 비유한다면 가정내에서는 시끄러운 일이 생겨 고함소리가 자주 들려오고 문 밖으로 나와서는 오비이락(烏飛梨落-까마귀 날자 배가 떨어짐)이라. 주인

공은 잘못이 없는데도 어떤 일의 결과가 나쁘게 작용될 경우 그 허물이 주인공에게 지목된다.

특성

무게가 있으므로 침착하고 판단력이 뛰어나니 자연 지혜로운 사람임을 알게 되지만 게으른 감이 있어 활동력이 결핍되었다.

가정

부모 자식 사이에 갈등이 생긴다. 아니면 모친과 아내(여자는 시부모) 사이가 나빠 주인공은 이편도 저편도 들 수 없는 난처한 입장에 놓인다.

건강

심신과로, 허약함, 폐, 신장 패혈증이 우려되고 여자는 대하증으로 고생하는 수가 있다.

운세

불리하다. 집에 있어도 마음이 상하고 나가 활동을 하며 사람들과 접촉을 해도 인덕이 없다.

土水土 　 수고해도 힘써 일한 것에 대한 소득이 없다. 때문에 돌아가는 머리 기능은 나쁘지 않다. 참을성이 없어 지속적인 일은 지키지 못하고 자주 개혁한다. 주변 사람들과의 화합(和合)이 문제로 제시된다.

특성

자화자찬(自畵自讚)하는 경향이 있으며 일에 갑작스런 변화가 생기면 희비(喜悲)간에 충격을 크게 받는다. 게으른 감이 있어 활동 범위가 작다.

가정

부모덕이 없다. 그래서 자수성가해야 되고, 아니할 수도 없다-. 놀면 누가 도와주는 사람이 없다. 배우자는 자라는 시절에 비슷한 가정환경을 겪은 사람끼리 살면 동병상련(同病相戀)으로 부부가 서로 의지하며 살아간다.

건강

체형(體形)도 건강해 보이지 않는다. 고혈압의 가능성이 있으므로 충격 받으면 불행한 일도 생길 우려가 있다. 낙천성을 기르는 게 건강과 수명을 보호하는 방편이 된다.

운세

좋지 않다. 재운은 주인공으로서는 불만이겠으나 하루 벌어 하루를 살더라도 먹을 것 먹고 쓸 것 쓰고 산다. 운세가 나쁜 것을 알면 욕심 부리지 않고 평소 마음먹은 것보다 훨씬 줄이고 살면 큰 어려움은 없겠다.

$\boxed{土水金}$ 평범한 삼재구성이다. 큰 욕심은 채우지 못해도 경영의 규모를 대폭 줄여 분수껏 살아가면 대체로 평온한 삶이 유지될 것이다.

특성

보통사람의 수준보다 높은 지혜가 있어 팔방미인격(八方美人格)이지만 특별히 능한 것도 없다. 재승박덕(才勝薄德−재주는 뛰어나지만 덕이 없는 것)으로 경박하다. 자만심도 강하다.

가정

부부사이는 서로 덤덤하다. 조상한테 물려받을 것이 없고 부모도 주인공에게 도움을 주지 못한다. 단 자녀들과의 정분은 두텁다.

운세

탁월한 재주를 지니고도 성공을 못한다. 뿐만 아니라 사람들의 귀염을 받지 못한다. 신용도 마찬가지다. 자신을 대폭 낮추고 상대를 공경하되 진실성이 통하면 위기에서 도움을 주는 귀인이 나타날 것이다.

$\boxed{土水水}$ 힘겨운 짐을 지고 태산을 넘어가는 형상이라. 살아가는 앞길에 산이 겹치고 물이 겹쳐 악전고투한다. 남이 살아가는 형태와 비교하면 주인공은 고생을 타고난 셈이니 탄식한들 무슨 소용이 있겠는가.

특성

권모술수에 능하고 어떤 일에도 찬스를 놓치지 않는 기민성(機敏性)이 탁월하다. 그리고 아전인수격(我田引水格)인데 이익을 보면 남보다 빨라서 놓치지 않는다. 호면자(好面子−창피를 모르고 얼굴이 두터운 것)란 칭호(별명)를 들으며 큰 것을 노리는 욕심이 대단하다.

가정

가족끼리 충돌이 자주 생긴다. 큰 소리가 끊길 때가 없다. 그러나 여기에 해당하는 주인공은 먼저 이기심부터 없애고 원만한 처세로 배우자와 자녀들에게 가까이 다가가 무엇 때문에 불만족인지 그 까닭을 알아 개선(改善)해야 평화가 이른다.

건강

항시 몸의 안전 관리에 주의하라. 위험한 코스의 등반, 여름철 바캉스에도 안전이 제일이라는 마음으로 바닷물 속에 깊이 접근하지 말고 기타 안전수칙을 철저히 지켜야 한다.

운세

주인공의 가장 큰 장점은 머리가 빨리 돌아간다는 점이다. 그러나 지나치게 머리를 굴리면 정도가 넘쳐 자승자박(自繩自縛)하는 어리석음을 범한다.

◎ 성(姓)이 6, 7, 16, 17, 26, 27 획수에 해당

길 박 모 안 인 임 형 전 주 두 려 리 성 송 연 오 신 지 여
吉 朴 牟 安 印 任 形 全 朱 杜 呂 李 成 宋 延 吳 辛 池 餘

차 도 로 룡 릉 반 황보 진 한 채
車 都 盧 龍 陵 潘 皇甫 陳 韓 蔡

*이상은 모두 姓字에 태극수 1을 가산한 것임

金木木 요행 같은 허무한 것 등은 바라지 않고 착실하게 노력하면 자연 그에 적합한 결실을 얻게 된다는 물리적 과학적 인과관계를 철저히 주장하는 타입이다. 운세도 그렇게 응한다. 이 삼재의 구성은 투쟁적이다. 영웅적 기질을 타고난 사람은 숱한 어려움을 돌파하고 큰 공을 세움으로 그 이름이 세상에 뜬다. 보통사람이 이 삼재 배치에 해당하면 파란곡절이 심한데 끈기가 대단하므로 남의 도움이 없이 혼자서 헤쳐 나온다.

특성

부지런하고 정직하며 외유내강(外柔內剛-외면은 약해 보이지만 속마음은 강함)에 의심이 많다. 때문에 시야(時野)가 넓지 못하고 옹졸함으로 사람들과 어울리지 못한다.

가정

부부간에 생이별하고 재혼하여서는 행복하게 산다. 남녀 모두 보수성이 강하므로 이점이

부부 화목에 문제가 될 것이다.

건강

신경과민증, 허약체질, 불면증, 호흡기질환 등이 우려되나 수명에는 지장을 받지 않는다.

운세

자신의 맡은 일에 한해서는 하자 없이 깔끔하게 진행한다. 사람들이 많이 있는 직장은 마땅치 않고 같이 일하는 사람이 적을수록 좋아한다. 친구를 많이 사귀지는 못하나 두 사람이 사귀는 것은 진심을 준다. 의식주의 구애는 받지 않을 것이다.

金木火 │ 불리한 三才배합이므로 발달이 늦어 초년부터 중년 중간까지 풍상을 겪는다. 국가로부터 불리한 정책이 시행됨으로 불평불만이 크겠다. 때문에 정신적 이상이 생길 수 있으니 주의하라.

특성

필요 이상으로 감정이 예민하다. 상대는 아무렇지 않은데도 트집 잡는 것으로 오해한다. 자신을 지나치게 축소하지 말고 당당하게 상대하라. 억강부약(抑强扶弱-강한 자에게 강하게 상대氣를 누르고 약한 자를 도와줌)하는 의로움이 있다.

가정

부부 사이에 말수가 적어 평화로운 게 아니라 주인공의 가정에서는 냉기(冷氣)가 돈다. 가정이란 언제나 훈훈한 바람이 불어야 마음도 평화로워진다. 자녀들에게는 엄하게 다루지 말고 봄바람이 스쳐 가듯하면 가정 내 분위기가 훈훈해지리라.

건강

건강하다. 단 신경쇠약, 호흡기 장애 등이 있게 되는데 증세에 비하여 빨리 치유된다.

운세

어떤 사업에 투자할지라도 큰돈은 쓰지 마라. 성패(成敗)간에 경험을 쌓는 정도로 생각하면 손해가 없겠다. 큰 인물이라면 용광로 속에 들어갔다 나온 쇠처럼 단련되어 크게 성공할 것이다.

金木土 │ 이 배합은 마치 큰 전쟁이 일어난 것처럼 살벌하다. 이렇게 되면 갈 때까지 간 목

숨이며 더 이상의 궁지는 없다. 그런데 사물의 이치는 삶의 법칙이다. 음극생양(陰極生陽-음기가 지극히 왕성하면 양기가 생겨난다)이요 고진감래(苦盡甘來)라 최악의 궁지에서는 갑자기 변화가 생겨 주인공을 도와준다.

특성

감정이 예민하여 사람의 행동을 살피는 버릇이 있다. 몸놀림드 가볍고 입도 가벼운데 입을 잘못 놀리다가 곤욕을 당하기도 한다. 혹은 하극상(下剋上)의 기질도 있으나 자신의 아래 사람에게는 따뜻이 대해 준다.

가정

보수적인 주인공은 그 부모에게서 보수성을 보아왔으므로 자신도 자녀들에게 보수성을 요구한다. 다른 집 자녀라면 듣지 않고 개방적인 행동을 하겠지만 주인공의 자녀들은 부모의 말을 거슬리지 아니한다. 그래서 부모 자신 자녀 삼대가 같은 마음이다.

건강

신경쇠약, 호흡기 질환 등에 유의하면 다른 질환은 없다.

운세

한때 심한 고생을 겪은 일이 있다면 이제부터는 생기가 발하기 시작한다. 절망하지 말고 끈기 있고 당당하게 살아가라.

金木金 때를 만나지 못한 인재(人才)니 영웅에 비유된다. 여러 가지 능력이 있으나 그 능력을 발휘할 만한 조건이 없어 안타깝다. 언제나 주인공은 경계태세를 갖추고 있어야 안전하다. 까닭 없이 주인공을 라이벌로 생각 틈만 나면 시비를 거는 사람이 가까이 있다.

특성

오행 배합은 반생 반극이라 성공과 실패 몇 번이고 반복된다. 어떤 모임의 우두머리는 되지 마라. 실패의 책임은 우두머리가 맡아 다스리기 때문이다. 남자든 여자든 한번 정이 들면 상대가 좋지 않은 행동을 하더라도 나쁘게 생각되지 않는 예가 비일비재하다.

가정

온 가족끼리 화목하지도 않더라도 정도 안에서 다투는 것이드로 남은 알지 못한다. 부부사

이의 애정은 소와 닭, 남녀 다 같이 상대(배우자)에게 관심이 없기 때문이라 차라리 싸울 때 싸우고, 좋을 때 좋은 것이 가정을 지키는 요령이다.

건강

신경쇠약, 폐결핵, 우울증 등이 예상되는데 가능성은 30% 건강에 집착하지 말고 자유스럽게 생각하면 마음이 편해서 아무런 병도 침범하지 않는다.

운세

거주지의 이동이 많겠다. 그럴 때마다 재정은 야금야금 줄게 된다. 하지만 이상하게도 의식주를 해결할 만큼의 재정은 있게 된다.

金木水 | 부모. 조상의 덕은 없으나 자녀의 효도는 받게 될 것이다. 마음이 급하다 해서 서둘지 마라. 액년(厄年)이 다 지나면 행운(幸運)이 주인공을 도와줄 것이다. 속성속패(速成速敗)가 거듭되는 삼재(三才)구성이다.

특성

부지런하고, 행동이 민첩한데다 노력가이므로 대개는 바란 만큼 얻게 된다. 자신의 지혜만 믿고 큰 뜻을 세우는데 큰 것을 이룰 만한 그릇이 못 되니 분수에 맞는 업이나 직위에 만족하도록 마음을 두어야 후회하지 않을 것이다.

가정

남녀 모두 배우자와 이별 수가 있다. 천리만리 먼 곳으로 헤어진 세월이 오래 된 경우는 상봉하여 서로 상대를 위한 생(生)을 살게 될 것이다. 자녀는 착하고 온순하여 주인공의 뜻을 어기지 않을 것이다.

건강

호흡기 장애. 신경쇠약 등에 해당되나 대체로 건강 장수한다.

운세

비록 일시적으로 사람들이 놀랄 만큼 성공 발전하나 마무리에 가서는 엉뚱한 일들이 발생 그간 얻은 것(재물, 지위, 사람)을 다 놓치고 허무한 탄식을 하게 된다.

金火木 　일생을 통틀어 반으로 나눌 경우 전반은 부모와 조상이 끼친 덕(德)으로 인해 편안히 잘 지낸다. 후반에 들어서면 진행이 느리고 생각지 않던 변괴가 발생한다. 배우자나 자녀의 금변 천재지변(天災地變) 등으로 인해 몰락한 가정이 되고 만다.

특성

남을 상대할 때 매우 정성스럽고 진실하여 믿음이 간다. 단 자기 자신의 인격을 높이 평가하여 자신의 판단만이 옳은 것으로 생각한다. 아랫사람의 덕이 있어 난관을 헤치는데 도움을 준다.

가정

티격태격 싸우는 소리는 자주 들려 무슨 일이 크게 벌어질 것 같이 생각되지만 부부싸움도 면역이 되어 싸우는 소리가 대화를 나누는 것 같이 들려(남은 그렇다) 가정은 깨지지 않고 유지될 것이다.

건강

과로로 인한 신경쇠약과 불면증, 갑작스런 사고 등의 우려가 있으니 이 점을 빨리 다스려야 건강이 유지된다.

운세

아랫사람의 도움으로 휘청거리던 사업이 일단 되살아난다. 단 보름의 둥근달 모양(望月)으로 이제부터는 내리막길을 타고 있다는 점을 깨달아 마음과 경영과 규모를 줄여야 불운이 최소한의 상태에서 마무리짓게 될 것이다.

金火火 　게릴라전을 방불케 한다. 사업의 기반과 직위는 마치 모래 위에 집을 세운 것 같이 아슬아슬하다.

특성

대인관계는 나무랄 데 없다. 단 자기 자신의 문제다. 허영심 때문에 사치스럽고 돈이 헤프다. 여자는 낭만적인 경향 때문에 밖으로 나돌고 살림에 알뜰하지 못하다.

가정

자랄 무렵에는 부모의 뜻을 어겨 부모님의 근심거리가 되는 인물인 것 같다. 뒤에 자신의 불효를 깨닫고 효도함으로 그 소문이 사방에 퍼진 것 같다. 하기야 ㅁ음이 달라지면 극진한(부모에게) 효를 행하는 사람도 있다.

건강

만일 주인공이 건강이 나빠진 경우라면 다름 아닌 화병(火病)일 것이다. 주인공은 자신과의 싸움이 우선되어야 병의 근본인 열(熱)이 식어 온도를 낮춤으로 이성을 되찾는다.

운세

일시적 성공을 기뻐하거나 방심하지 마라. 내구성(耐久性)이 없어 마치 보름의 둥근달이 하루하루 지나면서 줄어드는 것 같다.

金火土 힘겹게 천릿길을 걸어가느라 기진맥진한데 폭풍우가 앞에서 몰아치니 웬일인가. 초년 풍상을 탄식하지 말고 힘껏 노력하며 때를 기다리라. 먹구름이 벗겨지고 밝은 태양이 방긋 웃고 온 누리를 밝게 비쳐 주리라.

특성

재승박덕(才勝薄德)이라 재주가 매우 뛰어나지만 오만과 자기 과신은 실패의 원인이 된다. 잘난 체 하지 말며 또 너무 큰 뜻을 이루길 바라지 말고 먼저 겸손하면 성공하여 많은 사람들의 찬사를 받겠다.

가정

부모가 계시다면 효자노릇 한다. 아마도 주인공의 뜻을 따라주니 가정이 훈훈해지겠다. 자녀들도 이를 본받으니 이 어찌 경사가 아니랴. 여자는 숙덕이 있어 시부모 공양이 정성스러우니 이보다 더 행복이 어디 있으랴.

건강

폐가 튼튼치 못하고 신경쇠약으로 인한 건강이 좋지 않을 우려가 있다. 증상이 있으면 악화되기 전에 서둘러 치료하라.

운세

강하지만 주인공은 소심한 까닭에 활발히 나아가지 못하고 주저하는 경향이 있다. 티끌모아 태산이 된다는 속담처럼 주인공은 절약만 하면 적지 않은 재부(財富)를 누릴 것이다.

| 金火金 | 속담에 오르지 못할 나무는 바라보지도 말라 하였다. 자신의 재주만 믿고 힘든 일에 손을 대겠는데 자기 과신은 스스로 당하는 고생길이다.

특성

잘난 체하고 오만 방자하여 사람을 깔보고 바람기도 있다. 특히 여자는 끼가 대단하여 바람 피울 수 있는데 스스로 체통을 지키는 데 노력이 요구된다.

가정

잘 다스려 보려 하였는데 역부족이다. 자주 큰 목소리가 들려온다. 무엇보다도 주인공이 머리를 써서 화평을 이루면 금상첨화라 하겠다.

건강

면역성이 떨어져 그러함인지 몸살 같은 질병을 자주 앓는다. 통증이 대수롭지 않은 병인데도 잘 떨구어 지지 않는다. 다른 사람보다 겁이 많고 몸을 아끼는 특성이 있어 게으르다는 말도 듣게 된다.

운세

주인공이 잘잘못은 어찌 되었건 간에 운명의 신(神)이 주인공은 잘 도와주지 않는 것 같다. 가정에서도 사람들이 많은 가운데 귀하의 편을 들어주는 사람들이 별로 없다.

| 金火水 | 삼재오행(三才五行)은 하극상(下尅上)의 모양이다. 이치에 어긋남이라 심한 경우 재앙이 있다. 한 나라 국민의 신분으로 국가에 대항하는 형상이기 때문이다.

특성

개성이 강하고 집요하며 외유내강하여 한번 성질이 나면 상하 신분을 가리지 않고 공격한다. 적당히 시대의 동태에 맞추어 약게 살아간다면 가족도 편하고 주인공도 안전하지 않겠는가.

가정

가족끼리 싸우느라 시끄럽다. 먼저 스스로 가족들의 화목을 위해 노력하라. 특히 부모가 계시면 자녀들이 보는 앞에서 부모에게 효도하는 모범을 보이라.

건강

크게 다치는 수가 있으니 주의하라. 심리적인 영향에 의한 화병(火病)이므로 주인공의 수양

정도에 따라 치유 여부가 결정된다.

운세

일의 두서(頭緖)가 바뀌었다. 급한 일과 급하지 않은 일을 생각해서 처리해 나간다면 10가지 일 가운데 5가지는 성공한다.

金土木　일에는 각각 순서가 있다. 귀하가 만일 아랫사람을 두고 사업하는 경영자라면 거짓 아부하는 자가 누구인가를 알아내어 정리할 필요가 있다. 귀하와 대항하기 위해 암중모색(暗中摸索–암암리에 해치려고 꾀를 부리고 있음)하고 있기 때문이다.

특성

자기를 과신(過信)한다. 그리고 대수롭지 않은 일에도 이럴까 저럴까 망설이다가 기회를 놓치는 수가 많다. 그래도 그 버릇은 여전하다. 사람은 한번 타고나면 성격을 고치지 못하고 무덤까지 가지고 가는 것 같다.

가정

부모 조상에게서 재산이 아니면 모든 사람들에게 대접받는 어떤 비법을 승계 받는다. 주인공의 재능도 예술 그 자체라 하겠다. 단 자녀 운은 없는지 매우 말썽을 피우는 것 같다.

건강

편신(偏食)으로 인한 체력 저하 또는 허약질이 되어 잔병이지만 자주 앓는다. 그러나 수명에는 영향이 없다.

운세

기복(起伏)의 폭이 작아서 득실(得失)은 자주 바뀌지만 경사 폭이 적은 비탈길을 걷는 것 같이 비교적 큰 고생 없이 일생을 살아간다.

金土火　폭(幅)의 大小를 막론하고 일생 부귀영화를 누린다. 평생을 두고 험한 일을 당하지 않으니 복중의 복(福中之福)이라 하겠다. 하지만 국(局)이 작아서 큰 성공과는 인연이 없다.

특성

일을 적당히 처리하는 원만주의자(圓滿主義者)이다. 돌다리도 두들겨 본 뒤 건너는 게 안전하겠지만 지나치면 언제나 남의 뒷자리차지다.

이 삼재 구성에 사격수리(四格數理)가 나쁘면 잔꾀에 능하고 돈쓰는 범위가 쩨쩨하다. 그리고 아랫사람에게 혹독하다.

건강

심장질환 소화불량 등이 예상되나 비교적 건강하다. 단 건강공포증이 심한 경우가 있다.

운세

어려운 일을 당하여 괴로워할 경우 윗사람, 아랫사람 또는 직장 동료를 막론하고 협력해 준다. 큰 성공은 바라지 마라 영웅이 될 자질은 따로 있다. 뛰어난 지혜와 용기, 그리고 시대적 배경 등 여러 가지를 다 갖추어야 한다.

金土土 천리준마를 타고 평탄한 대로를 달리는 것 같다. 주인공의 인격과 운이 따라주어야 성공이 가능한데 주인공은 그 조건을 모두 갖추었기 때문이다.

특성

영웅의 조건을 갖추었다. 용맹하고 승벽심이 강하여 그 어떤 것이라도 지기를 싫어한다. 때문에 적을 자청해서 만드는 수도 있으니 주변에 잘 아는 사람의 충고를 받아들이는 것이 유리하겠다.

가정

부모 조상에게 물려받는 유산이 있겠다. 아니면 과거 조상님들이 쌓아 놓은(벗어놓은) 음덕이 자신에게 이르러 천지신명의 도움이 있다. 자연의 도움이란 머마른 초목이 단비를 만나 무럭무럭 잘 자라는 것 같다. 부부 화목하고 자녀들도 착하다.

건강

매우 좋다. 또는 장수(長壽)한다.

운세

땅을 파고 황금을 캐내는 형상이다. 경영에는 계획만 세우면 성공한다. 큰 인물은 부명(富名)이 세상에 널리 알려진다.

金土金 이 삼재 배합은 土生金이라 땅속에 묻힌 황금을 캐내는 형상이므로 주인공은 노력한 이상의 소득이 있겠다. 남과 맞서는 것보다 타협을 좋아하므로 동서남북 어디로 가든지 환영을 받는다.

특성

모난데가 없이 원만하고 신용이 있어 약속을 하면 반드시 지킨다. 처세에 실수 같은 것을 싫어하여 자기 관리를 철저히 하려다 보니 자연 소극적인 경향이 있다. 명예를 좋아하는 게 약점이라면 약점이 되고 신비한 것에 쉽게 반하기도 한다.

가정

부모 조상의 음덕이 있어 사지구생(死地求生) 한다. 부부화목하고 자녀들도 부모가 바라는 것은 어기지 않는다.

건강

건강에 지장을 줄 만한 큰 질병이 없으니 건강 장수한다.

운세

손대는 일마다 순조롭게 진행되므로 분수에 맞는 한도 내에서 웬만한 일은 다 뜻을 이룬다.

金土水 어떤 일을 시작하든 기초부터 튼튼히 하라. 만약 실패가 있다면 바로 기초가 튼튼치 못한 것이 원인이 될 것이다. 여유 있는 자본과 실력자의 확보가 필요하다. 시험을 치르게 되는 수험자는 처음부터 다시 점검해 나가야 유리할 것이다.

특성

매우 급해서 화약에 불붙인 것 같이 폭발한다. 이렇게 되면 주인공 자신만 손해다. 생각이 옹졸한데다 남을 의심하는 경향이 있어 필요 이상으로 쓰잘데 없는 것에 정신과 시간을 소모한다.

가정

아내(여자는 남편)도 있고 자녀도 있으나 마음에 드는 가족이 없고 가정 내에서 왕따 당하는 느낌이 든다. 술로 스트레스를 풀고자 하지만 술 주사가 있어 그럴수록 자신만 가족과의 거리가 멀어져 간다.

건강

대체로 건강하여 근심될 만한 질병은 없으나 엄살이 심하고 참을성이 없다.

운세

이름도 있고 재물의 이익도 있어 떵떵거리게 되지만 오만에 기분파라 뒷일 생각지 않고 쓰는 바람에 뒷날 크게 후회하게 된다. 유비무환(有備無患)으로 절약이 절실히 요구된다.

金金木 처음에 어느 정도 성공운이 있어 명성과 재물 2가지를 다 얻게 되지만 결과적으로는 어린 나무가 예리한 낫(풀 베는 도구)을 만난 형상이라 그 믿음이 은전치 못한 것 같이 육체적 정신적인 양면에 결함이 있지 않을까 우려된다.

특성

도량이 좁아 너그럽지 못하고 꽁한 마음이 있다. 성격이 너무 완강하여 고집불통이므로 인화(人和)를 못하니 사람들이 접근하기를 원치 않는다.

가정

부모가 계시면 효(孝)를 못하는 자식이요 남녀 모두 생이사별(生離死別)의 가능성이 있고 자녀와는 거리가 생겨 정 없이 지내게 된다.

건강

신경쇠약에 금왕목쇠(金旺木衰)라 폐가 열하거나 金克木이라 간장의 질환이 있겠다.

운세

겉모양은 육체적 정신적으로 다 편안해 보인다. 그러나 내면에는 건강도 신경 쓰이려니와 아내와 모친 즉 고부간의 불화로 마음 상하는 날이 항시요. 자녀들도 버릇이 없다.

金金火 비유하건대 화롯불로 강철을 단련코자 하고 낚시로 고래를 잡으려는 형상과 같아 주인공은 안 되는 일을 잘 될 것으로 착각해서 공연히 재물과 시간만 허비하게 된다.

특성

속이 좁아 걸핏하면 토라지는 바람에 먼데 있는 사람은 고사하고 이웃과도 원만한 사이로 지내기 어렵다. 그리고 매사 변덕이 심하여 하는 일마다 머리만 있고 꼬리가 없다.

가정

찬바람이 분다. 주인공의 가정에는 유유상종(類類相從)인지 목소리 작은 사람이 없고 시끄럽다. 귀하가 세대주의 신분이라면 자주 가족회의를 열어 화합을 모색하기 바란다.

건강

뇌(腦)가 원인이 되어 생기는 병이라 나이가 지긋해서는 뇌졸중(중풍) 등을 예방할 필요가 있으며 신경과민 등도 유의해야 건강을 지키는 방법이다.

운세

좋지 않다. 하극상(下剋上)으로 인한 풍파가 소용돌이치지만 사면초가(四面楚歌)로 난관을 구해줄 사람이 없어 고생한다.

金金土 ｜ 금금토의 삼재 배합은 길격이다. 비교적 성공이 무난하며 기업이나 직위도 튼튼하다. 그러나 사격수리(四格數理)가 불길하면 모든 일에 형평성을 잃고 너무 지나치게 많거나 지나치게 모자라 일이 될 듯 될 듯하다 실패하고 만다.

특성

국량(局量)이 좁아 꽁한 마음을 잘 먹고 한번 토라지면 좀처럼 풀지 못한다. 때문에 자영업(自營業)이라야 마땅하고 남의 밑에서 일 하기가 어렵다.

가정

가정에서의 화목은 무엇보다도 우선적으로 갖추어야 할 것이 부부화목이다. 부부간의 화합이 안 되고서는 부모에 효도 행할 수 없고 슬하 자녀도 올바르게 지도해 나갈 수 없다. 부부간 불화가 근심된다.

건강

비교적 건강하며 혹 호흡기질환으로 불편을 겪는 수가 있다.

운세

갑작스런 재난을 만나는 수가 있다. 불조심, 불난리 등 예상치 못했던 천재지변(天災地變)을 당하는 수가 있다. 하지만 재난 복구는 빠르겠다.

金金金 ｜ 천인지 삼재구성(天人地三才構成)은 三金으로 되어 있다. 쇠와 쇠가 부딪히는 소

리가 시끄러운 모습이다. 세상이 한번 크게 떠들썩하게 소리가 크게 나는데 영웅의 기질을 타고 난 사람이면 국가 민족을 위해 큰일을 성공해서이고 한갓 범상(凡夫)한 신분이라면 좋지 않은 일로 사람들을 놀라게 하는 형상이 되겠다.

특성

남보다 뛰어난 재주를 지닌 데다 자신과 겨룰만한 상대를 만나보지 않았으므로 세상이 좋게 생각된다. 그러나 뛰는 자 위에 나는 자 있는 법 이 세상에 능력 있는 자는 얼마든지 있다. 자신을 낮추고 겸손하다면 고귀한 인품의 도움으로 자신이 미치지 못할 곳으로 제휴(提携)해 줄 것이다.

가정

부부간에 불화가 있으니 그 외는 묻지 않고도 알 수 있는 일이다.

건강

호흡기의 질환이 예상된다. 증상이 있을 경우 속히 치료하라.

운세

불안하다. 천재지변도 두렵거니와 사람에게 당하는 재앙도 가볍지 않기 때문이다. 언제나 살얼음을 건너듯이 조심하고 공연한 오해를 받지 않도록 신경을 써라.

金金水 이 삼재 구성의 이름은 부모 조상의 음덕이 있어 어려운 일을 당하여 천지신명 (天地神明)의 도움을 받게 된다. 그리고 개인적인 명성(人氣)과 지의(地位) 확보는 크게 애쓰지 않아도 자연히 누리게 된다.

특성

외유내강하나 국량(局量)이 좁아서 꽁한 마음이 쉽게 풀리지 않는다. 고고한 것을 취하고자 하니 아무나 사귀지 않는다. 실수 없이 엉뚱한 일이 생겨 손해 보는 예도 적지 않다.

가정

화목한 가정은 못된다. 고부간의 갈등이 연속되고 자녀들도 갈썽을 부려 이런저런 일로 시끄러운 소리가 밖에까지 들린다.

건강

계단 오르고 내릴 때 주의하고 특히 교통사고를 당하지 않도록 하라. 급한 상태에서 운전을 삼가야 한다.

운세

삶의 기복이 심하다. 늦게 발달한다. 오랜 가뭄에 시달리던 초목이 단비를 맞고 무럭무럭 자라는 것과 같다.

金水木 부모 조상에게서 이어받은 재산이 있겠다. 아니면 재산 가치 이상의 소중한 것을 얻게 된다. 강한 성격은 상대하는 입장에서 누구나 싫어하는 법, 그래서 상대는 주인공을 경이원지(敬而遠之-뜻을 맞춰주면서 떨어져 나간다) 한다. 주인공은 집에서나 밖에서나 고독하다.

특성

내면은 온화하고 조용하지만 생김새와 처세가 위엄이 있어 두려운 마음이 든다. 카리스마형은 상대를 제압하는데 좋지만 가까이 하려는 사람이 적고 가정에서는 배우자나 자녀들에게 속임을 당하게 된다.

가정

큰 소리가 자주 들린다. 부부싸움도 아닌데 집안 분위기가 침울하다. 주인공이 세대주라면 가정 운영 방법이 틀린 탓이다. 그 누구를 막론하고 부모가 계시고 어린 자녀들이 있는 가정은 삶의 보금자리요 기반이다. 고무줄이 끊긴 풍선을 제 위치에 되돌아올 수 없는 이치와 같다.

건강

체구만 보아도 건강하다. 그러나 하찮은 몸살이라도 나면 온 집안이 긴장한다. 앓는 신음소리가 요란하다. 너무 건강하였기 때문이다.

운세

강하다. 남은 불안해 보이는데 주인공은 태연하다. 자신 있어 보이는 것은 그릇이 크기 때문일까. 하기야 되는 사람은 운영을 잘한 것 뿐일까.

金水火 이 삼재 구성은 오행 생극(五行生克)을 겸한 것으로 전반의 삶은 불우한 환경 속에서 고생하겠고, 후반기(40세 이후)에는 고생에서 벗어나 의식주 세 가지의 해결은 물론이고 한 마을을 이끌어나가는 선구자의 운명이라 하겠다.

특성

감정이 예민하여 힐끗힐끗 남의 눈치를 살핀다. 그냥 덮어두고 넘어갈 일도 긁어 부스럼으로 끄집어 내어 작은 일을 가지고도 사건을 크게 부풀리는 습성이 있다.

가정

부부간 혹은 가족들 간에 큰 소리도 새어나오지만 뜻이 맞지 않아서 헤어지거나 사별(死別)하는 예는 없어 가정은 유지해 나간다.

건강

평소 일반적으로 건강하다. 그러나 주인공의 체구가 비대한 편에 속한다면 고혈압으로 인한 심장마비가 우려된다.

운세

본 성명의 삼재구성은 金水가 상생이요 水火가 상극이오 반생반극(半生半克)이라 물이 완급의 지형에 의해 자연스럽게 살아가는 형상이오 외실내허(外室內虛)로 겉은 남이 부러워할 정도로 좋게 보이나 내면에는 고충이 있어 이마에 주름 잡히는 때가 많다.

金水土 부모나 조상의 덕이 있으므로 주인공은 삶의 기반을 견고히 닦아 나갈 수 있다. 직장에서의 상사에게도 귀염과 각별한 혜택이 있게 된다. 단 삶을 영위하는 과정에 있어 먼저 해야 할 일과 뒤에 할 일의 순서가 바뀌어 예기치 못할 어려움을 겪는 수가 있으므로 이점 실수함이 없도록 해야 한다.

특성

자신보다 아는 것이 많거나 나이가 많아 경력이 풍부하거나 윗사람의 경우 자신의 몸을 낮추고 상대방을 존경해도 나쁘지 않으며 이는 예의 이기도 하다. 그러나 주인공은 자존심 문제가 있어 그럴지는 몰라도 스스로 잘난 체하고 거만하며 상대가 바른 말을 해도 교묘한 말로 상대를 제압하려 한다. 이는 고쳐야 할 처세법이라 하겠다.

가정

부모나 조상에게서 유산을 받게 되거나 아니면 주인공이 살아가는데 도움이 될 어떤 전통문화의 노하우를 물려받게 된다. 단 아랫사람한테는 수모당하는 수가 있고, 아니면 자녀 문제로 인하여 근심거리를 묻어두고 있겠다.

건강

요도(尿道) 신장 부위의 질환인데 고생할 정도는 아니다.

운세

위에서는 生을 받고(金生水) 아래에서는 克을 받는다(土克水) 다름 아닌 성명학의 작용원리가 그러하다. 그리고 외부내빈격(外富內貧格)이라 남이 알고 있는 행복을 관리하는데도 힘겹다.

金水金　독립심이 없고 남에게 의지하려는 마음이 있다. 특히 가정에서는 부모의 각별한 사랑에 의해 마마보이성이 있고 슬하 자녀에게는 윗사람이라는 핑계로 무조건 복종하기를 원한다.

특성

상냥하고 싹싹해서 윗사람의 비위를 잘 맞춘다. 전문성은 없어도 여러 방면의 상식이 있어 사람들은 주인공이 모르는 게 하나도 없다고 생각한다. 그래서 그만큼 대우를 받게 되며 사귀는 사람도 많다.

가정

보수성이 짙은 가정 분위기이므로 보수성이 있는 며느리만 시집온다면 주인공의 가정 분위기는 훈훈해질 것이다. 가족 모두가 거칠지 아니하고 부드럽고 얌전하여 모범적 가정이 되겠다.

건강

수리가 나쁘면 고생한다. 대개 정신적인 면이 질병의 원인이 되겠다. 낙천성을 기르는 게 좋겠다.

운세

교육자가 되도록 방향을 정했더라면(현재 교육자의 신분이라도) 가장 적적한 직업이 되겠다. 아니면 공직자가 되어 민원(民願)을 처리하는 게 어울리는 타입이다(교육자 타입의인물이 교육자가 되는 것은 가장 이상적인 삶이 된다).

金水水　가까우면 부모요 아니면 조부 이상의 윗대 조상대에서 대대로 물려받은 전통문

화가 있다(도자기, 그림, 수예품, 학자 등). 아무리 첨단과학의 현실에서 살아가는 배경이라 해도 고대문명을 계승하여 사라져 가는 전통문화를 승계해 나가는 것도 충분히 가치가 인정이 된다. 물은 위로 거슬러 올라가지 못하는 법, 순리를 따르면 아름다운 삶이 될 것이다.

특성

명랑하고 쾌활하며 행동에 있어 몸이 가벼워 눈치껏 행동한다. 그리고 이상하게 행동이 가벼우면서도 게으르다.

가정

여자 편에서 불만이 있겠다. 보수성이 짙은 시집에서 가족들의 뜻을 맞추어 살아가는 것도 어려운데 남편은 도와주지 않기 때문이다. 남자의 경우 부모와 처자 사이에 끼어 중간 역할을 하겠지만 아내는 주인공을 원망하게 된다.

건강

술을 즐기는 것 같다. 과음 상태에 이르면 평소의 감정을 쏟아낸다. 육체적으로는 단단해 보여 무병장수가 기대된다. 어떤 일에 큰 충격을 받으면 머리가 이상해지는 수가 있으니 주의하라.

운세

성격적으로도 큰 그릇은 못되지만 타고난 복분(福分)을 깨달아 세상의 이치를 연구하며 살아간다면 이보다 더한 행복이 없겠다.

◎ 성(姓)이 8, 9, 18, 19, 28, 29의 획에 해당

金 具 奇 孟 林 明 奉 尙 昔 沈 周 卓 姜 南 柳 宣 禹
김 구 기 맹 림 명 봉 상 석 심 주 탁 강 남 류 선 우
俞 表 河 咸 秋
유 표 하 함 추

水木木 고귀한 신분의 제휴(提携)로 만족스러운 관직에 처하거나 부모 조상의 음덕으로 인해 고생 없는 삶을 누리게 된다. 부모 . 조상에게서 매우 좋은 유전자를 받고 태어났으므로 조상에게도 감사하라.

특성

외유내강(外柔內剛)

건강

일생 병없이 살고 아울러 장수한다.

가정

좋은 가정환경에서 자란 사람이겠다. 아니면 먼 조상으로부터 전해 내려온 재산이나 값진 보물을 보관하고 있겠다. 부부관계는 서로 양보하며 살아감으로 불화는 없다. 단 밋밋한 부부생활이다. 그러나 말년에 이르러서는 젊었을 때보다 정이 좋아진다.

운세

먼저는 막히지만 뒤에는 운이 열린다. 특히 곤경에 처하면 윗사람의 도움을 받게 된다.

水木火 삼재(三才) 구성이 천(天)에서 시작 水生木 木生火로 生해 내려오니 부모의 소중한 것이 주인공에게 자연스럽게 내려주고 주인공도 귀한 물건(아니면 잘 운영되는 사업)도 부모에게서 받은 것을 자식에게 전달해 줌으로 가정 내에 하극상(下克上) 하는 불효자가 없게 된다.

특성

부모덕이 있어 좋은 분위기와 부유한 가정에서 자랐으며 선량하여 남의 것을 탐하거나 남이 가진 것을 욕심내지 않는다. 단 사격수리(四格水理)가 나쁘면 유약(柔弱)해 자신이 가질 몫도 남에게 뺏기는 예가 많다.

가정

가정내의 분위기는 100점이다. 부모의 덕도 있거니와 엄하지만 다정다감하여 항시 훈훈한 분위기에 쌓여 있다. 위에서 흐르는 물이 맑으면 아래 물도 맑다는 속담처럼 자녀들도 효순(孝順)한다.

건강

혈액순환이 잘 되고 소화기가 튼튼하며 기타의 잔병이 없이 건강이 유지될 것이다. 그러므로 무리하지 않으면 장수(長壽)한다.

운세

기반이 튼튼하다. 이는 부모님의 혜택이 있기 때문이다. 사회적으로도 윗사람의 덕을 본다. 그만큼 성실했음을 증명한다.

水木土 삼재(三才 즉 天人地) 구성이 水木火라면 水生木, 木生火로 자연스럽게 형성되지만 상극관계로 되어 매사 엇박자로 결론짓게 된다.

특성

사물(事物)에 대한 연구와 평가가 뛰어나다. 단 가까운 곳의 일은 모르고 먼 곳에 있는 것은 밝히려 하니 진행의 순서가 바뀐 감이 든다. 수리가 나쁘면 음하고 험악스러워 구설수에 오른다. 그리고 소면자(笑面子- 겉으로만 좋은 체 웃음을 띠고 속으로는 두고 보자 하는 식으로 해칠 마음을 품고 있는 것)라는 별명을 부른다.

가정

온 가족이 다 비밀을 감추고 눈치만 슬슬 보고 있는 분위기가 예상된다. 주인공의 부모가 계신 경우 부부 사이도 냉해져서 마치 정적이 깃든 초상집 같다. 주인공은 그 사이의 신분이므로 자신이 먼저 나서서 소통시켜야 분위기가 좋게 바뀐다.

건강

흔히 말하기를 "잘 먹고 잘 자면 병이 없다"고 한다. 명(命)이야 하늘이 내려 주는 법. 체구가 견고한 것으로 보아 백세 장수할 것 같으나 명(命)은 따로 있는 법이라. 건강하다고 마음 놓아서는 안 된다.

운세

초년이 좋고 중년 이후는 불리라 하였다. 좋을 때 덕을 쌓아 두어야 나중 운이 나쁠 때를 가산하여 덕을 저축하라.

水木金 윗사람에게 신뢰를 받고 아랫사람에게 존경을 받는다 하였으니 주인공의 인품은 묻지 않아도 알 만하다. 자신의 본분을 깨달아서 분에 맞는 일만 골라서 하기 때문에 간혹 좋은 기회를 놓치고 마는 것이지만 그래도 주의하면서 발을 내디뎌야 안전하다.

특성

경영의 기반(주춧돌 단단하고 판판한 자리)이 튼튼하여 오래도록 개혁하지 않아도 이익은 쌓인다. 본 삼재 구성은 水 木 土라 水木은 상생이지만 木과 土는 상극 관계라 일생을 전·후반으로 나누어 논한다면 전반의 세월에는 소통이 잘 되다가 후반에는 고생이 있겠다.

가정

부모덕이 있다 하였으니 우선은 좋은 환경에서 귀염을 받으며 살아온 것으로 추리된다. 남녀 모두 화목하고 자녀들은 부모 말을 잘 들어주니 이보다 더한 행복이 어디 있으랴. 그러므로 天地人 삼재(三才) 구성에 木土 상극을 근심하지 마라.

건강

질병 없이 건강하게 살며 장수(長壽)한다. 만약 불편한 것이 있다면 위장질환이라 하겠다.

운세

오랜 가뭄에 고생하던 초목이 단비를 맞은 것 같이 병에 걸린 환자는 치유되고 부채로 인해 시달림을 받는 이는 부채를 갚게 된다.

水木水　상하 두 水가 一木을 生하니 수다목부(水多木浮-물이 범람하면 나무는 땅에 뿌리를 박지 못하고 둥둥 떠다닌다) 주인공은 사랑하는 처자를 집에 두고 동서로 방랑하는 형상이다. 때문에 객지에서 당하는 고생을 헤아릴 수 없이 겪게 된다.

특성

지혜가 남보다 뛰어나지만 재승덕박(才勝德薄-재주가 좋으면 가벼워 덕이 없다)이라. 말과 행동에 무게 있게 처세하라.

가정

어찌 부귀권세만 좋으랴 가정 내에서 부모님 건강하게 생존하시고 부부간 화목하며 자녀들도 효순(孝順)하니 이보다 더한 행복은 없다.

건강

근심이 없다.

운세

분에 넘치는 욕심은 피하라 대부대귀(大富大貴)를 얻지 못할 바에는 순리를 따르는 게 현명하다. 욕심만 지나치지 않으면 행복을 누리기에 모자람이 없다.

水火木 　매사에 걸림돌이 많다. 마치 급한 걸음에 산 넘고 둘 건너야 하니 겪는 풍상은 말로 다 표현할 수 없다.

특성

감정이 예민하여 상대방의 말과 행동을 놓치지 않는다. 자존심이 강하고 눈치가 빠른데 때로는 지나친 추리로 인해 분하고 서운한 마음을 갖게 된다. 마주앉아서 대화를 나누면 흡수력이 있다.

가정

대체로 평화로운 형태다. 고함소리가 없고 우는 소리도 들리지 않으나 간간히 웃음소리가 새어나오기 때문이다.

건강

심장마비. 뇌일혈 등이 위태로우니 신경을 지나치게 쓰지 마라. 주인공은 될 수 있는 한 낙천성을 기르도록 하라. 주인공이 잘못을 범했더라도 윽박지르지 마라. 욱한 마음에 자살을 기도 하는 위험도 있기 때문이다.

운세

진행은 느리지만 도와주는 사람이 있고 가는 길에 장애가 없으니 쉽게 목적지에 이를 수 있다. 다정다감한데 감동하여 대개 아래 사람들의 협력이 성공의 요점이다.

水火火 　마음속에서 일어나는 불부터 꺼야 하는데 물이 적어 타고 있는 불을 끄기가 쉽지 않다. 주인공은 냉정하기를 요한다. 그렇지 않으면 화(火)가 날 경우 이성(理性)을 잃을 가능성이 있기 때문이다.

특성

정직하고 잔꾀를 부리지 않는다. 정의로운 사람이지만 상대가 잘못이라고 판단되면 위아래 신분을 가리지 않고 따지고 대드는 경향이 있다. 물론 의로운 일이지만 공감하는 이가 적어 괜히 손해만 보게 된다.

가정

집에서나 밖에서나 성질이 문제다. 참는 것이 가장 좋은 일인데도 그 참지 못하는 성격 때문에 집안에서도 따돌림을 받게 된다. 쉬쉬 온가족이 다 같이 속이고 있으니 집안에서 야기되는 정보는 눈 먼 장님 격이다.

건강

애주가가 아닌가 생각된다. 컨디션이 나쁘면 폭주(暴酒)하는 수도 있다. 때문에 술로 인한 건강 장애가 생기는 수도 있고 주태도 부린다.

운세

체온 혈압 모두 높은 것 같다. 육친의 덕이 없고 자수성가하게 되는데 가끔씩 손해를 본다. 남을 믿고 돈거래를 하다가 받지 못하고 흐지부지하는 예가 있기 때문이다. 본성은 부지런하고 진실해도 좋은 소리는 별로 못 듣는다.

水火土 보통 사람처럼 조그마한 장사나 하든지 농사를 짓는 것이 편할 것 같다. 부지런하고 쉴 새 없이 노력하지만 큰돈은 모으기 어렵다. 허황된 사람의 꼬임에 빠져 사기 당할 가능성도 있다.

특성

급한 것이 가장 큰 결점이며 남의 일에 참견을 잘 하다가 도리어 바가지 쓰고 손해 보는 수도 간간히 있다. 약게 살아가는 방법을 배워야 하겠다.

가정

배우자(여자는 남편)가 받아만 주면 시끄럽지 않다. 아버지로서 남편으로서 권위가 있도록 처신하라. 가슴 속에는 부처님이 있되 가슴 밖에서는 거칠고 사납고 독한 행동을 하는 것은 무슨 까닭일까.

건강

술에 대취하여 사우다가 거짓 자살쇼를 하는 수가 있는데 쇼가 아닌 실제 자살이 될 우려가 있다. 자신을 알아주지 않는다고 슬퍼하지 마라. 감정이 있고 이성이 있는 사람들은 거의 그런 문제가 있어 고독해 한다. 타고난 건강이요 타고난 체력이겠으나 과신하지 마라.

운세

흑 부모에게서 유산을 받을 수 있더라도 유산을 받지 마라. 가급적 잘 지키고 있다가 자손에게 물려주도록 자신이 노력하여 자식에게 내려지는 유산을 지키도록 하는 게 현명한 일이다.

水火金　살다가 보면 코너에 걸려 꼼짝 못하고 크게 고생하는 수가 있다. 웬만큼 좋은 운을 타고나지 못했으면 한두 차례 정도는 반드시 경험해 본다. 주인공은 너무 사람을 믿다가 그에게 속아 아니 당할 어려움을 당하게 된다. 자금을 대놓고 사기당하는 까닭은 거의가 욕심 때문이다.

특성

남한테 조그마한 결점을 지적당하는 것을 매우 싫어한다. 자신의 판단으로서는 항시 자신을 과대평가함으로 빈축을 사는 경우가 많다. 주인공이 진실로 사람들의 존경을 받고자 한다면 먼저 자신의 능력부터 깨달아야 한다.

가정

부부간에 정이 좋고 자녀도 원하는 만큼 둔데다 그럭저럭 의식주 해결을 하게 되는 실정이라 이보다 더한 행복이 없겠다. 현실에 만족할 수 있는 슬기(지혜)가 열린다면 어떤 것이 불행이고 어떤 것이 행복인지 깨달을 것이다.

건강

심리적인 영향이 지배적이다. 건강에 대한 불안심리. 부족한 인내력. 이런저런 일이 원인이 되어 혹 자살기도 해 보거나 극단적인 애증(愛憎)에 의하여 심장마비에 걸릴 우려도 있다.

운세

큰뜻은 세우지 마라. 운이 좋아 어쩌다가 남들이 부러워할 만큼 일을 이루었다 할지라도 그것이 재앙의 근본이 될 수 있다. 모르면 모르는 대로, 가난하면 가난한 대로 그것이 복분(福分)이라 여기고 순리대로 살아간다면 떵떵거리며 권세와 부(富)는 누리지 못할지라도 삶에 대한 재미는 몇 갑절이라 하겠다.

水火水　水火相克이라 상극 중에도 가장 나쁜 상극관계다. 좋지 않은 일들이 자주 발생하

고 뇌 심장마비 발광증같이 고약한 질병이 연달아 생기는 수가 있다. 만약 수리까지 나쁘다면 설상가상(雪上加霜)이라 하겠다.

특성

이기적이고 내 것 네 것을 잘 찾는다. 사람 때문에 실패한지라. 이때부터 혈육까지 믿지 못하는 의심이 짙다. 남이 알아주지도 않는 잘난 체 유식한 체 떠드는 것은 자신의 약점을 드러내는 것이 된다. 수양이 필요하겠다.

가정

집에 들면 찬바람이 분다. 창문이 열린 게 아니라 가족들이 내뿜는 숨이 차디찬 것이다. 누군가 분위기를 따뜻하게 만드는 것이 우선이다.

건강

심장마비 뇌일혈 자살 수액(水厄) 동사(凍死-얼어 죽음) 등의 고약한 일들이 작용될 가능성을 지니고 있다. 단 실지 작용은 10%다.

운세

논할 여지도 없이 나쁘다. 질병, 실패, 가정불화 등 나쁜 일만 웅크리고 있다. 신경 써 둘 필요가 있다.

水土木　삼재(三才) 구성으로 水土가 상극이요 木土가 상극이다. 비유하건대 양쪽 모두가 아무리 싸움을 말리려 해도 듣지 않고 싸움만 계속하고 있는 것 같다. 싸움이란 그 명분이 어떠하든 간에 정신적으로는 평화의 파탄이요 재산의 소모이며 싸우는 두 편 때문에 그 해가 딴사람에게까지 미치게 되므로 부득이한 경우를 제외하고는 비록 자존심의 손상이 있더라도 붙지 말아야 한다.

특성

오만불손하고 편벽되며, 허영심으로 인한ㄴ 사치에 빠져 돈이 헤프다. 그리고 경험이 풍부한 윗사람의 말일지라도 받아들이지 않는다.

가정

가정에서도 냉랭하고 살벌한 분위기가 든다. 배우자와 자녀들까지 주인공을 불신(不信)하니 원만한 가정을 이루기는 매우 힘들겠다.

건강

위장질환 정도인데 힘 좋고 살집 좋아 매우 건강해 보인다. 단 오랜만에 몸살이라도 앓게 되면 황천길에 가는 것 같다.

운세

빈궁을 면키 어렵다. 남이 보기에는 재력(財力)이 꽤나 있겠다고 느낄지 모르나 주인공의 실속은 빈 껍데기의 가능성이 높다.

水土火　액(厄)이 따른다. 뜻을 두고 성공을 위해 나아가는데 앞에 태산준령과 강물이 가로막고 있는 것 같다. 주인공은 모든 일에 급히 서둘지 말고 재정비하여 장애물이 있더라도 돌파해나갈 수 있는 지혜가 필요하다. 방법이 생기기 전에는 아무리 급하더라도 멈추었다가 지혜가 떠오른 뒤에 목적을 향하여 나아가야 한다.

특성

승벽심이 매우 강해서 남한테 지는 것을 싫어한다. 질 때 져 주는 것도 지혜요, 방책 중 하나인데 주인공은 그 이치를 모른다. 허영심만 있어 돈이 헤프고, 자신보다 지식이 많은 사람한테는 굴복해 보는 것도 지혜다.

가정

평화롭다. 자신보다 인격 수준이 높은 배우자를 만났기 때문이다. 자녀교육도 훌륭하다. 성공은 가정에서부터 좋은 조건으로 출발해야 한다.

건강

과로는 질병의 근원이다. 그리고 특식보다는 평소의 식사 그대로 지켜나가되 편식도 좋지 않다. 식이요법만 잘 지키면 건강 장수 하겠다.

운세

강하다. 만가지 어려운 경지를 남의 도움 없이 스스로 돌파한다. 영웅적 기상이 보인다.

水土土　土克水 상극되는 배합이다. 단 水土는 상극이지만 서로 상대가 존재함으로써 자

신도 존재하는 의(義)가 있어 타의 상극관계보다 상극작용이 미약하다. 그래서 水土는 상합(相合－子丑合土)으로 보아야 할 경우도 있다.

특성

자신보다 아는 것이 많고 인격적으로 존경받을 만한 인물에게는 마음을 비우고 존경해야 영웅다운 멋이다. 어떤 이익을 얻고자 하면 적과도 동맹을 맺듯이 생리적으로 맞지 않는 사람과도 손잡아야 한다. 주인공은 너무 고고하여 마음에 들지 않는 사람과는 상대하기를 원하지 않기 때문에 지적하는 바다.

가정

보통사람의 경우와 다를 바 없다. 혹 부모 조상의 유산도 있겠다.

건강

신장 계통의 질환인데 건강 문제의 근심은 없다.

운세

가정적으로 평화로워 보인다. 욕심은 재난의 화근이라 마음을 비우고 복분에 맞는 것만 얻고자 하면 생애에 큰 재앙은 당하지 않겠다.

水土金 큰 성공은 어려우나 주인공의 재력과 지식 능력에 합당하다고 생각되는 일에 목적을 두고 일심전력 매진하면 성공이 가능하다. 그러나 일의 진행이 늦다 해서 무리하게 밀고 나가면 크게 실패한다.

특성

마음은 정직하나 게을러 소극적이고 우유분단한 면이 있어 큰 일은 성취하기 어렵다. 리더십과 결단력이 요구된다.

가정

남성은 공처가형이고 여성은 보수성이 있어 그 남편의 뒷바라지를 잘한다. 주인공이 어느 편이건 간에 가정의 분위기는 화목하다.

건강

약한 체질이며 몸살 등의 잔병이 자주 따른다. 단 수명에는 지장이 없으니 근심하지 마라.

운세

나쁘지 않다. 본래 의식주(衣食住) 세 가지 문제에 대해서는 마음 놓아도 좋다. 단 큰 성공, 큰 재물, 큰 출세만 바라지 않으면 삶이 순탄하다.

水土水 │ 삼재 구성이 水土水는 土克水가 되어 호사다마(好事多魔-좋은 일에는 마가 많아 훼방을 놓음)라 어떤 일이 잘 될 듯하면서도 중도에 좌절되고 만다. 원형이정 중 형격의 수리가 나쁘면 질병, 부상, 손재, 상사(喪事) 등 온갖 좋지 않은 일이 연달아 생긴다.

특성

소심하고 질투가 강하며 사치를 좋아한다. 여성은 몸매 가꾸기에 주력함으로써 돈이 헤프고 이로 인해 부부 싸움도 심심치 않게 일어난다.

건강

소화기 계통의질병인 바 스트레스에 의한 소화불량, 또는 주인공의 습성에 의증(疑症-건강한데도 어느 부분이 나쁘다고 생각하는 버릇)이 심하여 도리어 건강을 해친다.

가정

가족들과 자주 마찰이 생기지만 가정의 파탄까지는 이르지 아니한다. 싸움의 근본은 하찮은 일에서 발생하기 때문이다. 여성은 시부모와 자녀와의 갈등으로 인해 마음 편할 날이 없겠다.

운세

주인공은 항시 불안하다. 아무 일도 없는데도 위에서 아래에서 비수를 들고 공격해 오는 듯한 환상으로 인해 마음 편할 때가 없다. 인명재천(人命在天-사람의 명은 하늘에 매었다)하였거늘 마음 편히 먹고 미래의 경영을 위하여 몰두해 봄이 어떨지 낙천성을 기르도록 해라.

水金木 │ 삼재 오행이 반생반극(半生半克)이면 길흉상반(吉凶相半)이라 한다. 이런 경우에는 성패 가운데 매었다기보다는 어떻게 일을 처리하고 어떻게 처세하느냐에 따라 결정된다. 즉 인과관계가 희비를 좌우한다.

특성

감정이 예민하고 소심하며 의심이 많다. 모든 사물을 통틀어 널리 보지 않고 소아적(小我的)

잣대로 세상사를 내다보니 편굴(偏屈)해질 수밖에 없다. 그대가 장부(丈夫)라면 바다와 같이 넓은 국량을 갖추도록 노력하기 바란다.

가정

양친(兩親) 가운데 한 분이 안 계신 것 같다. 효심은 있으나 행위는 불효자 같다. 잠시 후 뉘우치지만 부모가 느끼는 마음은 서운하기 비할 데 없다. 지혜로운 머리로 다른 생각을 하지 말고 자신과 상대의 입장을 바꾸어 생각해 보면 어떨지...

건강

정신적으로 받는 충격이 크다. 잘못한 뒤 후회하지 말고 잘못하기 전에 재삼 숙고하여 사물을 대하면 마음이 편할 것이다.

운세

자신의 약점이 노출되는 것을 매우 싫어함으로 남이 느끼기에는 행복하게 보이지만 실속 즉 호주머니 사정이나 가정 경제는 실속이 없다.

水金火 재승박덕(才勝薄德)이라 여러 가지 재주는 많이 지녔으나 덕성(德性)이 모자라 아쉽다. 가정에서나 사회에서 인심을 얻지 못하니 가족을 두고도 고독하다.

특성

생김새는 세련되었는데 입에서 나오는 말은 천박하다. 민감한 머리가 그 정도를 넘었기 때문이다. 거듭 말하거니와 가득차서 남의 말을 받아들이지 못하는 사람은 그 정도를 넘어 하늘과 땅과 귀신과 사람 모두가 미워하기 때문이다.

가정

두 부모가 계시더라도 효자는 못 될 것 같다. 부부 사이는 간신히 이혼은 면하는 정도다. 자상한 아들 정 많은 남편(여자는 아내) 존경받는 아버지(여자는 어머니)가 되도록 노력하라.

건강

소화불량, 호흡기 계통의 질환이 우려된다.

운세

큰일은 성취하지 못해도 작은 일은 뜻을 이루는 수가 많다. 욕심이 지나치면 얻은 것에 갑절을 보태어 나간다. 모든 면에 내구성이 없으니 기회라 생각되면 민첩하게 포착하라.

水金土 천(天) 인(人) 지(地) 삼재구성이 水金土이면 아래에서부터 토생금 금생수로 生하여 올라간다. 어떤 기발한 아이디어가 시작부터 창출되어 결과에 가서는 크게 익은 과실과도 같다. 보리알 하나 크기의 솔씨가 먼 세월 뒤에는 건물의 들보감으로 쓰고도 남을 거대한 나무로 자란다. 마찬가지로 주인공은 시작은 미세하지만 오랜 세월 뒤에는 눈부신 발전과 크나큰 업적을 달성하게 된다.

특성

총명한 머리, 부지런함, 운세의 도움, 이런 요소들을 다 갖추었으니 이상에 존재하는 사물 중에 어떤 것인들 얻지 못하며 어떤 업적인들 이루지 못할까. 하지만 주인공의 그릇의 크고 작은 것에 의해 성공의 한계가 정해질 것이다.

가정

온 가족의 뜻이 하나로 모아지니 기쁜 웃음소리가 밖에까지 새어나간다. 풍부한 경제력에 부부 화목하고 슬하 자녀들 모두가 효순(孝順)하니 범부(凡夫-보통사람)의 삶은 이만하면 만족하지 않겠는가.

건강

마음이 평화로우면 난치병에 걸려도 스스로 낫는다. 체질적으로 약간 모자란 감이 들지만 잔병은 도리어 건강을 체크해보는 요인이 되므로 설사 악질에 걸렸더라도 조기 발견되어 쉽게 치료할 수 있다. 단명할 까닭이 없는 구성이다.

운세

순풍에 돛을 달고 항해하는 형상이다. 물결은 바람의 세기와 빠르고 늦음에 의하여 파도가 잔잔하거나 거칠기 마련이다. 일확천금의 행운은 바라지 못할지라도 단란한 가정의 분위기 형성은 어렵지 않다.

水金金 삼재구성은 水金金 金水로 상생을 이루었으나 한편 깊은 물속에 잠긴 황금의 형상이라 평소 세운 뜻을 이루는데 상당한 어려움이 있겠다. 이런 일 저런 일에 손대지 말고 가장

성공 확률이 높은 일 한 가지만 선택하여 노력해 나가야 현명한 일이다.

특성

지혜가 뛰어나고 재주도 있으므로 확고부동한 목표를 세워 밀고 나간다면 눈부신 발전이 있겠다. 천만가지 재주를 혼자서 다 갖추었다 할지라도 남이 모르면 쓸데없는 법, 밖에 나가 활동하면서 많은 사람들과 사귀는 일이 재주를 부릴 수 있는 방법이 아니겠는가. 혹 대인기피증이 아닌가 하는 우려 때문이다.

가정

어쩐지 찬바람이 부는 것 같다. 부모의 불화(不和) 부부간의 갈등 등으로 우울하다. 재산도 넉넉지 못하다.

건강

몸살, 소화불량 따위 견딜 만한 정도의 증세이지만 자주 발생함으로 체력이 모자란다. 대체로 깡마른 편이 아니겠는가.

운세

세상을 넓게 보면 무언가 깨달음이 있을 것이다. 문종이를 찢고 그 사이로 내다보는 세상은 편굴하고 집착심만 강할 뿐이다. 귀하가 슬기롭다면 상대하기 싫은 사람과도 포용할 수 있는 임기응변을 기르도록 해야 한다.

水金水 　천인지(天人地) 삼재에 매인 오행은 金水 상생이라서 길격 구성 같으나 그렇지 않다. 金水 냉한(冷寒-차가움)한 기운이 풍겨 훈훈한 기운이 절실히 요구된다.

특성

언어행동이 단정한데다 여러 가지 세상 형태에 대한 지식을 갖춘데다 테크닉도 그만이다. 특히 여성은 온후단정(溫厚端正)하여 칭찬을 많이 듣는다. 아는 것이 많아도 이론만 세웠지 실행(實行)은 아니하므로 아쉽다.

가정

부모 형제 부부 자녀들 모두와 뜻이 맞지 아니한다. 때문에 고향을 떠나 방랑하는 수도 있다. 가정 분위기가 나쁜 경우 주인공의 지혜로 화합을 유도해 보라. 노력 여하에 따라 불화(不和)가 평화(平和)로 바뀌게 될 것이다.

건강

잔병이 많이 따르고 신경쇠약, 우울증 같은 질환이 생길 가능성이 있지만 주인공이 낙천성만 기르면 무병장수가 가능하겠다.

운세

좋은 일 나쁜 일이 번복된다. 단 복불재래 화불단행(福不在來 禍不單行)이란 글귀가 있다. 즉 좋은 일은 한번 생겼다가 떠나면 두 차례까지 생기는 일이 없다(한번 놓치면 그만이다). 반면에 좋지 않은 일은 한 차례로 끝나지 않고 비슷한 일이 두세 번 생긴다. 일생을 통하여 한 차례 좋은 기회가 있겠는데 아차 하는 사이에 놓칠 우려가 있기에 이르는 말이다.

| 水水木 |　초중년 전반기에는 우후죽순(雨後竹筍-비가 내린 뒤의 죽순은 빨리 자란다)처럼 일취월장(日就月將) 눈부신 발전이 있다. 단 애초에 기반이 약해서 자칫 방심하면 변괴가 생겨 천 길 낭떠러지 아래로 굴러떨어져 헤어나지 못할 우려가 있다.

특성

자기과신(自己過信)이라 자신을 낮추지만 해도 큰 일은 해내지 못하지만 자신을 평가해도 바람직한 일은 못된다. 그러나 자신을 낮춘다는 것은 겸손이요 예의에 해당하므로 미움은 받지 않으나 자기 과신은 미움을 사는 것은 물론이고 한번 실패하고 보면 수습할 수 없는 경지에 이른다. 큰 공을 세우기 위한 도전은 좋지만 경계할 일이다.

가정

남성은 자신이 방랑벽으로 인해 집에서 아내의 바가지를 긁는 소리를 듣는 것보다 집에서 나와 동서남북 가릴 것 없이 방랑생활이 좋은 것이요. 여자는 한두 차례 봇짐 이고 나오는 수가 있겠다. 어릴적 부모와의 인연이 박하여 무작정 가출, 객지풍상을 겪을 수도 있다.

건강

신장, 폐 부위의 질환이 우려된다. 일찍 병원을 찾아가 체크해 볼 필요가 있다.

운세

천인지 삼재(天人地 三才) 구성의오행은 水水木이라 물에 잠긴 나무가 되어 재목으로 쓰지 못한다. 부운인생(浮雲人生)이라 뜬구름 같은 인생이지만 주인공은 성패에 관계없이 어떤 일이거나 집착하였으면 좋겠다.

水水火 　성질이나 하는 행동이 거칠고 사납고 집요하니 이르되 방약무인(傍若無人)이라 한다. 이러한 행패를 예사로 부린다면 어찌 사람의 도리라 하겠는가.

특성

양수(兩水)가 일화(一火)를 극하니 깜박거리는 불이 어찌 꺼지지 않겠는가. 음탕해서 사람들에게 손가락질을 받지만 성질이 포악해서 귀띔해 줄 수 없다. 잘난 체 버릇없고 뽐내기를 잘하는데 마치 어린 소년과 같다. 게다가 신경질을 잘 부리고 변덕스러워 주인공의 뜻을 맞춰 주기가 어렵다.

가정

술주정까지 하면서 바라보는 사람에게도 행패를 부린다. 그래도 주인공은 가정이라는 쉴 곳이 있어 행복하다. 부부 사이의 갈등이 심화되어 바가지를 긁는다.

건강

유전이나 체질적으로 타고난 질병은 없다. 과음과로로 인해 몸이 허약해져서 걸핏하면 몸살감기 등 허약 체질의 원인이 될 수 있다.

운세

운(運)도 나쁘고 주인공의 과실도 겪는 불행이다. 부모처자와는 애정이 없어 천지를 집을 삼고 방랑한다.

水水土 　한 차례는 운이 트인 듯 진행하는 일이 순조롭고 재물도 많이 늘어 떵떵거리며 살아간다. 그러나 좋은 운도 내구성이 없어 하루하루가 다르게 부진이 생긴다. 삼재 오행이 水土 상극이라 시끄러운 일이 연속 생겨 발전을 멈추도록 한다. 질퍽한 흙으로 쌓은 성 같아서 그간의 노력은 수포로 돌아간다.

특성

남은 알아주지 않는데도 잘난 체 뽐낸다. 머리는 총명하다. 아무리 지혜롭다 할지라도 오만하면 삶의 경기에 있어서 지는 게임이다.

가정

부모 운은 양친이 함께 장수 생존하게 된다. 주인공은 효성도 지극하다. 그러나 배우자와는 뜻이 맞지 않아 냉랭한 분위기가 바뀌지 아니한다. 자녀들과의 애정도 없다.

건강

몸 아랫부분의 질환(통증)으로 고생한다. 신경통, 관절염 등의 통증으로 오래 고생하는 수가 있다.

운세

자신에게 주어진 복분을 잘 알아야 한다. 그리고 자신의 능력이 얼마만큼 인정받는지 또는 남은 자신을 얼마의 가치로 생각하는지를 잘 알아야 그에 맞게 목표를 정하여 노력할 수 있다. 희망에 준하는 것이 정확하다.

水水金 이상하다고 생각될 만큼 크게 성공 발달하는 수가 있다. 요는 갑자기 이름이 크게 나거나 크게 횡재하는 일이다. 자녀 가운데 누군가 밖에 나가 놀다가 보물 같은 귀중품을 주워 온다던가 하는 예일 수도 있다.

특성

이 삼재 구성의 이름을 가진 주인공은 나태(게으름)함이 없이 부지런한 게 장점이다.그러나 어떤 일을 착수할 때 성패에 대해 고려해 본다는 것이 상식인데 짧은 시일에 큰 효과를 얻고자 밀어붙이다가 수습할 수 없는 경지에 이르는 수가 있다. 이는 자기과신 때문이다.

가정

사람이 살지 않는 것 같이 분위기가 어둡고 적막하다. 부부간의 불화가 쉽게 풀리지 않고 오래도록 이끌어온 때문이다. 아니면 좋지 않은 일이 생겨 침묵하고 있는 모습이다.

건강

중년 이후 지병(持病)으로 고생하는 수가 있으나 수명과는 무관하다.

운세

경영인은 기초가 튼튼하고 봉급생활인 경우 중도하차할 우려가 없다. 그러나 주인공으로서는 불안하고 초조하여 스트레스를 많이 받는다. 걱정도 팔자라더니 이 구성의 주인공을 두고 하는 말이다.

水水水　물은 수평(水平−높낮이가 없이 평평한 땅)이 아니고서는 잠시도 멈추지 않고 낮은 곳으로 흘러내려간다. 단 완만한 지형에서는 옆에 있는 흙을 적셔주면서 유유히 흐른다. 그래서 물의 별명을 윤하(潤下)라 한다.

특성

아래로 내려갈 수만 있다면 잠시도 머물지 못하고 내려간다. 그래서 이곳저곳 떠다니면서 방랑생활을 하는 것을 물에 비유한다. 자연을 따라 움직이는 게 물인지라 방탕한 기질을 저지할 수 없다.

가정

찬바람이 분다. 가족끼리의 갈등 때문이다. 누구 한사람 분위기를 바꾸기 위해 노력하는 이가 없다. 주인공도 가정에 오래 머물지 못하고 자주 집을 나가 방랑한다.

건강

습병, 심장질환의 우려가 있고 대체적으로 건강이 좋은편이 아니므로 자주 병원에 가서 건강을 체크하는 것이 좋겠다.

운세

한때 마음을 잡고 착실히 노력함으로 안정이 되는 듯 하다가 한번 바람이 들면 가만히 있지 못하고 방탕에 빠진다. 수입은 나쁘지 않으나 낭비가 심하여 자주 경제적 궁지에 놓인다.

제3편 좋은 이름 짓는 요령

제3편 좋은 이름 짓는 요령 (作名.解名)

1. 이름 짓는 요령과 순서

⑴ 좋은 이름을 지으려면

① 작명(作名)의 재료

본 설명은 이름을 많이 지어본 경험이 없는 분을 위하는데 목ᅏ을 둔다. 현대식 원리에 맞도록 이름을 지으려면 아마추어는 반드시 길격 이름을 짓는 데 필요한 재료(材料)가 요구된다. 작명을 위한 재료는 작명해 오신 분이면 각각 자신이 편리하게 사용할 수 있도록 글자(漢字)를 획수별 발음별로 구분 작명하게 될 경우 쉽게 취용(取用)하도록 조견표 식으로 만들어 쓰고 있을 것으로 생각된다.

본 책자의 저술요령은 역학에 대한 지식이 없는 분으로 아버지의 신분으로 손자녀가 탄생할 경우 내 자식, 내 손자녀의 이름은 남에게 의뢰하기 싫어서 자신이 지어 부르고 싶겠지만 이름 짓는 요령을 알지 못하므로 아쉬워하다가 큰 서점에 들러 이름에 관계되는(작명법.해명법) 책자를 구입 연구해 보지만 아무래도 꺼림칙한 마음이 들어 이름 짓기를 포기하고 작명가에게 맡기게 되는 예가 많은 것으로 생각된다.

때문에 한문글자만 조금 알면 전문가와 아마추어를 막론하고 좋은 이름 짓기에 편리하도록 작명 재료를 모두 조견표(일람표)식으로 만들어 보았다. 표의 내용은 모두 아래에 수록한다.

② 사격(四格)과 삼재 구성표

사격(四格)이란 원형리정(元亨利貞)이요 삼재(三才)란 천인지(天人地)를 칭한다.

현대식 성명학에서는 사격과 삼재를 매우 중요하게 여긴다. 그러므로 사격 수리 배합이 길격으로 구성된 가운데 삼재오행(三才五行)이 상생(相生) 관계가 되면 2가지 원칙은 작명 원칙에 부합된 셈이다. 기록된 숫자의 글씨대로 적어 놓는다.

예를 들어 주인공(출생아. 개명인)의 성(姓)이 金氏라면 성자 8획이라 여러 개의 길격 수리 가운데 8.8.7도 해당하니 8.8.7을 성자 金8 위 이름자 8획글자는 承, 아래 이름자 秀는 7획이므로 金(8) 承(8) 秀(7)란 이름을 지을 수 있다.

아래에 일람표가 있다.

③ 주인공의 사주에 유리한 오행글자

· 사주(四柱-年月日時 干支)에 필요한 오행(또는 빠져 있는 오행)을 보충해서 작명한다고 주장하는 예가 많다. 사주에 한 가지 혹은 두 가지 오행이 없어 이를 보충해야 길하다는 이론도 일리(一理)가 있다. 그러나 어설픈 역학 수준으로 사주 구성 형태를 보고 "木이 없어 木을 보충하였다.""火가 없어 火변 글자로 작명한다"지만 사주 가운데 어떤 오행이 없다 해서 없는 오행을 보충하기 위한 글자 선택은 함부로 해서는 안 된다. 그러나 일리가 아주 없다고 단정할 수는 없다. 아래 예를 들어본다.

· 서기2010년 10월 25일 밤 11시 40분 출생(음 庚寅年 9月18日 子時 출생인 남자나 여자
  이 생년월일시를 사주간지 정하는 원칙에 의하여 나타낸다면 아래와 같다.

時 日 月 年　　윗편 사주는 빠진 오행이 없다. 木火土金水의 순서로 살펴보자.

柱 柱 柱 柱　　年支 寅과 時干 甲이 木이요 月干丙火 年支寅木과 月支 戌土가 반합하여 火

甲 戊 丙 庚　　국을 이루니 火요 日干 戊土, 月支 申金 , 年干 庚金이요, 月之申中壬水, 時支

子 申 戌 寅　　子中癸水가 있어 水가 되니 木火土金水 五行이 구비된 가운데 기(氣)의 형세

가 비슷하니 길명(吉命)이　五行다. 더욱이나 사주가 좋은 점이 있다. 즉 生年支 寅木이 月干丙火와 寅午半合한 합국 火를 생하고 반합(寅戌)된 火가 月支 戌土를 生하고 月支 戌土는 日支 申金을 生하고 申金은 時支 子水를 生하고, 子水는 다시 時干 甲木을 生하니 生하고 生해 나가는 것이 끝이 없다. 이러한 사주를 타고난 주인공은 일생 사는 동안 앞을 가로막는 장애물이 없다. 만약 이러한 사주를 놓고 "무엇이 부족하다""무엇이 없다" 등으로 평한다면 도리어 사주 네기둥도 세

우지 못하는 사람만도 못하다. 결론적으로는 木火土金水 오행에 부족한 오행을 보충해 주는 글자를 선택할 필요도 없이 성씨에 의해 원형이정 사격 수리와 삼재(三才)배치만 길격으로 구성하면 하자가 없다.

水 水 金 水
壬 壬 辛 壬
子 申 亥 子
水 金 水 水
│ │ │ │
時 日 月 年

왼편과 같은 사주가 구성되려면 生年月日時가 1972년 양11월 17일(음 10월 12일) 밤 11시 59분이라야 한다. 사즈가 水로 꽉차 있어 바다처럼 철렁거리는 물에 비유할 수 있다. 土克水라 물은 土의 극을 받으므로 사주에 土만 있으면 좋을 것 같으나 土가 없다. 있더라도 위와 같은 예의 사주는 근(根)이 없는 土로서 범람하는 水를 억제 못한다. 도리어 물길을 막고 있는 土(흙)를 제거 물이 빨리 빠져나가도록 도와즈어야 한다. 이런 경우 이름을 지을 때 土가 없다 해서 土변이 있는 基 圭 培 地 垠자 등을 넣어 작명한다면 도리어 잘 나가는 운을 막아버리는 결과가 된다. 그러므로 차라리 사주법을 모르고 그냥 이름 짓는 편이 좋다.

본 책자는 사주법 설명이 아니므로 사주 평은 생략한다.

대개의 작명가들은 이상에서 예를 든 오행 보충의 가(可)와 불가(不可)를 잘 알고 계시겠기에 더 이상 논리를 제기하지 않겠으나 혹 사주학 전문 수준에 미달한 작명가도 계시리라 생각되어 아래에 쉽게 이해할 수 있는 방법을 나타내 본다.

사주에 없거나 힘이 모자란 오행을 돕고자 선택해야 유리하다는 이유다. 예를 들어

木이 빠졌다 해서 木변인 杞 林 桂 根자 등을 넣거나

火가 빠졌다 해서 火변인 火 災 烈 煖자 등을 넣거나

土가 빠졌다 해서 土변인 地 圭 培 垣자 등을 넣거나

金이 빠졌다 해서 金변인 金 鐵 錫 鍾자 등을 넣거나

水가 빠졌다 해서 水변인 永 泳 洙 洹자 등을 넣는 방법이다.

 그러나 이는 정도 문제다.

木이 없어도 金이나 土가 태왕이면 木변 글자가 마땅치 않다.

火가 없어도 水나 金이 태왕하면 火변 글자가 마땅치 않다.

土가 없어도 木이나 水가 태왕하면 土변 글자가 마땅치 않다.

金이 없어도 火나 木이 태왕하면 火변 글자가 마땅치 않다.

水가 없어도 土나 火가 태왕하면 水변 글자가 마땅치 않다.

사주에 木이 대부분이고 金이 없으면 金변 글자는 불리하고 火변 글자는 길하다.

사주에 火가 대부분이고 水가 없으면 水변 글자는 불리하고 土변 글자는 길하다.

사주에 土가 대부분이고 木이 없으면 木변 글자는 불리하고 金변 글자는 길하다.

사주에 金이 대부분이고 火가 없으면 火변 글자는 불리하고 水변 글자는 길하다.

사주에 水가 대부분이고 土가 없으면 土변 글자는 불리하고 木변 글자는 길하다.

사주 형태를 참고해서 부족한 것을 도와주거나 지나치게 강한 자를 억제하는 것은 바람직하겠으나 잘못하면 이적행위(利敵行爲)가 될 수 있는 것이므로 섣불리 이름자에 개입하지 말고 바로 앞에서 수록한 요령만 따르면 해롭지 않을 것이다.

일단은 수리와 삼재는 길격으로 구성된 것이므로 수리에 맞는 한자(漢字)를 찾되 이름자에 사용해도 무방한 글자만을 여러 가지를 취하여 백지(白紙)에 기록한다. 예를 들어 金氏성을 가진 아기의 이름을 짓는다고 가정(假定)하자. 맨 먼저 아래의 사격삼재 일람표(四格三才一覽表)로 가서 8획성의 金氏와 같은 8획성인 具(구) 奇(기) 林(림) 孟(맹) 周(주) 沈(심) 氏 등도 같이 해당된다.

이름에 쓰기 위한 글자는 한자 3획인 三 山 小 干 자에서 17획인 蕙 璟 燮 遠 應 鍾 燦 澮자까지가 이름짓기가 편리하다.

(참고) 4획글자ㅡ 今 斗 文 水 元 寅 壬 中 太 등

5획글자ㅡ 甲 令 戊 民 生 世 永 正 弘 등

6획글자ㅡ圭 求 先 旭 有 在 宅 行 등

7획글자ㅡ均 良 免 成 秀 完 孝 希 등

8획글자ㅡ京 庚 玖 奇 東 來 武 承 和 雨 周 知 奉 등

9획글자ㅡ建 南 度 勉 玟 炳 相 宣 昭 信 泳 盈 玩 後 重 河 炫 炯 등

10획글자ㅡ根 烈 珉 書 洙 容 恩 殷 祚 晋 玹 桓 訓 등

11획글자-敎 珪 基 晩 敏 培 祥 英 海 등

12획글자-鈞 敦 理 雅 珹 勝 植 雅 雄 程 智 欽 現 惠 등

13획글자-敬 琦 湘 聖 湜 載 鉉 遇 琮 湖 熙 등

14획글자-瑞 碩 誠 維 銀 禎 準 등

15획글자-慶 槿 德 範 演 進 漢 賢 穆 등

16획글자-瑾 道 錫 學 憲 衡 澔 勳 등

17획글자-鍵 璟 燮 鐘 澤 慧 등

◎ 8획인 金氏 작명의 예

8획 金氏의 길격 수리는

① 8-9-7, ② 8-9-7, ③ 8-9-16이다(그외 길격 수리가 많으나 생략한다).

백지에 길격 수리인 7획글자 均 良 免 成 完 善 希

8획글자 京 庚 玖 奇 來 承 和 周 등

9획글자 建 圭 南 度 玟 炳 相 信 등

16획글자 道 錫 學 憲 衡 澔 勳 등을 쓰고

위에는 8획글자만 한 줄로 쓴다. 다음에는 글자 획수를 길격 수리대로 상하로 발음이 좋게 구성한다.

김 金8	김 金8	김 金8	김 金8
준 俊9	상 相9	윤 玧9	태 泰9
수 秀7	화 和8	지 知8	호 澔16

이상 모두 元 亨 利 貞 길격 수리에 해당한다.

④ 길격수리와 삼재(三才)

길격수리	정격	삼재(三才)	길흉	적요
		○대길 △소길		
2 1 4	여자는 不利	火火土	△	여자는7수 독립적, 남자는 무방
2 1 5	8	火火土	△	火土상생격이라 길
2 1 14	17	火火土	△	상동
2 1 15	18	火火土	△	상동
2 3 1	6	火土火	○	火土 상생이라 대길
2 3 3	8	火土土	○	상동
2 3 13	15	火土土	○	상동
2 4 1	여자는 不利	火土土	○	여자는 7수 독립격 불리 남자는 대길
2 4 9	15	火土火	○	火土 상생격 대길
2 4 11	17	火土土	○	상동
2 4 19	여자는 不利	火土火	○	여자는 21수가 두령격, 남자는 대길
2 5 1	8	火金土	△	음오행 상생이면 대길
2 5 6	13	火金土	△	상동
2 5 11	18	火金土	△	반생반극이라 소길격
2 5 16	여자는 不吉	火金木	×	여자는 21수가 두령격 불리,남자는길격
2 6 5	13	火金木	×	음오행이 상생이면 무방
2 6 9	17	火金土	△	상동
2 6 15	여자는 不利	火金木	△	여자는 21수가 두령격, 남자는 길함
2 9 4	15	火木火	○	木火상생 대길
2 9 6	17	火木土	○	土木火土 半生半克이나 무방함
2 9 14	25	火木火	○	木火상생이라 대길
2 9 22	여자는 不利	火木木	○	여자는 21수가 두령격,남자는 대길

2획성 乃 (이에내) 卜(점복) 丁 (장정정)

(단 성씨에 한해서 태극수1을 가산해서 삼재오행을 정한 것임)

2 11 4	17	火火土	△	火土상생 小吉
2 11 5	18	火土土	○	火土상생 대길격
2 13 3	18	火土土	○	상동
2 14 1	17	火土土	○	상동
2 14 9	25	火土火	○	상동
2 14 19	여자는 不利	火土火	○	여자는 貞格21수 드령격, 남자는 길
2 14 21	37	火土土	○	火土가 상생이라 대길
2 15 1	18	火金土	△	一生一克이나 음오행만 상생이면 길격
2 16 5	여자는 不利	火金土	△	여자는 원격21수가 두령격, 불리
2 16 19	상동	火金土	△	상동 여자는 不利나 남자는 유리
2 19 4	상동	火木火	○	상동(대길)
2 19 14	상동	火木火	○	상동(대길)
2 19 16	상동	火木土	○	상동(대길)

3획성 弓 (활궁) 大 (큰대) 千 (일천천) 아래 성자 획수에 태극수 1을 가산하였음				
길격수리	정격	삼재오행	길흉	적요
3 2 3	8	火土土	○	화토 상생이라 대길
3 2 13	18	火土土	○	상동
3 3 2	8	火土土	○	상동
3 3 12	18	火土土	○	상동
3 3 18	여자는 不利	火土木	○	원격21 두령격 남자는 대길격
3 4 14	여자는 不利	火金金	×	상동, 음오행 상생이라야 무방함
3 5 8	16	火金火	×	음오행 상생이면 사용해도 무방
3 5 10	18	火金土	△	상동
3 8 5	16	火木火	○	상동
3 8 10	여자는 不利	火木金	×	여자21수 두령격, 남자는 무방

3 8 13	상동	火木木	○	木火相生이라 대길격
3 10 3	16	火火火	×	음오행 상생을 요함
3 10 5	18	火火土	△	火土 상생 소길
3 10 8	여자는 不利	火火金	×	여자21수 두령격
3 10 22	35	火火木	○	木火 상생 대길
3 12 3	18	火土土	○	火土 상생 대길
3 12 20	35	火土木	○	一生一克이라도 대길
3 12 20	17	火土土	○	火土상생 대길
3 13 8	여자는 不利	火土木	○	여자21수 두령격, 남자는 무방
3 13 22	38	火土土	○	火土상생 대길
3 14 4	여자는 不利	火金金	×	여자21수 두령격, 남자는 무방
3 14 15	32	火金水	×	一生一克이라 소길
3 14 18	35	火金木	△	음오행 상생이면 무방
3 14 21	38	火金土	△	상동
3 15 14	32	火金水	×	상동
3 15 20	38	火金土	△	상동
3 18 3	여자는 不利	火木木	○	여자21수 두령격, 남자는 길
3 18 14	35	火木木	○	木火 상생 대길
3 18 20	여자는 不利	火木金	×	여자21수 두령격, 남자는 무방
3 20 15	38	火火土	△	火土상생 소길
3 20 18	41	火火金	×	음오행은 상생을 이루도록
3 21 8	32	火火水	×	상동
3 21 14	38	火火土	△	상동
3 22 10	35	火土木	○	음오행 상생이면 길
3 22 13	38	火土土	○	火生土로 상생이라 대길격

	4획성	孔 (구멍공) 文 (글월문) 方 (모방) 夫 (지아비부) 毛 (터럭모) 元 (으뜸원) 卞 (법변) 太 (클 태) 片 (조각편

길격수리	정격	삼재오행	길흉	적요
4 1 2	17	土土火	○	火土가 상생기라 길격배합됨
4 1 20	여자는 不利	土土木	×	여자는 21수 두령격, 남자는 무방
4 2 9	15	土土木	×	음오행이 상생이면 무방
4 2 19	여자는 不利	土土木	×	여자는 21수두령격 남자는 무방함
4 3 4	11	土金金	×	음오행을 相生되도록 작명 요함
4 3 14	여자는 不利	土金金	×	여자는 21수두령격, 남자는 무방함
4 4 3	11	土金金	×	음오행은상성되도록 구성을 요함
4 4 7	15	土金木	×	상동
4 4 9	17	土金火	×	상동
4 4 13	여자는 不利	土金金	×	여자는 21수 두령격, 남자는 무방
4 4 17	상동	土金木	×	21수 두령격, 남자는 무방함
4 4 21	29	土金土	○	土金상생력 대길
4 7 4	15	土木木	△	음오행 상생이면 무방
4 7 14	여자는 不利	土木木	△	여자는 21수 두령격, 남자는 무방
4 9 4	17	土火火	×	음오행은 상생되도록
4 9 12	여자는 不利	土火木	○	여자는 21수, 암자는 길격 배합임
4 9 20	상동	土火水	×	여자는 33 승천격, 남자는 무방
4 11 2	17	土土火	○	火土상생이라 대길
4 11 14	29	土土土	○	三土는 相合이라 대길
4 11 20	35	土土木	×	음오행은 상성을 요함
4 12 1	16	土土火	○	火土 상생이라 대길함
4 12 9	여자는 不利	土土木	×	여자는 21수 주령격, 남자는 무방

4 12 13	29	土土土	○	三土삼합의 구성이라 대길
4 12 17	여자는 不利	土土水	×	여자 21수두령격, 남자는 귀격
4 12 19	35	土土木	×	음오행 상생을 요함
4 12 21	여자는 不利	土土火	○	여자 33수 승천격, 남자는 길
4 13 4	상동	土金金	×	여자21수두령격, 남자는 대길
4 13 12	29	土金土	○	土金상생이라 대길함
4 13 20	여자는 不利	土金火	×	33수는 승천격 남자는 무방함
4 14 3	상동	土金木	×	여자 21수 두령격, 남자는 무방
4 14 7	상동	土金土	×	음오행 상생을 요함
4 14 11	39	土金土	○	土金상생이라 대길함
4 14 17	35	土金木	×	음오행이 상생이면 길함
4 14 19	여자는 不利	土金火	×	33은 승천격, 남자는 오행상생을 요함
4 14 21	39	土金土	○	土金 상생이라 대길
4 17 4	여자는 不利	土木木	△	21수 두령격, 남자는 귀격
4 17 14	35	土木木	△	음오행은 상생을 요함
4 17 20	41	土木金	×	21수 두령격, 남자는 대길
4 19 2	여자는 불리	土火木	○	대길한 구성임
4 19 12	35	土火木	○	상동
4 19 14	37	土火火	×	음오행이 상생이면 무방함
4 20 1	여자는 不利	土火木	○	21수 두령격, 남자는 귀격
4 20 9	상동	土火水	×	33수 승천격 상동
4 20 13	상동	土火火	△	21수 두령격, 상동
4 20 11	35	土火木	×	33수 승천격 상동
4 20 17	여자는 不利	土火金	×	21수 두령격 상동

| 5획성 | 丘 (언덕구) 白 (흰백) 史 (사기사) 石 (돌석) 申 (납신) 玉 (구슬옥) |
| | 王 (임금왕) 田 밭전) 皮 (가죽피) 玄 (검을현) |

길격수리	정격	삼재오행	길흉	적요
5 1 10	16	土土土	○	대길한 구성
5 1 12	18	土土火	○	土火상생이라 대길
5 2 6	13	土金金	△	土金상생격을 이루어 길함
5 2 11	18	土金火	×	음오행 상생기면 무방
5 2 16	23	土金金	△	土金으로 상생이 되어 길함
5 3 8	16	土金木	×	음오행이 상생이면 무방
5 3 10	18	土金火	×	상동
5 6 2	13	土木金	×	상동
5 6 10	여자는 不利	土木土	×	여자 21수 두령격, 남자는 귀격
5 6 12	23	土木金	×	음오행 상생이라야 무방함
5 6 18	29	土木火	△	반생반극격이라 소길격
5 8 3	16	土火木	○	木火土상생이어서 대길함
5 8 8	여자는 不利	土火土	○	여자21수 두령격, 남자는 대길함
5 8 10	23	土火金	×	음오행 상생이면 무방
5 8 16	여자는 不利	土火火	×	여자21수 두령격, 남자
5 8 24	37	土火木	○	木火土 상생이라 대길
5 10 1	16	土土木	×	음오행이 상생이면 소길
5 10 3	18	土土火	×	여자는21수 두령격, 남자는 음오행 상생
5 10 6	여자는 不利	土土土	○	三 土는 相合이라 대길
5 10 8	23	土土金	○	土金상생격이라 대길
5 11 13	29	土土火	○	火土 상생을 이루어 대길
5 12 1	18	土金火	×	음오행이 상생이면 소길격

5 12 6	23	土金金	△	土金으로 상생격을 이루어 길격
5 12 12	29	土金火	×	음오행이 상생이면 길격
5 13 11	29	土金火	×	상동
5 13 20	여자는 不利	土金火	×	여자는 21수 두령격, 남자는 무방
5 16 2	23	土木金	×	음오행이 상생이면 무방
5 16 8	여자는 不利	土木火	△	여자는 21수 두령격, 남자는 길격
5 16 16	상동	土木木	△	음오행이 상생이면 길격
5 18 6	20	土火火	△	火土로 상생을 이루어 길격
5 20 12	37	土土木	×	음오행이 상생이면 길격
5 20 13	여자는 不利	土土火	×	여자33수 승천격, 남자는 무방

6획성	朴 (순박할박) 吉 (길할길) 牟 (보리모) 安 (편안안) 任 (맡길임) 印 (도장인) 全 (온전전) 朱 (붉을주)			
길격수리	정격	삼재오행	길흉	적요
6 1 10	17	金金木	×	음오행이 상생이면 사용 가능
6 1 17	24	金金金	×	상동
6 2 5	13	金金金	×	상동
6 2 9	17	金金木	×	상동
6 2 15	23	金金金	×	상동
6 2 23	31	金金土	△	土金으로 상생되어 길함
6 5 10	여자는 不利	金木土	△	여자21수두령격, 남자는 길격
6 5 12	23	金木金	×	음오행이 상생이면 소길
6 5 18	29	金木火	△	음오행 상생을 요함
6 7 10	23	金火金	×	상동
6 7 11	24	金火金	×	상동

6 7 18	31	金火土	×	상동
6 9 2	17	金土木	×	상동
6 9 9	24	金土金	○	土金으로 상생을 이루어 대길
6 9 23	35	金土木	×	음오행 상생을 요함
6 10 1	17	金土木	×	상동
6 10 5	여자는 不利	金土土	○	여자221수 드령격, 남자는 대길
6 10 15	상동	金土土	○	土金 상생이라 대길
6 10 19	35	金土水	△	음오행 상생이어야 길
6 11 7	24	金金金	×	음오행 상생쾸을 요함
6 11 12	29	金金火	×	상동
6 11 18	35	金金水	△	金水水 상생이라 소길격
6 12 5	23	金金金	×	음오행이 상생이면 무방
6 12 11	29	金金火	×	상동
6 12 19	37	金金木	×	상동
6 15 10	여자는 不利	金木土	△	여자 21수 두령격, 남자는 무방
6 15 17	상동	金木木	×	음오행 상생이면 무방
6 15 18	상동	金木火	△	상동
6 17 1	24	金火金	×	상동
6 17 12	35	金火水	×	상동
6 17 15	여자는 不利	金火木	×	여자 21수 두령격, 남자는 무방
6 18 5	29	金火火	△	소길격
6 18 7	31	金火土	×△	상동
6 18 11	35	金火水	×	상동
6 18 15	여자는 不利	金火火	×	여자는 33수 승천격, 남자는 무방
6 18 17	41	金火土	×	음오행이 상생이면 무방
6 13 10	여자는 不利	金水火	△	여자33수 승천격, 남자는 무방

길격수리	정격	삼재오행	길흉	적요
6 19 10	35	金土水	△	상동
6 19 12	37	金土木	×	상동
6 23 12	41	金水土	×	상동

7 획성	杜 (막을 수) 몸 (법 려) 李 (오얏 리) 成 (이룰 성) 宋 (나라 송) 辛 (매울 신) 延 (맞을 연) 吳 (나라 오) 池 (못 지) 車 (수레 차)

길격수리	정격	삼재오행	길흉	적요
7 1 10	18	金金木	×	음오행이 상생이면 무방
7 1 16	24	金金金	×	상동
7 4 4	15	金木金	×	상동
7 4 14	여자는 不利	金木金	×	여자21수 두령격, 남자는 무방
7 6 10	23	金火土	×	음오행의 상생을 요함
7 6 11	24	金火金	×	상동
7 6 18	31	金火火	×	상동
7 8 8	23	金土土	○	土金 상생이 되어 大吉
7 8 9	24	金土金	○	상동
7 8 10	25	金土金	○	상동
7 8 16	31	金土火	○	상동
7 8 17	32	金土土	○	土金 상생이 되어 대길
7 8 24	39	金土木	×	음오행의 상생이면 길함
7 9 8	24	金土金	○	土金으로 상생이라 대길
7 9 16	32	金土土	○	상동
7 9 22	38	金土木	○	상동
7 10 1	18	金金木	×	음오행은 상생됨을 요함

7 10 6	23	金金土	×	상동
7 10 8	25	金金金	×	상동
7 10 14	여자는 不利	金金火	×	여자 21수 두령격, 남자는 무방
7 10 22	39	金金木	×	음오행 상생을 요함
7 11 6	24	2金金金	×	상동
7 11 14	여자는 不利	金金土	○	여자 21수 두령격, 남자는 길격
7 14 4	상동	金木金	×	음오행이 상생됨을 요함
7 14 10	상동	金木火	×	상동
7 14 11	상동	金木土	△	상동
7 14 17	상동	金木木	×	상동
7 16 1	25	金火金	×	상동
7 16 8	31	金火火	×	상동
7 16 9	32	金火土	×	상동
7 16 16	39	金火木	×	상동
7 16 22	45	金火金	×	상동
7 17 8	32	金火土	×	상동
7 17 14	여자는 不利	金火木	×	여자는 21수 두령격, 남자는 사용 무방
7 18 6	31	金土火	○	火土金 상생이 되어 대길함
7 18 14	여자는 不利	金土木	×	여자는 21수 두령격, 남자는 무방
7 22 9	38	金水木	○	金水木이 상생이라 대길
7 22 10	39	金木木	×	음오행 상생이면 무방함
7 22 16	45	金水金	△	상생 이루어 길격
7 24 8	39	金木木	×	음오행 상극 불리
7 24 17	38	金木木	×	상동

8획성	具 (갖출 구) 金 (성 김) 奇 (기이할 기) 林 (수풀 림) 孟 (맏 맹) 明 (밝을 명) 奉 (받들 봉) 尙 (오히려 상) 昔 (옛 석) 沈 (성 심) 周 (두루 주) 卓 (높을 탁)

길격수리	정격	삼재오행	길흉	적요
8 3 5	16	水木金	×	음오행은 상생되도록 작명 요함
8 3 10	여자는 不利	水火火	×	여자 21수 두령격, 남자는 길격
8 3 13	상동	水木土	○	대길격
8 3 21	32	水木火	×	음오행이 상생이면 길격
8 5 8	여자는 不利	水火火	×	여자 21수 두령격, 남자는 小吉
8 5 10	23	水火土	△	음오행은 상생이 되기를 요함
8 5 16	여자는 不利	水火木	△	여자는 21수 두령격, 남자는 무방
8 7 8	23	水土土	△	소길격
8 7 9	24	水土土	△	음오행 상생이면 길격
8 7 10	25	水土金	△	상동
8 7 16	31	水土火	×	상동
8 7 17	32	水土火	×	상동
8 7 24	39	水土木	×	상동
8 8 5	여자는 不利	水土火	×	여자21수 두령격, 남자는 무방
8 8 7	23	水土土	△	음오행 상생을 요함
8 8 9	25	水土金	△	음오행이 상생이면 대길함
8 8 13	여자는 不利	水土木	×	여자는 21수 두령격, 남자는 무방
8 8 15	31	水土火	×	음오행이 상생이면 무방함
8 8 17	여자는 不利	水土土	△	여자 33수 두령격, 남자는 무방
8 8 21	37	水土水	×	음오행 상생을 요함
8 9 7	23	水金土	△	상동
8 9 8	25	水金金	×	상동

8 9 15	32	水金火	×	상동
8 9 16	여자는 不利	水金土	○	여자는 33수 승천격, 남자는 무방
8 10 3	상동	水金火	×	여자는 21수 두령격, 남자는 무방
8 10 5	23	水金土	○	土金水 상생을 이루어 대길
8 10 7	25	水金金	△	金生水 상생이라 소길
8 10 13	31	水金火	×	음오행이 상생이면 무방
8 10 15	23	水金土	○	土金水 상생을 이루어 대길
8 10 21	39	水金木	△	소길격
8 13 3	여자는 不利	水木土	○	여자 21수 두령격, 남자는 귀격
8 13 8	상동	水木木	△	음오행 상생이면 무방
8 13 10	상동	水木火	×	상동
8 13 16	상동	水木土	○	상동
8 15 8	31	水木火	×	상동
8 15 9	32	水木火	×	상동
8 5 10	33	水木土	○	여자는 33수 승천격, 남자는 귀격
8 15 16	39	水木木	△	水木 상생이라 대길
8 15 18	상동	水木火	×	水木火로 상생격이라 소길
8 16 5	29	水火木	○	대길격
8 16 7	31	水火火	×	음오행 상생이라야 유리
8 16 9	여자는 不利	水火土	△	정격33 승천격, 남자는 무방
8 16 15	31	水火木	△	소길격, 사용해도 좋음
8 16 17	여자는 불리	水火火	×	여자33수 승천격, 남자는 무해무익
8 16 21	45	水火金	×	음오행이 상성된 경우는 소길격
8 17 7	32	水土火	×	상동
8 17 8	여자는 不利	水土土	×	여자 33수 승천격, 남자는 취용해도 무방
8 17 16	상동	水土火	×	음오행이 상성이라야 취

8 21 8	37	水水水	×	상동
8 21 10	39	水水木	△	水生木이라 소길격
8 21 16	45	水水金	○	대길

9 획성	姜 (성 강) 奇 (기이할 기) 柳 (버들 류) 宣 (베풀 선) 禹 (임금 우) 俞 (맑을 유) 秋 (가을 추) 表 (겉 표) 河 (물 하) 咸 (다 함)			
길격수리	**정격**	**삼재오행**	**길흉**	**적요**
9 2 4	15	水木土	△	소길한 배치
9 2 6	17	水木金	×	음오행이 상생을 요함, 남자는 길격
9 2 14	25	水木土	○	三才수리로 대길
9 2 22	31	水木火	×	음오행이 상생됨을 요함
9 4 2	15	水火土	△	소길격, 음오행 상생이면 대길
9 4 4	17	水火金	×	음오행이 상생이면 길격
9 4 12	여자는 不利	水火土	△	여자 21수 두령격, 남자는 길격
9 4 20	상동	水火火	×	여자33수 승천격, 남자는 길격
9 6 2	17	水土金	△	반생반극이라 소길격
9 6 9	24	水土土	△	소길격, 이에 음오행 상생이면 대길
9 6 23	38	水土水	×	음오행이 상생이면 무방
8 7 8	24	水土土	△	소길격
9 7 16	32	水土火	×	음오행 상생이면 길함
9 7 22	38	水土水	×	상동
9 8 7	24	水金土	○	土金水 상생을 이루어 길함
9 8 8	25	水 金 土	○	아래에서 위로(土金水)상생이면 대길
9 8 15	32	水金火	×	음오행으로 상생 배합이면 사용 가
9 8 16	여자는 不利	水金火	×	여자33수 승천격, 남자는 무방

9 9 6	25	水金土	○	아래에서 위르 生해 올라가 대길
9 9 14	32	水金火	×	음오행 상생이면 소길격
9 9 20	38	水金水	○	金 水 상생격, 대길
9 9 23	41	水金木	△	一生一 克인데 음오행상생 즉 대길함
9 12 4	여자는 不利	水木土	○	여자 21수 두령격, 남자는 사용가, 길
9 12 12	상동	水木火	×	음오행이 상생이면 길격
9 12 20	상동	水木木	△	상동
9 14 9	32	水火火	×	반드시 음오행 상생이라야 사용 가능
9 14 15	38	水火水	×	상동
9 15 8	32	水火火	×	음오행 상생이라야 사용
9 15 14	38	水火水	×	三才오행이 블리함
9 15 23	47	水火金	×	상동
9 16 7	32	水土火	×	상동
9 16 8	여자는 不利	水土火	×	여자33수 승천격, 남자는 무방
9 16 16	41	水土木	△	음오행 상생이면 길격
9 16 22	47	水土金	△	상동
9 20 4	여자는 不利	水水火	×	여자33수 승천격, 남자는 귀격
9 20 9	38	水水水	○	水木상생 관계라 다 길
9 20 12	41	水水木	△	상동
9 22 7	38	水木水	○	상동
9 22 16	여자는 不利	水木金	×	음오행 상생 배합을 요함
9 23 6	38	水木水	○	水生木 상생이라서 대길
9 23 9	41	水木木	△	반길격인데 사용해도 유리함
9 23 15	47	水木金	×	음오행이 상생이면 사용 가능

| 10 획성 | 桂 (계수나무 계) 高 (높을 고) 馬 (말 마) 徐 (천천히 서) 孫 (손자 손) 芮 (나라 예) 袁 (성 원) 殷 (나라 은) 秦 (나라 진) 曹 (무리 조) 夏 (여름 하) 洪 (넓을 홍) |

길격수리	정격	삼재오행	길흉	적요
10 1 4	15	木木土	△	소길한 三才구성
10 1 5	16	木木土	△	소길격
10 1 6	17	木木金	×	음오행이 상생이면 소길
10 1 7	18	木木金	×	상동
10 1 22	여자는 不利	木木火	○	여자 33수 승천격, 남자는 유리
10 3 3	16	木火土	○	木火土 상생이라 대길
10 3 5	18	木火金	×	음오행 상생을 요함
10 3 8	여자는 不利	木火木	△	여자21수 두령격, 남자는 길격
10 3 22	35	木火土	○	土火土로 아래에서 生해가니 대길
10 5 1	16	木土土	×	음오행은 상생을 요함
10 5 3	18	木土金	×	상동
10 5 6	여자는 不利	木土木	×	여자는 21수 두령격, 남자는 길격
10 5 8	23	木土火	×	음오행은 상생을 요함
10 6 1	17	木土金	×	상동
10 6 54	여자는 不利	木土木	×	여자21수 두령격, 남자는 귀격
10 6 7	23	木土火	×	음오행이 상생이면 무방함
10 6 15	여자는 不利	木土木	×	여자21수 두령격, 남자는 무방
10 6 19	35	木土土	×	음오행 상생이면 무방
10 7 1	18	木金金	×	상동
10 7 6	23	木金火	×	상동
10 7 8	25	木金土	△	소길
10 7 14	여자는 不利	木金木	×	여자 21수 두령격, 남자는 무방

10 7 22	39	木金水	×	음오행 상생격을 요함
10 8 3	여자는 不利	木金水	×	여자 21수 두령격, 남자는 무방
10 8 5	23	木金火	×	음오행 상생이면 사용이 가능
10 8 7	25	木金土	△	일생 일극이나 소길
10 8 13	여자는 不利	木金木	×	여자21수 두령격, 남자는 무방
10 8 15	상동	木金火	×	음오행 상생이면 무방함
10 8 22	39	木金水	×	상동
10 8 23	41	木金木	×	상동
10 11 4	여자는 不利	木木土	△	여자 21수 두령격, 남자는 길격
10 13 8	상동	木火木	△	木火 상생이라 길함
10 13 22	35	木火土	○	木火土 상생이라 대길
10 14 1	25	木火土	○	상동
10 14 7	여자는 不利	木火木	△	여자 21수 두령격, 남자는 길격
10 14 11	상동	木火土	○	木火土 상생격 이루어 대길
10 14 15	39	木火水	×	음오행은 상생되도록 요망
10 14 21	45	木火土	○	木火土 상생이라 대길한 구성
10 15 6	여자는 不利	木土木	×	여자21수 두령격, 남자는 길격
10 15 8	상동	木土火	×	음오행은 상생되도록 요함
10 15 14	39	木土水	×	상동
10 15 22	47	木土金	×	상동
10 19 6	35	木水土	×	상동
10 19 19	38	木水金	△	이 구성에서 음오행 상생이면 대길
10 21 8	여자는 不利	木木水	△	여자 21수 두령격, 남자는 길격
10 21 14	45	木木土	×	음오행은 상성을 이루도록 요함
10 22 1	여자는 不利	木木火	○	여자 33수 승천격
10 22 3	25	木木土	△	소길격

길격수리	정격	삼재오행	길흉	적요
10 22 7	29	木木水	△	소길격
10 22 13	45	木木土	△	소길격
10 22 15	47	木木金	×	음오행 상생이면 길
10 23 8	41	木火木	△	소길

11 획성	康 (편안 강) 國 (나라 국) 班 (나눌 반) 梁 (들보 량) 魚 (고기 어) 張 (베풀 장) 崔 (최고 최) 許 (허락 허)			

길격수리	정격	삼재오행	길흉	적요
11 2 4	17	木火土	○	木火土 상생을 이루어 대길
11 2 5	18	木火金	×	음오행은 상생되도록
11 2 22	35	木火火	×	상동
11 4 2	17	木土土	×	상동
11 4 14	29	木土金	×	상동
11 4 20	35	木土火	×	상동
11 5 2	18	木土金	×	상동
11 6 7	24	木金火	×	상동
11 6 12	29	木金金	×	상동
11 6 18	35	木金火	×	상동
11 7 6	24	木金火	×	상동
11 7 14	여자는 不利	木金木	×	음오행 상생을 요함
11 10 14	상동	木木火	○	木火相生이라 대길격
11 12 6	29	木火金	×	음오행은 상생을 요함
11 12 12	35	木火火	×	상동
11 13 24	48	木火金	×	상동
11 14 4	29	木土金	×	상동
11 14 7	여자는 不利	木土木	×	여자 21수 두령격, 남자는 길격

길격수리	정격	삼재오행	길흉	적요
11 14 10	상동	木土火	×	가능하면 은오행은 상생되도록
11 18 6	35	木水火	×	상동
11 20 4	35	木木火	○	木火 상생 대길
11 20 27	58	木木金	×	음오행은 상생되드록
11 24 13	48	木土金	×	상동

12 획성	閔 (성 민) 邵 (높을 소) 筍 (대순 순) 彭 (땅 팽) 黃 (누르 황)

길격수리	정격	삼재오행	길흉	적요
12 1 4	17	火火土	△	火土 상생 길격구성됨
12 1 5	18	火火土	△	상동
12 1 12	25	火火火	×	음오행이 상생이면 소길
12 1 20	여자는 不利	火火木	○	여자 21수 두령격, 남자는 길격
12 3 20	35	火土火	○	火土 상생이라 대길격
12 4 1	17	火土土	○	상동
12 4 9	25	火土火	○	상동
12 4 13	29	火土金	○	상동
12 4 17	여자는 不利	火土木	○	여자 21수 두령격, 남자는 길격
12 4 19	35	火土火	○	대길한 배치
12 4 21	37	火土火	○	대길격
12 5 1	18	火金土	△	一生一克이라 소길격
12 5 6	23	火金木	△	음오행은 상생되도록
12 5 12	29	火金金	×	상동
12 5 20	37	火金土	△	소길격
12 6 5	23	火金木	△	소길격
12 6 11	29	火金金	×	가능하면 음오행은 상생되도록

12 6 17	35	火金火	×	상동
12 6 19	37	火金土	△	소길격
12 6 23	41	火金水	×	가능하면 음오행은 상생되도록
12 9 4	여자는 不利	火木火	○	여자 21수 두령격, 남자는 대길
12 9 12	상동	火木木	○	木火 相生되어 대길
12 9 20	상동	火木水	△	水木火 상생이라 대길
12 11 6	29	火火金	×	가능하면 음오행이 상생되도록
12 11 12	35	火火火	×	상동
12 12 1	25	火火火	×	상동
12 12 5	29	火火金	×	상동
12 12 9	여자는 不利	火火木	○	여자 21수 두령격, 남자는 대길
12 11 11	35	火火木	×	음오행이 상생이면 사용 가능
12 12 13	37	火火土	△	火土 상생이라 소길
12 12 17	41	火火水	×	三火가 치열하므로 불리
12 12 21	45	火火火	×	상동
12 12 23	47	火火土	△	火生土 상생이므로 소길함
112 13 4	29	火土金	○	火土金 상생이 되어 대길
12 13 12	37	火土土	○	상동
12 13 20	여자는 不利	火土火	○	여자 33수 승천격
12 13 22	47	火土土	○	상생이라 대길
12 17 4	여자는 不利	火水木	×	여자 221수 두령격
12 17 6	35	火水火	×	불리함 水火相克
12 17 12	41	火水水	×	水火상극(상동)
12 19 4	35	火木火	○	火木상생이라 대길
12 19 6	37	火木土	○	상동
12 20 1	여자는 不利	火木木	○	여자 21수 두령격

12 20 3	35	火木火	○	火木 상생이라 길
12 20 5	38	火木土	△	반생반극이라 음오행 상생이면 대길
12 20 9	41	火木水	△	水生木 木生火 下生上하니 길격
12 20 13	여자는 不利	火木火	○	여자 33수 승천격 불리
12 20 19	51	火木水	△	유리한 구성임
12 21 4	37	火火土	△	상동
12 21 12	45	火火火	×	三火가치열이라 불리
12 22 13	47	火火土	△	火土 상생이나 소길

---

13 획성	賈 (값 가) 琴 (거문고 금) 廉 (청렴 렴) 睦 (화목 목) 楊 (버들 양) 司 (받들 사)
	空 (빌 공)

길격수리	정격	삼재오행	길흉	적요
13 2 3	31	火土土	○	대길함(수리 삼재 길격)
13 2 16	31	火土金	○	상동
13 3 8	24	火土木	○	상동
13 3 22	38	火土土	○	상동
13 4 4	여자는 不利	火金金	×	여자21수 두령격, 음오행 상생이면 무방
13 4 12	29	火金土	△	一生一克의 구성이지만 수리길이라 대길
13 4 20	37	火金火	×	음오행 상생이면 소길
13 5 20	여자는 不利	火金土	△	여자 33수 승천격, 남자는 길격
13 8 3	여자는 不利	火木木	○	여자는 21수 두령격, 남자는 길격
13 8 8	상동	火木土	○	대길, 여자는 21수 두령격, 남자는 길격
13 8 10	상동	火木金	×	음오행이 상생이라야 취용
13 8 16	상동	火木火	○	木 火 상생이니 대길
13 10 8	상동	火火金	×	음오행 상생이면 소길

길격수리	정격	삼재오행	길흉	적요
13 10 22	45	火火木	○	三才 구성도 대길
13 12 4	29	火土土	○	火土 상생이라 대길
13 12 12	37	火土火	○	상동
13 12 20	여자는 不利	火土木	○	여자 33수 승천격, 남자는 길격
13 16 2	31	火水金	×	음오행은 상생을 요함
13 16 8	여자는 不利	火水火	×	여자 21수 두령격, 남자는 길격
13 16 16	45	火水木	×	음오행이 상생이면 소길
13 16 19	48	火水土	×	상동
13 19 20	여자는 不利	火木水	△	여자 33수 승천격, 남자는 길격
13 20 4	29	火火火	×	음오행의 상생을 요함
13 20 5	여자는 不利	火火土	△	여자 33수 승천격, 남자는 귀격
13 20 12	상동	火火木	○	木火로 상생격 이루어 대길
13 20 19	상동	火火水	×	음오행 상생 구성을 요함
13 22 3	38	火土土	○	火土 상생이라 대길
13 22 10	45	火土木	○	상동

14 획성	蓮(연할 련) 裵(성 배) 西(서녁 서) 門(문 문) 愼(삼갈 신) 趙(나라 조)

길격수리	정격	삼재오행	길흉	적요
14 1 2	17	土土火	○	火生土 相生이라 대길
14 1 10	25	土土木	×	음오행이 상생이면 소길
14 1 17	32	土土金	○	土生金이라 三才도 상생 대길
14 2 1	17	土土火	○	火生土 상생격 이루어 대길
14 2 9	31	土土木	×	음오행이 상생이면 소길
14 2 15	31	土土金	○	土金相生이 되어 대길

14 2 19	여자는 不利	土土木	×	여자 21수 두령격, 남자는 길격
14 2 21	37	土土火	○	火生土 상생이 되어 대길
14 3 4	여자는 不利	土金金	×	여자 21수 두령격, 남자는 길격
14 3 15	32	土金金	×	음오행 상성이면 길격
14 3 18	여자는 不利	土金木	×	여자 21수 두령격, 남자는 귀격
14 3 21	38	土金火	×	음오행은 상생을 요함
14 4 3	여자는 不利	土金金	△	여자 21수 두령격, 남자는 길격
14 4 7	상동	土金木	×	음오행은 상생이 되도록
14 4 11	29	土金土	○	土金 상생격 이루어 대길
14 4 17	여자는 不利	土金木	×	여자 21 두령격, 남자는 귀격
14 4 19	상동	土金火	×	음오행은 상생되도록 요망
14 4 21	29	土金土	○	土生金 상상이라 대길
14 7 4	여자는 不利	土木木	△	여자 21 두령격, 남자는 귀격
14 7 10	상동	土木金	×	음오행은 상생됨을 요망
14 7 11	상동	土木金	×	상동
14 7 17	상동	土木火	△	소길격
14 7 18	상동	土木土	×	음오행 상상이면 유리함
14 9 2	25	土火木	○	소길격
14 9 9	32	土火金	×	음오행은 상생되도록 요함
14 9 15	38	土火火	×	상동
14 10 1	25	土火木	×	상동
14 10 7	여자는 不利	土火金	×	여자는 21수 두령격, 남자는 길격
14 10 11	상동	土火木	○	대길한 배치
14 10 15	39	土火土	○	火土 상생을 이루어 대길
14 10 21	45	土火木	○	木火土상생 대길
14 10 23	37	土火火	×	음오행은 상생되도록 요망

길격수리	정격	삼재오행	길흉	적요
14 11 4	29	土土土	○	三土 相合이라 대길
14 11 7	여자는 不利	土土金	○	여자 21수 두령격, 남자는 귀격
14 11 10	상동	土土木	×	음오행은 상생되도록 구성 요망
14 15 3	32	土水金	×	상동
14 15 9	38	土水土	×	상동
14 15 10	39	土水土	×	상동
14 15 18	여자는 不利	土水火	×	여자 33수 승천격, 남자는 귀격 수리임
14 17 1	32	土木金	×	음오행은 상생되기를 요함
14 17 4	여자는 不利	土木木	△	여자21수 두령격, 남자는 귀격 수리임
14 18 3	상동	土木木	△	음오행이 상생격 이루면 대길
14 18 7	상동	土木土	×	음오행이 상생격 이루면 길격
14 18 15	47	土木火	△	상동
14 18 19	여자는 不利	土木金	×	여자 33수 승천격, 남자는 귀격 수리임
14 21 10	상동	土土木	×	음오행은 상생 구성을 요함

15 획성 　葛 (칙 갈)　慶 (경사 경)　郭 (성곽 곽)　董 (자오락 동)　魯 (노둔할 로)
　　　　　劉 (모금도 류)

길격수리	정격	삼재오행	길흉	적요
15 1 2	18	土土火	○	火土 상생을 이루어 대길
15 1 16	32	土土金	○	土金으로 상생을 이루어 대길
15 1 17	여자는 不利	土土金	○	여자 33수 승천격, 남자는 귀격 수리임
15 2 6	상동	土金金	×	음오행은 상생을 요함
15 2 14	31	土金土	△	土金으로 상생배합되어 길격
15 2 16	여자는 不利	土金金	×	여자 33수 승천격, 남자는 귀격 수리임
15 3 14	32	土金金	×	음오행은 상생구성을 요함
15 3 20	38	土金火	×	상동

15 6 2	여자는 不利	土木金	×	음오행은 상성을 요함
15 6 10	상동	土木土	×	상동
15 6 17	상동	土木火	△	소길격
15 6 18	상동	土木火	△	소길격
15 8 8	31	土火土	○	화토 상생으로 구성되어 대길
15 8 9	32	土火金	×	음오행이 상생이면 유리
15 8 10	여자는 不利	土火金	×	여자는 33수 승천격, 남자는 귀격
15 8 16	39	土火火	△	소길격
15 9 8	32	土火金	×	음오행이 상생이면 소길
15 9 14	38	土土火	○	火土가 상생이라 대길
15 10 6	여자는 不利	土土土	○	여자는 21수 두령격, 남자는 귀격
5 10 8	상동	土土金	○	土金으로 상상 배합되어 대길
15 10 14	39	土土火	○	火土가 상생이라 대길
15 10 22	47	土土木	○	三才는 상극이지만 길격 작용
15 14 3	32	土水金	×	음오행 상생이 되도록 요망
15 14 9	38	土水火	×	상동
15 14 10	39	土水火	×	상동
15 14 18	47	土水木	×	상동
15 16 1	32	土木金	×	상동
15 16 8	39	土木火	△	상동
15 16 17	여자는 不利	土木火	△	여자는 33수 두령격, 남자는 귀격
15 17 1	상동	土木金	×	음오행은 상성 배합을 요망
15 17 6	38	土木火	△	삼재구성은 소길격
15 18 14	여자는 不利	土火木	○	여자는 33수 승천격, 남자는 귀격
15 22 10	47	土金木	○	목화토 상생 이루어 대길

단 2자성인 皇甫氏에 한해서는 姓에 태극수 1을 더하지 않음

16 획성 都 (성읍 도) 盧 (성 로) 龍 (용 룡) 陸 (뭍 륙) 潘 (성 반) 陣 (진철 진)

皇甫(임금 황, 클 보)

길격수리	정격	삼재오행	길흉	적요
16 1 5	여자는 不利	金金土	×	여자는 21수 두령격, 남자는 귀격
16 1 7	24	金金金	×	음오행이 상생되도록 구성 요함
16 1 16	여자는 不利	金金金	×	여자는 33수 승천격, 남자는 귀격
16 1 22	39	金金火	×	음오행은 상생되도록 요함
16 2 5	여자는 不利	金金金	×	여자는 21수 두령격, 남자는 귀격
16 2 13	31	金金土	△	소길한 삼재 배합
16 2 15	여자는 不利	金金金	×	여자는 33수 승천격, 남자는 귀격
16 2 19	상동	金金木	×	여자는 21수 두령격, 남자는 귀격
16 2 21	39	金金火	×	음오행은 상생 구성을 요함
16 5 2	여자는 不利	金木金	×	여자는 21수 두령격, 남자는 귀격
16 5 8	상동	金木火	△	소길한 삼재 구성임
16 5 16	상동	金木木	×	음오행은 상생 구성을 요함
16 7 1	24	金火金	×	상동
16 7 8	32	金火土	×	상동
16 7 9	32	金火土	×	상동
16 7 16	39	金火火	×	상동
16 7 22	35	金火水	×	상동
16 8 5	여자는 不利	金火火	×	여자는 21수 두령격
16 8 7	31	金火土	×	
16 8 9	여자는 不利	金火金	×	여자 33수 승천격
16 8 13	상동	金火木	×	여자 21수 두령격
16 8 15	39	金火火	×	음오행은 상생되도록 요망

16 8 17	여자는 不利	金火土	×	여자 33수 승천격, 남자는 귀격 수리임
16 8 21	45	金火水	×	음오행은 상생이어야 좋음
16 9 7	32	金土土	○	土生金으로 상생격 이루어 대길
16 9 8	여자는 不利	金土金	○	여자 33수 승천격, 남자는 귀격 수리임
16 9 16	상동	金土土	○	土金으로 상생 배합되어 대길
16 9 22	47	金土木	×	음오행이 상생되도록 배합을 요망
16 13 8	여자는 不利	金水木	○	여자 21수 두령격, 남자는 귀격 수리
16 13 16	41	金水水	○	金水 상생이타 대길
16 13 19	48	金水木	○	金水木 金生水 水生木이라 대길
16 15 1	32	金木土	△	소길한 삼재二성
16 15 8	39	金木火	△	상동
16 15 16	47	金木木	×	음오행은 상생되기를 요함
16 15 17	여자는 不利	金木木	×	여자 33수 승천격, 남자는 귀격 수리
16 16 5	37	金木木	×	음오행이 상생을 요함
16 16 7	39	金木火	△	소길격
16 16 13	45	金木水	×	음오행 상생 구성을 요함
16 16 15	47	金木木	×	상동
16 17 8	여자는 不利	金火土	×	여자 33수 승천격, 남자는 귀격 수리
16 17 15	48	金火木	×	음오행의 상생을 요함
16 19 13	48	金土木	×	상동
16 22 7	45	金金水	△	金水 상생은 三才에서 소길
16 22 9	47	金金木	×	음오행의 상생이 요구됨

길격수리	정격	삼재오행	길흉	적요
		17 획성 韓 (나라 한) 蔡 (나라 채)		
17 1 6	24	金金金	×	음오행이 상생이면 취용해도 무방
17 1 14	32	金金土	×	상동
17 1 20	38	金金木	△	상동
17 4 12	여자는 不利	金木土	×	여자 21수 두령격, 남자는 귀격
17 4 14	상동	金木金	△	음오행 상생이면 취용해도 좋음
17 4 20	상동	金木火	×	소길격
17 6 1	24	金火金	×	음오행 상생 배합을 요함
17 6 12	35	金火金	×	상동
17 6 15	38	金火木	×	상동
17 6 18	41	金火火	×	상동
17 7 8	32	金火土	×	상동
17 7 14	여자는 不利	金火木	×	여자 21수 두령격, 남자는 귀격
17 8 7	32	金土土	○	土金상생에
17 8 8	여자는 不利	金土土	○	여자 33수 승천격 대길한 삼재 구성
17 8 16	상동	金土火	×	음오행이 상생격이면 취용 가능
17 12 4	상동	金水土	×	상동
17 12 6	35	金水金	○	金水상생이라 대길
17 12 12	41	金水火	△	상동
17 14 1	32	金木土	△	음오행 상생 배합을 요함
17 14 4	여자는 不利	金木金	×	여자 21수 두령격, 남자는 귀격
17 14 7	상동	金木木	×	음오행 상생이면 취용이 나쁘지 않음
17 15 6	상동	金木木	×	상동

17 15 16	38	金木木	×	상동
17 15 20	52	金木土	×	상동
17 16 8	여자는 不利	金火火	×	여자 33수 승천격, 남자는 대길
17 16 15	상동	金火木	△	소길격

| 18 획성 | 簡 (대쪽 간) 魏 (나라 위) |

길격수리	정격	삼재오행	길흉	적요
18 3 3	여자는 不利	水木土	○	여자는 21수 주령격, 남자는 귀격
18 3 14	상동	水木金	○	대길한 삼재 구성임
18 3 20	상동	水木火	×	음오행이 상성이면 취용 가능
18 5 6	29	水火木	△	소길격
18 6 5	29	水火木	△	상동
18 6 7	31	水火火	×	음오행은 상성되도록 구성을 요
18 6 11	35	水火金	×	상동
18 6 15	여자는 不利	水火木	△	여자 21수 두령격, 남자는 귀격
18 6 17	41	水火木	△	소길격
18 7 6	31	水土火	×	음오행은 상생이라야 유리
18 7 14	여자는 不利	水土木	×	여자 21수 두령격, 남자는 귀격
18 11 6	35	水水金	△	소길격
18 14 3	여자는 不利	水木金	×	여자 21수 두령격, 남자는 귀격
18 14 7	상동	水木木	△	소길격
18 14 15	상동	水木水	○	여자 33수 승천격
18 15 6	상동	水火木	○	대길한 삼재구성
18 15 14	상동	水火水	×	음오행이 상생이면 좋음
18 17 6	41	水土火	×	상동
18 20 3	41	水金火	○	여자 21수 두령격, 남자는 귀격

19 획성	鄭 (나라 정) 髙 (이름 설) 南宮 (남녘 남, 집 궁)

*단 南宮, 皇甫, 鮮宇 등의 二字姓은 태극수 1을 가하지 않음

길격수리	정격	삼재오행	길흉	적요
19 2 4	여자는 不利	水木土	×	여자는 21수 두령격, 남자는 귀격
19 2 14	상동	水木土	○	대길
19 4 14	37	水火金	×	음오행 상생을 요함
19 6 10	35	水土土	△	소길
19 6 12	37	水土金	△	상동
19 10 6	35	水水土	×	음오행이 상생을 요함
19 10 19	48	水水水	△	소길격
19 12 4	35	水木土	○	대길한 삼재 구성임
19 12 6	37	水木金	×	음오행 상생 구성이 요구됨
19 13 20	52	水木火	○	대길격
19 14 2	여자는 不利	水火土	△	여자 21수 두령격, 남자는 귀격
19 14 4	상동	水火金	×	여자 33수 승천격, 남자는 귀격
19 16 2	상동	水土金	×	여자 21수 두령격, 남자는 귀격
19 19 10		水金水	○	金水 상생 배합이라 대길
19 20 12		水水木	△	소길격

20 획성	羅 (벌릴 라) 嚴 (엄할 엄) 鮮宇 (생선 선, 어조사 우)

*鮮宇씨는 姓에서 태극수 1을 가하지 않음

길격수리	정격	삼재오행	길흉	적요
20 1 2	여자는 不利	木木火	○	여자 21수 두령격, 남자는 귀격
20 1 4	상동	木木土	△	소길격

20 1 12	상동	木木火	○	대길
20 1 17	여자는 不利	木木金	×	여자21수 두령격, 남자는 귀격
20 3 12	35	木土土	×	음오행은 상생 구성이 요구됨
20 3 15	38	木火金	×	상동
20 3 18	여자는 不利	木火木	○	여자 21수 두령격, 남자는 귀격 수리임
20 4 1	상동	木火土	○	상생이 대길격 木火土로
20 4 9	상동	木火火	×	음오행이 상생이면 취용이 가능
20 4 11	35	木火土	○	木火土 상생이라 대길
20 4 13	37	木火金	×	음오행이 상생이면 삼재 불리해도 무방
20 4 17	여자는 不利	木火木	△	여자 21수 두령격, 남자는 귀격 수리임
20 5 12	37	木土金	×	음오행의 상생 배치가 요구됨
20 5 13	여자는 不利	木土金	×	여자 33수 승천격, 남자는 귀격 수리임
20 9 4	상동	木水火	×	음오행의 상생격을 요함
20 9 9	38	木水金	△	소길격
20 9 12	여자는 不利	木水木	○	여자 21수 두령격, 남자는 귀격
20 11 4	35	木木土	○	木火로 상생을 이루어 대길
20 12 3	35	木木土	△	소길격
20 12 5	37	木木金	×	음오행의 상생을 요망
20 12 9	여자는 不利	木木木	○	여자 21수 두령격, 남자는 귀격
20 12 13	45	木木土	△	소길
20 13 4	여자는 不利	木火金	×	여자 33수 승천격, 남자는 귀격
20 13 5	38	木火金	×	음오행은 상생 배합이 요구됨
20 13 12	여자는 不利	木火土	○	木火土 상생을 이루어 대길
20 13 19	상동	木火木	△	소길
20 15 3	38	木土金	×	여자 21수 두령격, 남자는 귀격
20 15 17	47	木土木	×	음오행이 상생이면 취용해도 무방

길격수리	정격	삼재오행	길흉	적요
20 17 1	여자는 不利	木金金	×	여자 21수 두령격,남자는 귀격 수리
20 17 4	상동	木金木	×	음오행이 상생이면 취용해도 무방
20 17 15	52	木金木	×	음오행이 상생이면 사용해도 유리함
20 17 21	58	木金金	×	상동
20 18 3	여자는 不利	木金木	×	여자 21수 두령격, 남자는 귀격
20 19 13	상동	木水木	○	여자 33수 승천격, 나자는 귀격
20 19 19	58	木水金	△	삼재구성에 소길

22 획성	權 (권세 권) 邊 (가 변) 蘇 (깨어날 소)

길격수리	정격	삼재오행	길흉	적요
22 1 10	여자는 不利	火火木	○	여자 33수 승천격, 남자는 귀격 수리
22 1 15	38	火火土	△	소길격
22 1 16	39	火火金	×	음오행은 상생되도록 구성 요망
22 2 5	29	火火金	×	상동
22 2 9	여자는 不利	火火木	○	여자33수 승천격, 남자는 귀격
22 2 11	상동	火火火	×	음오행의 상생이라야 가능
22 2 15	39	火火金	×	상동
22 3 10	35	火土火	○	火土 상생 배합이라 대길
22 3 13	38	火土土	○	대길격
22 7 9	38	火水土	×	음오행이 상생됨을 요함
22 7 10	39	火水金	×	상동
22 7 16	45	火水火	×	상동
22 9 2	여자는 不利	火木木	○	여자 33 승천격, 남자는 귀격
22 9 7	38	火木土	○	대길

22 9 16	37	火木土	○	대길함
22 10 1	여자는 不利	火木木	○	여자 33 승천격
22 10 3	35	火木火	○	대길함
22 10 7	39	火木金	○	대길함
22 10 13	45	火木火	○	대길함
22 10 15	47	火木土	○	대길함
22 11 2	41	火火火	○	여자 33수 승천격, 남자는 대길
22 12 13	37	火火土	○	대길함
22 13 3	38	火土土	○	火土 상생 대길
22 13 10	35	火土火	○	상동
22 13 12	47	火土土	○	상동
22 15 10	47	火金土	△	소길, 음오행 상생이면 대길
22 16 1	39	火金金	×	음오행 상생이면 사용해도 무방
22 16 7	45	火金火	×	상동
22 16 9	47	火金土	△	소길격

25 획성 │ 獨孤 (홀로 독, 외로울 고)

· 二字姓은 태극수 1을 가산하지 않고 숫자대로 오행을 정한다

길격수리	정격	삼재오행	길흉	적요
25 4 4	여자는 不利	土水金	×	여자 33승천격, 남자는 무방
25 4 12	41	土水土	×	음오행이 상생이면 무방함
25 6 7	39	土木火	△	음오행이 상생이면 대길격
25 6 10	41	土木土	×	음오행이 상생이면 무방함
25 7 6	38	土木火	△	음오행이 상생이면 대길
25 7 16	48	土木火	△	상동

길격수리	정격	삼재오행	길흉	적요
25 8 8	41	土火土	○	상생되어 길함
25 10 6	41	土土土	○	상생되어 길함
25 10 13	48	土土火	○	三土相合이라 대길
25 10 22	47	土土木	×	음오행 상생이면 사용해도 무방
25 12 4	41	土金土	△	상동
25 12 20	57	土金木	×	상동
25 13 10	48	土金火	×	상동
25 16 7	48	土土火	○	대길
25 16 16	57	土木木	△	소길
25 20 12	57	土土木	×	음오행 상생적 요망
25 20 13	여자는 不利	土土火	○	여자 33 승천격 불리, 남자는 대길

31 획성	諸葛 (모두 제, 칡 갈)			

길격수리	정격	삼재오행	길흉	적요
31 1 6	38	木木金	×	음오행 상생이면 사용해도 무방
31 1 16	48	木木金	×	상동
31 1 20	여자는 不利	木木木	○	여자21수 두령격, 남자는 귀격
31 2 4	37	木火土	○	木火土 상생 대길
31 2 6	39	木火金	×	음오행 상생이 요구됨
31 2 14	여자는 不利	木火土	○	상동 남자는 대길
31 4 2	37	木土土	×	음오행 상생이면 사용해도 무방
31 4 4	39	木土金	×	상동
31 4 17	여자는 不利	木土木	×	여자 21수 두령격, 남자는 대길
31 4 20		木土火	×	음오행 상생이면 사용해도 무방

31 6 2	39	木金金	×	여자33수 승천격, 남자는 사용 무방
31 6 10	47	木金土	△	음오행 상생이던 사용해도 무방
31 7 10	48	木金金	×	상동
31 7 14	여자는 不利	木金木	×	여자 21 수령격 남자는 음오행 상생이면 무방
31 8 8	47	木水土	×	단 음오행 상생이면 무방
31 10 6	47	木木土	△	사용해도 무방
31 10 7	48	木木金	×	단 음오행 상생이면 사용해도 무방
31 14 7	여자는 不利	木土木	×	여자 21 두령격
31 16 16	63	木金木	×	음오행 상생이면 사용해도 무방함
31 20 17	68	木木金	×	상동

참고

◎ 길격 수리와 삼재오행에 대하여

① 길격 수리란 성명 81 수리에서 각 성씨(姓氏)에 따라 원형리정(元亨利貞)의 사용에 길격(吉格)으로 숫자 배열하였으므로 흉수(凶數)는 포함되지 않았다.

② 천인지삼재(天人地三才)는 길격 수리에만 삼재 오행법을 적용 길격 수리 오른편에 기록하여 오행이 상생이면 길하고 상극이면 불리가 대체적이고 삼재 생극(三才生克)에 간혹 상생이라도 불리한 배합이 있고 삼재 상극이라도 유리한 것이 있다. 그 이유에 대해서는 필자도 잘 모르겠으나 지혜로우신 분이면 알 수 있으리라 생각된다.

7수 21수 33수는 독립격(홀로서기). 두령격(頭領格-가정 내에서도 우두머리가 되는 것은 바람직하지 못함) 승천격(昇天格-지위가 하늘 만큼 높음) 등의 수리에 대해서는 피해야 되므로 여자는 불리라 하였다(전에는 23수(공명격) 24수 (立身格) 29수(성공격)도 너무 세다 해서 제외되고 남자만 취용하였으나 급변한 시대적 배경(흐름)에 의해 여자도 남자와 다름없이 사회참여를 활발히 함으로 국회의원 국무총리, 장관, 판·검사 등의 센 직업을 맡아 감당하므로 23수, 24수, 29수를 피할 이유가 없기에 필자는 7수, 21수, 33수만 제외하였다.

③ 오행 생극 문제 : 길격 수리에 삼재(三才)도 상생(相生)으로 맞출 수 있다면 금상첨화(錦上

添花)라 하겠다. 수리(數理)나 삼재(三才)에서 그 하나만 상생격으로 맞춰도 무방하다.

④ 음오행(音五行)이란 가카 木. 나다라타 火. 아하 土. 사자차 金. 마바타파 水의 법식으로 성명 세 글자의 발음에 의하여 오행이 정해진다.(제2편 1항 (4)를 참고하라)

⑤ 삼재오행이란 1.2 木 3.4 火 5.6 土 7.8 水

⑥ 음오행 상생을 요함이란 삼재오행을 적용이 안 되는(상생격) 경우 2가지 오행법 가운데 그 하나(발음)라도 오행의 상생을 이루도록 하라는 뜻이다.

삼재오행(三才五行)의 상생격(相生格)을 위하여 어려운 경우 발음 오행을 상생되도록 하라는 뜻이다.

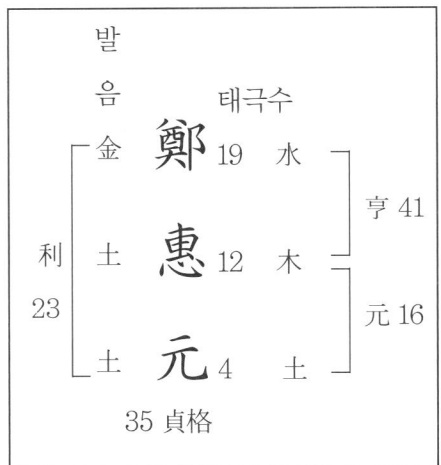

왼편 성명은 사격 삼재(四格 三才)의 예다.

음양: 9(양) 12(음) 4(음)로서 홀수, 짝수, 짝수로(○ ● ●의 부호) 음양구성은 합격이다. 다음은 원형리정(元亨利貞) 사격(四格) 수리가 길격인가를 따져 본다. 성자 아래 이름자 상하를 합친 수(數)를 원격(16)이요 성자와 이름 윗자를 합친 획수가 형격(31)이요 성자와 이름 아래 글자를 합친 수(23)가 이격이요 성명 세 글자를 합친 수(35)를 정격 또는 총격이라 한다.

원격인 16수 덕망격(德望格)이라 한다.
형격인 31수 융창격(隆昌格)이라 한다.
이격인 23수 공명격(功名格)이라 한다.
정격인 35수 병범격(平凡格)이라 한다.

다음은 天·人·地 삼재오행(三才五行)이다
성자 획수 19 (鄭이 19획)에 태극수 1을 더하니 20이다. 9·10은 水이니 天에 오행은 水요, 정씨 19에 윗 이름자 12획을 합치면 31이라. 1·2는 木이므로 인격(人格)은 41 木이요.

惠자 12획과 元자 4획을 합치면 16이라. 5·6은 土이므로 地格은 土에 해당한다.

삼재오행은 水水土라 水生木 삼생인 한편 木克土가 되어 길흉상반(吉凶相半)이다.

음오행은 정(鄭)이 金이요 혜(惠)가 土요, 원(元)이 土라 金土土 상생을 이루어 길명(吉名)이다.

만약에 삼재 오행이 상생을 못하면 음오행은 상생이 되도록 하고 은오행으로 상생격을 이루지 못하면 삼재(三才)에 매인 오행의 상생을 구하라.

길명(吉名 - 좋은 이름)의 조건

① 음양(陰陽): 이름자의 획수로 정하는데 성명 세 글자 가운데 반드시 홀수 글자(양)와 짝수 글자(음)가 있어야 음양을 갖추었다 한다.

② 사격(四格): 원. 형. 이. 정(元亨利貞)을 정하는 바 1, 3, 5, 6, 7, 8, 11, 13, 14, 15, 16, 17, 18, 21, 23, 24, 25, 29, 31, 32, 33, 35, 37, 38, 39, 41, 45, 47, 52, 61, 63, 65, 68, 73, 75수 가운데에 해당하면 길하고 이상에 수록한 수리 이외는 모두 불리한(凶格) 이름이 된다.

③ 글자의 선택은 매우 중요하다. 때문에 앞글 이름에 쓸 수 있는 글자만을 가려 수록 한다.

④ 발음: 발음은 각 개인의 이미지를 나타낸다. 글자의 발음에 의한 것인지는 확실치 않아도 발음을 따라가 언어와 행동을 하는 것 같다.

⑤ 오행은 음오행(音五行)과 삼재 오행(三才五行) 자변오행(字變五行)과 자의오행(字義五行) 등의 구분이 있다. 이 자변과 자의 오행은 전문가가 아니면 사용이 어려우니 함부로(섣불리) 사용하지 말아야 한다.

　주의　　사격수리(四格數理)를 맞추느라 이름에 쓸 수 없는 한자(漢字)로 작명할 우려가 있어 아래에 성자(姓字)를 포함 이름에 쓸 수 있는 글자만을 가려 수록한다.

◎ 이름의 재료로 쓸 수 있는 한자에 대하여

10여년 전에 대법원에서는 이름에 쓸 수 있는 한자(漢字)라는 명칭으로 세 차례에 걸쳐 발표

하였는데 최종적으로 발표한 글자가 4875자이다. 필자의 견해로는 여기에 문제점이 있다. 왜냐하면 〈이름에 쓸 수 있는 한자〉라는 명칭으로 최종적으로 선택한 4875자는 모두가 이름자에 써도 무방하다는 뜻으로 생각할 수 있다. 한자(漢字)는 명사(名辭) 동사(動辭) 형용사(形容詞) 조사(助辭) 부사(副辭) 등 만물만상(萬物萬象)에 문자(文字)로 쓸 수 있도록 글자가 갖추어져 있지만 그래도 명칭과 동태(動態) 등 천만 가지를 다 글자로 만들 수는 없다. 대개 언어를 교환하는 데 필요한 글자로는 3000자 정도만 알면 충분하였고 의학적으로 쓰는 글자와 동물 곤충에 쓰이는 豸豕 鳥 獸 虫 疒 魚 牛 馬 羊변 글자, 肉변 글자는 그 숫자를 헤아릴 수 없이 많다. 아무리 글자를 늘려도 이름자에 적합한 글자는 600여 자밖에 안 된다. 작명(作名)에 편리하기 위해 이름에 쓸 수 있는 글자를 획수별로 가려 쓰고 또 이를 다시 발음별로 구분 수록한다.

또 대법원에서 발표한 4875자와 상호에 쓰이는 글자, 아호(雅號)에 주로 쓰이는 한자도 수록한다.

◎ 획수별 한자(漢字)

*이름에 사용해도 무방한 한자와 성자(姓字)만을 가렸다.

①	一	乙	②	二	乃	卜	又	丁
	한일	새을		두이	이에내	점복	또우	장정정
乂	③	三	万	士	山	凡	也	于
제주예		석삼	일만만	선비사	뫼산	무릇범	이끼야	어조사우
小	④	孔	今	斗	公	毛	文	方
작을소		구멍공	이제금	말두	귀공	털모	글월문	장정정
卞	少	水	升	心	云	元	允	夫
범변	젊을소	물수	오를승	마음심	이를운	으뜸원	진실로윤	지아비부
仁	壬	中	太	片	亢	化	⑤	可
어질인	북방임	가운데중	클태	조각편	높을항	될화		옳을가
甲	丘	令	戊	民	白	丙	本	史
갑옷갑	언덕구	하여금령	별무	백성민	흰백	남녘병	근본본	사기사
生	石	世	永	玉	王	用	以	田
날생	돌석	인간세	길영	구슬옥	임금왕	쓸용	써이	밭전
正	充	皮	必	玄	弘	⑥	光	區
바를정	채울충	가죽피	반드시필	검을현	클홍		빛광	구역구
求	圭	吉	年	多	牟	朴	百	氾
구할구	홀규	길할길	해년	많을다	탐할모	성박	일백백	넘칠범
先	西	此	守	式	安	宇	旭	伊
먼저선	서녘서	이차	지킬수	법식	편안안	집우	빛날욱	저이
而	印	因	任	丞	有	在	全	朱
말이을이	새길인	인할인	맡길임	정승승	있을유	있을재	온전전	붉을주
仲	至	宅	行	⑦	局	君	均	杞
버금중	이를지	집택	다닐행		판국	임금군	고를균	구기자기
杜	良	呂	伶	利	李	免	汎	甫
막을두	어질량	범려	염려할령	이로울리	오얏리	면할면	물범	클보

成	宋	秀	辛	余	然	吾	完	佑
이룰성	나라송	빼낼수	매울신	나여	맞을연	나라오	완전할완	도울우
攸	酉	壯	材	廷	玎	池	志	辰
바유	닭유	씩씩할장	재목재	조정정	옥소리정	못지	뜻지	별진
車	初	兌	判	杓	何	亨	孝	希
수레차	처음초	서방태	판단할판	자루표	어찌하	형통할형	효도효	바랄희
⑧	佳	杰	京	坰	庚	炅	昆	官
	아름다울가	호걸걸	서울경	들경	별경	빛날경	맏곤	벼슬관
具	坵	玖	金	奇	其	玘	東	求
갖출구	언덕구	옥돌구	쇠금	기이할기	그기	옥기	동녘동	구할구
姈	侖	林	孟	命	明	武	旼	房
영리할령	둥글륜	수풀림	만맹	목숨명	밝을명	호반무	하늘민	방방
秉	奉	尙	昔	垂	承	昇	始	沈
잡을병	받들봉	오히려상	옛석	드릴수	이을승	오를승	비로소시	깊을심
於	沇	玗	雨	沅	侑	宜	長	定
어조사어	물이름연	옥돌우	비우	물원	도울유	마땅의	어른장	정할정
政	制	宗	周	姝	泜	知	直	昌
다스릴정	법제제	마루종	두루주	예쁠주	가지런할지	알지	곧을직	장성할창
采	靑	忠	卓	虎	和	昕	欣	⑨
나물채	푸를청	충성충	높을탁	범호	화할화	해돋을흔	기쁠흔	
建	癸	奎	矜	紀	南	度	亮	勉
세울건	닭계	별규	자랑긍	벼리기	남녘남	법도도	밝을량	힘쓸면
柳	姜	敃	玟	法	柄	炳	保	思
버들류	성강	군셀민	옥돌민	법법	자루병	밝을병	보전할보	생각사
庠	相	宣	性	星	昭	沼	炤	杣
학교상	서로상	베풀선	성품성	별성	밝을소	못소	밝을소	나무소
施	是	信	彦	沿	衍	映	泳	盈
베풀시	이시	믿을신	선비언	좇을연	넓을연	비칠영	헤엄칠영	찰영

玩	旭	耶	俞	玧	垠	怡	哉	貞
구경완	빛날욱	어조사야	밝을유	옥윤	언덕은	화할이	어조사재	곧을정
柱	俊	重	祉	春	治	殆	泰	垞
기둥주	준걸준	무거울중	복지	봄춘	다스릴치	위태타	클태	언덕택
泌	昰	河	姮	咸	奕	革	泫	炫
물필	여름하	물하	계집항	모두함	클혁	가죽혁	깊을현	밝을현
洞	炯	泓	姬	侯	⑩	珏	剛	格
찰형	밝을형	깊을홍	계집희	임금후		구슬각	군셀강	이를격
兼	耕	桂	高	骨	恭	洸	校	俱
겸할겸	갈경	계수나무계	높을고	뼈골	공경공	물솟을광	학교교	함께구
矩	根	肯	記	桔	娜	洛	烈	玲
법구	뿌리근	자랑할긍	기록할기	도라지길	아름다울나	낙수낙	더울렬	금옥령
倫	馬	珉	芙	師	芳	徐	書	娍
인륜륜	말마	옥돌민	부용부	스승사	향내방	더딜서	글서	아름다울성
城	素	洙	娥	芽	晏	洋	娟	芮
재성	힐소	물가수	계집아	싹아	늦을안	물양	고울연	풀예
垸	容	祐	迂	彧	耘	原	袁	洧
칠할완	얼굴용	도울우	멀우	빛날욱	김맬운	근본원	이에원	물유
恩	殷	益	宰	財	栽	裝	曹	祚
은혜은	나라은	다할익	재상재	재물재	심을재	꾸밀장	무리조	복조
埈	芝	晋	津	珍	眞	秦	哲	昶
높을준	지초지	나라진	나루진	보배진	참진	나라진	밝을철	밝을창
珌	夏	軒	玹	祜	洪	桓	晃	效
옥필	여름하	마루헌	옥돌현	복호	넓을홍	나무환	빛날황	본받을효
訓	⑪	卿	珙	珖	敎	國	珪	規
가르칠훈		벼슬경	옥공	사람이름광	가르칠교	나라국	서옥규	법규
近	基	旣	那	得	珞	浪	离	晚
가까울근	터기	이미기	어찌나	얻을득	구슬락	물결랑	밝을리	늦을만

冕	茂	務	敏	培	彬	斌	祥	涉
면류관면	성할무	힘쓸무	민첩할민	북돋을배	빛날빈	빛날빈	상서상	건널섭
晟	紹	珣	崇	野	御	魚	焉	英
밝을성	이을소	옥돌순	높을숭	들야	어찌할어	물고기어	어조사언	꽃부리영
迎	浣	庸	偉	唯	猷	胤	珥	翌
맞이할영	빨완	떳떳용	클위	오직유	바유	맏아들윤	귀고리이	내일익
翊	寅	章	旌	浚	晙	張	珠	振
날개익	동방인	글장장	기정	깊을준	밝을준	베풀장	구슬주	떨칠진
執	埰	寀	彩	崔	琓	畢	海	珦
잡을집	캘채	동관채	채색채	높을최	옥충	다할필	바다해	구슬향
許	珩	浩	滐	⑫	景	款	喬	貴
허락허	구슬형	넓을호	물호		볕경	정성관	높을교	귀할귀
鈞	能	惪	敦	琉	理	珷	閔	博
무거울균	능할능	덕덕	도타울돈	옥류	다스릴리	옥돌무	성민	넓을박
棅	普	斯	翔	象	晳	善	旋	卨
자루병	넓을보	이사	날개상	코끼리상	분석할석	착할선	옥선	이름설
城	淞	傑	淑	淳	筍	舜	順	述
옥성	물송	호걸걸	맑을숙	순박할순	풀순	임금순	순할순	지을술
勝	植	雅	涓	淵	然	玩	堯	雄
이길승	심을식	맑을아	가릴연	못연	그러할연	서옥완	임금요	수컷웅
媛	爲	庾	惟	壹	惠	渼	皓	程
계집원	할위	곳집유	생각유	한일	은혜혜	맑을호	넓을호	법정
勛	欽	喜	軫	集	彭	彌	現	喆
공훈	공경흠	기쁠희	수레진	모을집	나라팽	다할필	보일현	밝을철
淸	程	朝	淙	智	⑬	賈	軫	經
맑을청	법정	아침조	물종	지혜지		값가	수레진	글경
琴	琦	祺	琪	湳	楠	廉	鈴	睦
거문고금	옥기	상서기	옥기	물남	나나무남	청렴렴	방울령	화목목

渼	祿	琳	湘	詳	湆	聖	勢	湜
물미	녹록	옥림	물상	자세상	물적실선	성인성	형세세	맑을식
載	軾	楊	業	暎	渶	預	湧	愚
실을재	수레식	버들양	업업	비칠영	맑을영	미리예	물소리용	어리석을우
煜	郁	渭	裕	鼎	琮	稙	粲	椿
빛날욱	빛날욱	위수위	넉넉유	솥정	목소리종	볏직	빛날찬	춘나무춘
琸	荷	鉉	湖	琥	煥	煌	會	輝
방울탁	연하	솟귀현	호수호	산호호	빛날환	빛날황	모을회	빛날휘
熙	⑭	僖	嬿	連	綺	綠	溟	裵
빛날희		기쁠희	아름다울근	이을련	비단기	푸를록	바다명	성배
鳳	瑞	碩	琔	銑	理	誠	愼	與
새봉	상서서	클석	옥선	광채날선	옥성	정성성	삼갈신	더불어
瑛	榮	睿	溶	瑀	頊	熊	源	瑗
옥광채영	영화영	밝을예	녹을용	옥돌우	구슬욱	곰웅	근원원	옥원
維	銀	溢	禎	瑅	齊	趙	造	準
벼리유	은은	넘칠일	상서정	옥제	가족이제	ㄴ라조	지을조	법준
彰	瑃	赫	豪	鉽	滉	熏	⑮	熲
빛날창	옥춘	빛날혁	호걸호	고등홍	이글거릴황	더울훈		불빛경
慶	郭	寬	廣	逵	槿	德	漌	樂
경사경	성곽	너그러울관	넓을광	한길규	무궁화근	큰덕	물근	풍류악
魯	劉	滿	模	範	萬	緒	諄	養
노둔할로	모금도류	가득할만	법모	법범	일만만	실가리서	도울순	기를양
演	熱	瀅	瑢	毅	逸	稷	瑨	進
넓을연	더울열	옥빛형	옥소리용	군셀의	편안일	피직	옥돌진	나아갈진
震	漢	賢	輝	興	⑯	瑾	錦	冀
우뢰진	한수한	어질현	빛날휘	일흥		옥근	비단금	바랄기
瑧	達	道	都	錄	龍	陸	穆	默
옥기	통달달	길도	도읍도	녹록할록	용룡	뭍륙	화목목	잠잘묵

播	錫	璇	錞	燕	曄	穎	叡	遇
뿌릴파	주석석	옥선	쇠북악기순	제비연	빛날엽	이삭영	맑을예	만날우
蓉	運	璋	錢	輯	學	翰	憲	衡
부용용	운수운	구슬장	돈전	모될집	배울학	편지한	법헌	저울대형
澔	曉	勳	熹	熺	⑰	鍵	塞	檢
빛날호	새벽효	공훈	밝을희	밝을희		자물쇠건	절건	살필검
璟	謙	鞠	璣	鍍	蓮	韓	鄕	澮
옥경	겸손할겸	칠국	구슬기	도금할도	연밥연	나라한	시골향	개천회
羲	禧	⑱	謹	禮	謨	馥	濱	顔
기운희	복희		삼갈근	예도례	꾀모	향기복	물가빈	얼굴안
曜	鎔	魏	翼	濟	濬	鎭	璨	蕙
빛날요	녹일용	나라위	날개익	건늘제	깊을준	누를진	옥찬	난초혜
鎬	⑲	麒	麗	鵬	鏞	韻	願	⑳
호경호		기린기	고울려	새붕	쇠북용	운치운	원할원	
覺	瓊	羅	嚴	耀	寶	議	薰	㉑
깨달을각	구슬경	벌릴라	엄할엄	빛날요	보배보	의논의	밝을훈	
藝	譽	鐵	鐸	顯	㉒	權	㉖	讚
재주예	기릴예	쇠철	방울탁	클호		권세권		칭찬할찬

원.형.리.정(元亨利貞)의 사격(四格)은 오로지 성명 글자의 획수부합에 의하여 길흉이 정해진다. 천(天)인(人)지(地)의 삼재(三才)는 획수에 의해 오행이 정해지는 것이므로 한자(漢字)의 획수는 작명과 해명(解名)에 있어 매우 중요하다. 다음에는 한자(漢字)를 음오행 발음별로 이름에 쓸 수 있는 글자만을 수록하여 작명에 편의를 기하였다.

글자 순서는 가나다라 순서이고 이름에 쓸 수 있는 글자와 성자(姓字)를 포함고 ○ ● △ 등의 부호와 여자 이름자는 사용해도 남자 이름자는 마땅치 않은 글자를 피하였다.

◎이름자에 쓸 수 있는 발음별 한자

(가)	佳 아름다울가	可 옳을가	嘉 아름다울가	(각)	珏 구슬각	(건)	乾 하늘건	建 세울건
度 정상건	(걸)	傑 호걸걸	杰 이름걸	桀 사나울걸	(검)	檢 살필검	(격)	格 이를격
(겸)	兼 겸할겸	謙 겸손할겸	(경)	京 서울경	卿 벼슬경	坰 들경	庚 별경	經 실머리경
耕 갈경	耿 빛날경	鯨 고래경	(계)	桂 계수나무계	溪 시내계	癸 북방계	高 높을고	(공)
恭 공순공	珙 옥공	(곽)	郭 성곽	(관)	官 벼슬관	寬 너그러울관	琯 옥저관	(광)
光 빛광	匡 바를광	廣 넓을광	洸 물솟을광	珖 사람이름광	(교)	敎 가르칠교	校 학교교	(구)
具 갖출구	丘 언덕구	俱 함께구	坵 언덕구	求 구할구	玖 옥돌구	邱 언덕구	(국)	國 나라국
局 판국	(군)	君 임금군	(권)	權 권세권	(귀)	龜 ㄱ북귀	(규)	圭 홀규
奎 별규	規 법규	(균)	均 고를균	鈞 무거울균	(권)	勸 권할권	(근)	勤 부지런할근
嫤 고울근	根 뿌리근	槿 무궁화근	漌 맑을근	瑾 옥근	謹 삼갈근	(기)	其 그기	冀 바랄기
圻 언덕기	埼 땅기	基 터기	奇 기이할기	淇 물기	玘 옥기	琪 구슬기	璂 옥기	祺 상서기
紀 벼리기	起 일어날기	鎮 호미기	麒 기린기	(길)	吉 길할길	桔 도라지길	(금)	金 성김
(나)	娜 아름다울나	那 어찌나	(낙)	諾 허락낙	(난)	暖 따뜻할난	(남)	南 남녘남
湳 물남	楠 남나무남	(내)	乃 이에내	(능)	能 능할능	(다)	多 많을다	(단)

丹 붉을단	(달)	達 통달달	(당)	唐 나라당	當 마땅당	(대)	大 큰대	玳 대모대
(덕)	德 큰덕	悳 덕덕	(도)	度 법도도	道 길도	都 도읍도	鍍 도금할도	(돈)
敦 도타울돈	(동)	東 동녁동	棟 들보동	(두)	斗 말두	(득)	得 얻을득	(라)
羅 벌릴라	(란)	蘭 난초란	(랑)	浪 물결랑	(래)	來 올래	(량)	梁 들보량
凉 서늘량	良 어질량	(련)	蓮 연밥련	連 이을련	(렬)	烈 매울렬	(렴)	廉 청렴렴
(령)	伶 영리할영	玲 방울령	(례)	禮 예도례	(로)	盧 성로	魯 로둔할로	(록)
祿 녹록	綠 푸를록	錄 새길록	(룡)	龍 용룡	(류)	柳 버들류	劉 모금도유	琉 옥류
(륙)	六 여섯륙	陸 뭍륙	(륜)	侖 둥글륜	(률)	律 법률	(륭)	隆 높을륭
(리)	利 이로울리	李 오얏리	梨 배리	理 다스릴리	离 밝을리	里 마을리	(림)	林 수풀림
琳 옥림	(립)	立 설립	(마)	馬 말마	(만)	晚 늦을만	滿 가득할만	萬 일만만
(망)	望 바랄망	(맹)	孟 맏맹	(면)	免 면할면	勉 힘쓸면	冕 면류관면	(명)
命 목숨명	明 밝을명	溟 바다명	(모)	模 법모	毛 터럭모	牟 보리모	(목)	木 나무목
睦 화목목	牧 칠목	穆 화목목	(무)	戊 별무	武 호반무	珷 옥돌무	茂 성할무	(문)
文 글월문	(미)	媄 고을미	未 아닐미	渼 물미	美 아름다울미	(민)	敏 민첩할민	旻 화할민

旻 하늘민	民 백성민	玟 옥돌민	珉 옥돌민	(박)	博 넓을박	朴 순박할박	(반)	潘 성반
(방)	傍 곁방	方 모방	芳 꽃다울방	(배)	培 북돋을배	裵 성배	(백)	白 흰백
(범)	凡 무릇범	杋 나무범	範 법범	(법)	法 법법	(벽)	碧 푸를벽	(변)
卞 법변	邊 갓변	(병)	丙 남녁병	並 아우를병	倂 아우를병	炳 빛날병	棅 자루병	秉 잡을병
昞 빛날병	(보)	保 보전할보	寶 보배보	普 넓을보	甫 겨우보	補 ㄱ울보	(복)	卜 점복
福 복복	馥 향기복	(본)	本 근본본	(봉)	奉 받들봉	峰 봉우리봉	逢 만날봉	鳳 새봉
(부)	夫 지아비부	芙 부용부	(분)	昐 햇빛분	汾 물이름분	芬 흥기분	(붕)	鵬 붕새붕
(빈)	斌 빛날빈	璘 옥무니빈	(사)	史 사기사	師 스승사	思 생각사	(산)	山 뫼산
(삼)	三 셋삼	(상)	商 장사상	尙 숭상할상	庠 학교상	湘 굴상	相 서로상	祥 상서상
翔 날개상	詳 자세상	(생)	生 날생	(서)	徐 천천히서	書 글서	瑞 상서서	西 서녁서
(석)	昔 옛석	奭 클석	晳 밝을석	石 돌석	碩 클석	錫 주석석	鉐 놋석	(선)
先 먼저선	善 착할선	嫙 예쁠선	宣 베풀선	渲 물적실선	琁 옥선	瑄 구슬선	璇 옥선	銑 광채날선
(설)	卨 이름설	薛 쑥설	(섭)	涉 건늘섭	燮 불꽃섭	(성)	城 재성	娍 아름다울성
成 이룰성	晟 밝을성	星 별성	城 옥성	盛 성할성	聖 성인성	性 슷품성	誠 정성성	(세)

世	(소)	小	昭	招	沼	炤	玿	笑
인간세		작을소	밝을소	나무소	못소	밝을소	옥소	웃음소
素	紹	蘇	韶	(송)	宋	松	(수)	垂
흴소	이을소	차즈기소	풍류소		나라송	솔송		드릴수
殊	水	洙	璲	秀	穗	須	(숙)	淑
다를수	물수	물가수	옥돌수	빼어날수	이삭수	모름지기수		맑을숙
琡	(순)	徇	洵	淳	珣	舜	順	(술)
구슬숙		부릴순	진실로순	순박할순	옥돌순	임금순	순할순	
述	(숭)	崇	(습)	習	(승)	丞	乘	勝
지을술		높을숭		익힐습		정승승	탈승	이길승
承	昇	(시)	始	是	時	(식)	寔	植
이을승	오를승		비로소시	이시	때시		이식	심을식
湜	軾	(신)	伸	信	新	愼	申	(심)
맑을식	수레식		펼신	믿을신	새신	삼갈신	새신	
心	沁	沈	(아)	娥	芽	雅	(안)	安
마음심	물심	성심깊을심		계집아	싹아	맑을아		편안안
晏	(애)	愛	涯	(앵)	鸚	鶯	(야)	也
늦을안		사랑애	물가애		앵무앵	꾀꼬리앵		이끼야
(양)	楊	洋	讓	(어)	於	(언)	彦	焉
	버들양	바다양	새양양		늘어		선비언	어조사언
(엄)	嚴	(업)	業	(여)	余	(연)	姸	娟
	엄할엄		업업		나여		빛날연	고을연
宴	延	沇	沿	涓	淵	演	然	燕
잔치연	맞을연	물이름연	좇을연	물방울연	못연	넓을연	그럴연	나라연
瑌	研	衍	(엽)	爗	曄	(영)	映	暎
옥돌연	갈연	넓을연		빛날엽	빛날엽		비칠영	비칠영

榮	永	泳	溁	穎	烘	瑛	瀯	盈
영화영	길영	헤엄칠영	맑을영	물이름영	비칠영	옥광채영	구슬영	찰영
穎	英	鍈	(예)	乂	叡	睿	(오)	梧
이삭영	꽃부리영	방울소리영		다스릴예	밝을예	밝을예		오동오
吳	珸	(옥)	沃	玉	(완)	完	梡	浣
나라오	옥돌오		글옥	구슬옥		완전할완	나무이름완	빨완
玩	(왕)	王	旺	汪	(요)	堯	耀	(용)
구경완		임금왕	왕할왕	넓을왕		임금요	비칠요	
踊	容	榕	涌	湧	溶	瑢	用	蓉
날랠용	얼굴용	용나무용	물솟을용	솟을용	녹을용	옥소리용	쓸용	부용용
鎔	(우)	佑	于	友	右	宇	遇	玗
녹일용		도울우	어조사우	벗우	오른우	집우	어리석을우	옥돌우
禑	祐	雨	(욱)	勖	彧	旭	昱	煜
복우	도울우	비우		힘쓸욱	빛날욱	빛날욱	빛날욱	빛날욱
郁	項	(운)	云	芸	韻	耘	(웅)	熊
성할욱	구슬욱		이를운	향풀운	운치운	김맬운		곰웅
雄	(원)	元	原	媛	嫄	沅	湲	源
수컷웅		으뜸원	언덕원	예쁠원	계집원	굴이름원	흐를원	근원원
瑗	袁	遠	願	(위)	渭	魏	(유)	侑
구슬원	이에원	멀원	원할원		위수위	나라위		너그러울유
庾	惟	攸	有	洧	維	裕	(윤)	允
곳집유	생각유	바유	있을유	물유	벼리유	넉넉유		진실로윤
尹	潤	玧	胤	鈗	(융)	融	(은)	垠
맏윤	윤택할윤	붉을윤	맏아들윤	총윤		화할융		언덕은
恩	殷	激	珢	銀	隱	(을)	乙	(응)
은혜은	나라은	물이름은	옥돌은	은은	숨을은		새을	

應 대답응	(의)	宜 마땅의	意 뜻의	矣 어조사의	義 옳을의	(이)	以 써이	伊 저이
怡 기쁠이	珥 귀고리이	苡 율무이	而 말이을이	(익)	益 더할익	翌 내일익	翊 도울익	翼 날개익
(인)	仁 어질인	印 도장인	寅 동방인	(일)	一 한일	壹 한일	逸 편안일	(임)
任 맡길임	壬 북방임	(자)	子 아들자	紫 붉을자	(장)	壯 장할장	裝 꾸밀장	張 베풀장
漳 물장	璋 구슬장	長 긴장	(재)	哉 어조사재	在 있을재	宰 재상재	材 재목재	栽 심을재
載 실을재	裁 마루잴재	(전)	佺 신선이름전	銓 저울전	(정)	丁 장정정	娗 단정할정	定 정할정
廷 조정정	政 정사정	旌 기정	晸 해돋는모양정	柾 나무정	正 바를정	滇 물이름정	珵 옥돌정	禎 상서정
程 법정	貞 곧을정	鄭 나라정	(제)	制 법제제	堤 언덕제	(조)	祚 부조조	租 무세조
調 고로조	趙 나라조	造 지을조	(종)	宗 마루종	淙 물종	琮 옥종	椶 종려종	鍾 쇠북종
鐘 쇠북종	(주)	主 임금주	周 두루주	姝 예쁠주	朱 붉을주	柱 기둥주	注 물댈주	珠 구슬주
(준)	俊 준걸준	埈 높을준	晙 밝을준	浚 깊을준	準 법준	濬 깊을준	駿 준마준	(중)
中 가운데중	重 무거울중	仲 버금중	(증)	曾 일찍증	(지)	志 뜻지	址 터지	智 지혜지
池 못지	沚 물가지	知 알지	祉 복지	至 이를지	芝 지초지	(직)	直 곧을직	稙 벼직

稷 파직	(진)	振 떨칠진	晋 나라진	津 나루진	珍 보배진	璡 옥돌진	璶 옥돌진	眞 참진
秦 나라진	辰 별진	進 나아갈진	鎭 진정할진	陣 베풀진	(집)	集 모될집	輯 모음집	(차)
此 이차	瑳 고을차	車 수레차	(찬)	澯 맑을찬	璨 옥빛찬	讚 기릴찬	贊 찬성할찬	(창)
彰 빛날창	昌 창성할창	昶 밝을창	暢 화창할창	(채)	埰 사패지채	寀 동관채	彩 채색채	蔡 나라채
采 무늬채	(천)	天 하늘천	(철)	哲 밝을철	喆 밝을철	徹 사무칠철	澈 맑을철	鐵 쇠철
(청)	清 맑을청	青 푸를청	(초)	初 처음초	草 풀초	(최)	崔 높을최	(추)
秋 가을추	(춘)	春 봄춘	椿 나무춘	瑃 옥춘	(충)	充 채울충	忠 충성충	琉 귀걸이충
(치)	治 다스릴치	致 이를치	(친)	親 친할친	(탁)	琢 다듬을탁	琸 이름탁	鐸 방울탁
(태)	兌 별태	台 별태	太 클태	泰 클태	(택)	宅 집택	澤 못택	(판)
判 판단할판	(팽)	彭 나라팽	(편)	片 조각편	(평)	平 평할평	(표)	表 겉표
(피)	皮 가죽피	(필)	弼 도울필	珌 말장식필	馝 향기필	(하)	夏 여름하	昰 여름하
河 물하	(학)	學 배울학	鶴 학학	(한)	漢 한수한	翰 편지한	韓 나라한	(함)
咸 다함	(항)	亢 높을항	姮 항아항	沆 물항	(해)	海 바다해	(행)	幸 고일행

杏	行	(향)	珦	鄕	香	(헌)	憲	軒
살구행	다닐행		구슬향	시골향	향기향		법헌	마루헌
(혁)	奕	赫	(협)	協	(형)	炯	珩	衡
	클혁	빛날혁		화합할협		밝을형	구슬형	저울대형
(혜)	惠	慧	蕙	(호)	昊	浩	淏	澔
	은혜혜	지혜혜	은혜혜		하늘호	넓을호	맑을호	빛날호
瑚	祜	虎	鎬	顥	(홍)	弘	泓	洪
산호호	복호	범호	호경호	클호		클홍	깊을홍	넓을홍
烘	?	(화)	和	華	花	(환)	桓	煥
비칠홍	고동홍		화할화	빛날화	꽃화		나무환	빛날환
渙	(황)	凰	?	晃	湟	滉	煌	璜
흩어질환		새황	어미황	밝을황	물황	깊을황	밝을황	구슬황
皇	黃	(회)	會	澮	(효)	孝	效	曉
임금황	누르황		모될회	개천회		효도효	본받을효	새벽효
涍	(후)	厚	(훈)	勳	熏	薰	訓	(흔)
물효		두터울후		공훈	더울훈	향기풀훈	가르칠훈	
昕	(흠)	欽	(흥)	興	(희)	喜	姬	希
해돋을흔		공정흠		일흥		기쁠희	계집희	바랄희
熙	憙	禧	(흠)	歆				
빛날희	즐거울희	획희		흠양할흠				

(2) 이름자에 써서는 마땅치 않은 글자

① 종손(宗孫)과 장손 장남이 아니면 마땅치 않은 글자

一 한일(수의 첫째) 甲 갑옷갑(十干의 첫째) 元 으뜸원(元亨利貞 四格의 째)

宗 마루종 長 긴장(어른) 先 먼저선(먼저 출생)

東 방위의 첫째 初 처음초(맨처음) 高 높을고(가장 높음)

仁 어질인(사덕 震 우레진(東方의 위치) 甲 十干의 첫째

仁義禮智의 첫째)

始 비로소시(처음) 孟 맏맹(맏이) 高 높을고(높은 신분)

長 은 맨 먼저, 가장, 어른, 장남, 장녀의 의미가 있기 때문이다.

宗은 종손(宗孫) 종가(宗家)의 신분임을 뜻하기 때문이다.

一은 맨 먼저, 형제자매 중에 첫 번째라는 의미 때문이다.

甲은 十干의 첫 번째, 형제자매 중에 맨 먼저 태어난 신분

子는 대개 여자의 이름자에 사용됐는데 十二支의 첫 번째의 으미

元은 방위의 첫 번째, 으뜸 가장 높은 사람

先은 먼저 태어남, 위로 형제자매가 있으면 첫 번째 신분이 아니므로

東은 대개 항렬자에 쓰이는데 사방의 우두머리, 항렬자의 경우 사용해도 무방

高 가장 높다. 형제자매의 차서로는 가장 우두머리

初 맨 처음. 첫째 또는 첫 번째의 뜻임

② 뜻이 나쁘거나 혐오감이 드는 글자

醜 추할추	惡 악할악, 미워할오	災 재앙재
殃 재앙앙	灾 재앙재	死 죽을사
葬 장사지낼장	墓 무덤묘	埋 묻을매
尸 주검시	腐 썩을부	疾 병질
病 병들병	敗 패할패	亡 망할망
賤 천할 천	貧 가난할빈	癌 헌데암
退 물러갈퇴	疥 옴개	乞 빌걸
陷 빠질함	沒 빠질몰	傷 상할
拒 막을거	傾 기울경	坎 구덩이감
艱 어려울간	難 어려울난	孤 외로울고

妍 간사간

姦 간사간

淫 음란할음

貪 탐할탐

慾 욕심욕

滅 멸할멸

轢 수레에 칠 력

驚 놀랄경

愕 크게놀랄악

困 곤할곤(고생)

敗 패할패(손재)

痼 고질고(낫지 않는 병)

苦 쓸고

枯 마를고(기다림)

汨 골몰할골(고생길)

恐 두려울공

空 구멍공(허망함)

虛 빌허(허망함)

無 없을무

散 흩어질산(모이지 못함)

寡 과부과(텅 빈 듯)

狂 미칠광(폭력배)

壞 무너질괴(안전사고 주의)

仇 원수구(시비 자주발생)

咎 허물구(자주 실수)

休 쉴휴(不發 정전사태)

囚 가둘수(활동길막힘)

刑 형벌형(무모함)

獄 옥옥(범죄)

罪 죄죄 (죄지을짓을함)

罰 죄벌

罪죄죄(모함에 빠지다)

讐 원수수

憎 미워할증

厭 싫을염(항시 성가신일)

傀 허수아비괴

饑 주릴기

餓 주릴아(초년고생)

柩 널구

零 떨어질령

擒 사로잡을금

婢 여종비

僕 종복(납종)

奴 여종노

裂찢어질렬

滯 막힐체

歿죽을몰

斷 끊을단

悼 슬플도(슬픈주변)

悲 슬플비

哀 슬플애

劣 용렬할렬(좁은속)

落 떨어질락

淪 빠질륜(방랑벽)

落 떨어질락(부상)

耗 소모될 모

消 사라질소(허무함)

紊 어지러울문

叛 배반반

迷 희미할미(꿈속)

反 돌이킬반(제자리)

妨 해로울방

魂 넋혼(사망인의 혼백)

魄 넋백(귀괴)

別 다를별

崩 무너질붕

伏 엎드릴복(비굴함)

焚 불사를분

負 (힘겨운삶)

喪 초상상(혐오)

墓 무덤묘

婆 할미파(노부녀)

逝 갈서

泄 샐설

洩 샐설(실재)

碎 무너질쇄

熄 불꺼질식

碍 막을애(훼방꾼)

渴 목마를갈 　　　禦 막을어 　　　濊 더러울예

輿 상여여 　　　誤 그릇될오 　　　歪 비뚤어질왜

畏 두려울외(사소한) 　搖 흔들요 　　　辱 욕될욕

壅 막힐옹 　　　臥 눌와(질병실패) 　憂 근심우(우환)

諛 아첨할유(小人) 　刃 칼날인(살상) 　爭 다툴쟁(불안)

濁 흐릴탁(어리석음) 　姙 애밸임(불륜) 　姙 애밸임(　)

靷 상여걸이인(초상) 　祭 제사제(불행) 　障 막을장(정지)

阻 막힐조(진행실패) 　刺 찌를자(살상) 　釣 낚시조(백수 무직)

竄 도둑질할 찬(천박) 　終 마침종(종국 끝남) 　憎 미워할증

之 갈지 (진로상실) 　娼 창기창(화류계) 　創 창창

濁 흐릴탁(不明) 　胞 애밸포(불륜) 　胎 애밸태

憎 미워할증(갈등) 　止 그칠지(장애) 　破 깨질파

烹 삶을팽 穿 　　　穿 뚫을천 　　　尿 오줌요

屍 주검시(괴변) 　屎 똥시(혐오.악취) 　便 문득변, 오줌변

虐 사나울학(시비발생) 　害 해로울해(실수) 　駭 놀랄해(변괴)

螢 반디형(답답함) 　覆 덮을복(답답함) 　卜 점복(빈천)

拜 절배(사망) 　暗 어둘암(실패) 　夜 밤야(어두움)

霹 벼락벽(급변) 　靂 벼락력(급변) 　失 잃을실(빈궁)

損 덜손(손재) 　賊 도적적(불량인) 　狄 오랑캐적(야만성)

　　　등의 글자로는 이름을 짓지 못한다.

③ 미물. 곤충. 파충류에 해당하는 글자

앞서도 말했거니와 미물. 곤충의 명칭으로 쓰고 있는 글자들이 적지 않은데 아래에 수록한 글자로는 작명하지 말아야 한다.

蚓 지렁이인(불결) 　蚣 지네공(집요함) 　蟻 개미의(졸렬함)

蚊 모기문(단명) 　蚷 노래기거(혐오감) 　蝨 이슬(성가신것)

蚤 벼룩조(성가신일)　　　蟬 매미선　　　　　　蜈 지네오(음해)

蛔 회충회(혐오)　　　　　?새우공(방정맞음)　　　蛙 개구리와(허풍)

蜂 벌봉(시비)　　　　　　蛇 뱀사(집요함)　　　　龍 용룡

龜 거북구(천박)　　　　　蝶 나비접　　　　　　　蛋 새알단

筠 균균(혐오감)　　　　　蟲 벌레충(남을 등친다)　蠱 벌레고, 질병, 잔일자리

④ 가축과 기타 동물에 해당하는 글자

羊 양양(천박)　　　　　　牛 소우(둔함) 우직　　　馬 말마

狗 개구(욕심지나침)　　　羔 염소고(천박함)　　　犬 개견

鵠 오리곡　　　　　　　　鷄 닭계(실랑이질)　　　兎 토끼토

猫 고양이묘(천박함)　　　猪 돼지저　　　　　　　豚 돼지돈

猿 원숭이원(꼼수 능하다)　熊 곰웅(둔한 이미지)　象 코끼리상(속깊음)

虎 범호(성급 포악성)　　　銳 원숭이후　　　　　　龍 용룡(고독)

蟾 두꺼비섬　　　　　　　獅 사자사(성급)　　　　狼 이리낭(폭력)

鵠 오리곡　　　　　　　　鯨 고래경(고독)　　　　鹿 사슴록

麟 기린린　　　　　　　　鹿 사슴록　　　　　　　麒 기린기

⑤ 조류(鳥類) 어류(魚類)의 명칭의 글자

鳥 새조(천박함)　　　　　鴛 원앙새원　　　　　　鴦 원앙새앙(고독)

虎 범호(날쌔다)　　　　　獅 사자사　　　　　　　象 코끼리상

獐 노루장(느림보)　　　　狐 여우호　　　　　　　熊 곰웅

麒 기린기(실속무)　　　　麟 기린린　　　　　　　雁 기러기안

鳩 비둘기구(애교)　　　　鵲 까치작　　　　　　　驢 나귀려

등의 글자임.

⑥ 질병(疾病)의 명칭과 질병과 관계되는 글자

疾 병질	病 병들병(환자)	腫 부스럼종(종기 자주 발생)
吐 토할토(토사곽란)	痂 적병가(환자)	痒 종기양
癇 간질간(간질병)	肝 간간	疥 옴개
痼 고질고(가벼워도오래간다))	瘦 파리할수(영양실조)	瘟 염병온(암환자일수도)
疫 역병역	癌 헌데암(암발생)	疫 역질역(전염 잘됨)

⑦ 글자의 변(邊)이 疒와 虫과 犭과 魚와 肉인 글자

疒(병 역) 虫(벌레 충) 犭(개 견) 豸(벌레 치) 魚(고기 어)가 붙은 글자는 거의가 이름에 쓰지 않는 글자이므로 재수록을 않는다.

⑧ 인체부위 명칭에 해당하는 글자

어느 글자를 막론하고 이 (耳) 목(目) 구(口) 비(鼻) 등 몸 각 부위에 해당하는 글자는 예로부터 피하고 있다. 이름자의 획수 만을 길격 (吉格)으로 맞추기 위해 위에서 지적한 글자들을 이름자로 선택 작명하는 경우가 있는데 온당치 않다.

⑨ 사람 (동물)의 신체부위의 명칭인 글자

人 사람인(예가없음)	頭 머리두	顔 얼굴안
額 이마액(우두머리)	顴 광대뼈관	頰 뺨협
籬 뺨시	蓬 턱이	口 입구
耳 귀이	目 눈목	眼 눈안
齒 이치	舌 혀설	喉 목구멍후
項 목항	胸 가슴흉	腹 배복
臍 배꼽제	腨 장단지천	脚 다리각
背 등배	腰 허리요	臀 볼기둔
肝 간간	膽 담담	心 마음심
腸 창자장	臟 창자장	脾 지라비

胃 밥통위	肺 허파폐	膀 오줌통방
胱 오줌통광	腎 콩팥신.자지신	手 손수
足 발족	血 피혈	骨 뼈골
氣 기운기	眉 눈썹미	瞳 눈동자동
睛 눈동자정	臂 팔비	屎 똥시
尿 오줌뇨	膣 보지질	

(3) 상호(商號) 사호(社號)와 아호(雅號) 짓는 요령

① 상호와 사호에 주로 쓰이는 글자

이름(성명)은 뜻이 좋은 글자도 쓰지 않는 경우가 있으나 상호나 사호 아호는 반드시 뜻이 좋은 글자를 써도 무방하다.

상호는 사호보다 작은 규모의 사업을(특히 물품거래를 주업으로 하는 명칭(뜻)으로 생각되지만 꼭 그 원고 내용없음

삼용(三龍)은 용이 3마리라 부귀가 극진하다는 기원이다.

오복(五福)은 5가지 복을 다 갖추라는 기원이다.

즉 수(壽) 부(富) 강녕(康寧) 유호덕(攸好德) 고종명(考終命)의 5가지.

첫째 수(壽)란 평균 나이 이상 사는 것. 만약 단명하여 일찍 죽으면 가정적 사회적 배경이 아무리 좋아도 소용이 없다. 그래서 자신이 이 세상에 존재하고 있다는 사실이 가장 으뜸 가는 복이다.

둘째 부(富)인데 여기에서의 부(富)의 참된 의는 재산이 많아서 풍요롭게 살아가는 것을 원하는게 아니다. 속담에 "의식이 족해야 예절이 밝다" 하였다. 의식주 3가지만 해결되면 가 족은 다스릴 수 있고(齊家) 처세에 불편이 없다 함이다.

셋째 강녕(康寧)이란 사람은 건강해야 모든 소임을 다 할 수 있는 것이니 구태여 긴 설명이 필요없다.

넷째 유호덕(攸好德)이라 사람은 덕이 있음을 요하게 되는데 그 까닭은 2가지이다. 하나는 인덕(人德)이라. 남의 덕이 있어야 살아가는 데 어려움이 없는 것이지만 그보다 주인공이 남을 위해 은덕을 베풀면 100% 효과가 있어 상대에게 적덕이 되기 때문이다. 속담에 지장(智將)이 불여덕장(不如德將)이라 하였다. 일설에는 유호덕이란 자신이 좋은 성격을 타고난 것이라 하였으니 일리 있는 말이다. 못난 성격을 타고나서 신세를 망치는 예가 많지 않은가

다섯째 고종명(考終命)이란 사람은 누구나 인간으로 태어나면 죽는 게 이치이지만 어떻게 운명하느냐에 따라 행불행이 결정된다. 악사(惡死)하지 않고 하늘이 준 수명을 다 누리고 죽는 일이다.

오복 뿐 아니라 칠복도 있고 칠룡이 칠성(七星)이란 이름도 있지만 대개 소설 속에 남의 집 종노릇하는 이의 대명사(代名詞)라 하겠다.

그래서 이름은 뜻이 통하지 않아도 무방하나 사호(社號)와 상호(商號)는 좋은 뜻을 상징하는 글자를 선택하게 되므로 한자(漢字) 선택이 다르다.

(가)	佳	甘	甲	剛	康	江	開	巨
	이름다울가	달감	갑옷갑	굳셀강	편안강	물강	열개	클거
車	乾	建	京	慶	景	鯨	桂	界
수레거	하늘건	싸울건	서울경	경사경	별경	고려경	계수나무계	세계계
癸	溪	高	公	共	館	光	廣	交
북방계	시내계	높을고	귀공	한가지공	객사관	빛광	넓을광	사귈교
丘	九	求	究	國	根	槿	錦	基
언덕구	아홉구	구할구	연구할구	나라국	뿌리근	무궁화근	비단금	터기
奇	幾	技	氣	近	今	企	祺	紀
기이할기	몇기	재주기	기운기	가까울근	이제금	바랄기	상서기	벼리기
起	麒	吉	(나)	南	農	能	(다)	達
일어날기	기린기	길할길		남녘남	농사농	능할능		통달달

堂	大	德	度	道	都	東	斗	(라)
집당	큰대	큰덕	법도도	길도	도읍도	동녁동	말두	
羅	樂	亮	力	連	龍	柳	流	六
벌릴라	즐거울락	믿을량	힘력	연할련	용룡	버들류	흐를류	여섯륙
隆	梨	梨	里	林	立	(마)	馬	萬
높을륭	배리	오얏리	마을리	수풀림	설립		말마	일만만
晚	滿	望	梅	孟	明	木	戊	無
늦을만	찰만	바랄망	매화매	만맹	밝을명	나무목	별무	없을무
文	美	旻	民	(바)	博	發	方	芳
글문	아름다울미	하늘민	백성민		넓을박	펼발	모방	꽃다울방
邦	芳	北	培	伯	白	汎	範	壁
나라방	꽃다울방	북녁북질배	북돋을배	맞백	흰백	뜰범	모범범	구슬벽
丙	保	普	福	本	峰	鳳	富	芙
남녁병	보존할보	넓을보	복복	근본본	봉우리봉	봉황새봉	부자부	부용부
釜	鵬	朋	賓	(사)	山	産	三	森
가마부	새붕	벗붕	손빈		뫼산	날산	셋삼	나무삼
上	商	尚	相	詳	象	生	書	瑞
윗상	장사상	높일상	서로상	자세상	코끼리상	날생	글서	상서서
西	夕	石	仙	先	宣	鮮	星	成
서녁서	저녁석	돌석	신선선	먼저선	베풀선	드물선	별성	이룰성
聖	小	少	昭	笑	素	韶	松	壽
성인성	작을소	젊을소	밝을소	웃음소	흴소	풍류소	솔송	목숨수
手	水	秀	首	順	勝	承	始	是
손수	물수	빼낼수	머리수	순할순	이길승	이을승	비로소시	이시
時	信	新	申	神	辰	室	實	心
때시	믿을신	새신	납신	귀신신	별진	집실	열매실	마음심

雙	(아)	兒	安	岩	巖	央	愛	野
쌍쌍		아이아	편안안	바위암	바위암	가운데앙	사랑애	들야
洋	陽	魚	業	如	淵	榮	五	午
바다양	볕양	물고기어	업업	같을여	못연	영화영	다섯오	낮오
藝	娛	梧	玉	完	琓	王	容	用
재주예	즐거울오	오동오	구슬옥	완전할완	구슬완	임금왕	얼굴용	쓸용
于	友	宇	旭	云	雲	熊	元	原
어조사우	벗우	집우	빛날욱	이를운	구름운	곰웅	으뜸원	언덕언
院	月	有	幼	寅	維	融	恩	乙
집원	달월	있을유	어릴유	동방인	벼리유	화할융	은혜은	새을
音	怡	益	翊	仁	印	寅	日	壬
소리음	화할이	더할익	도울익	어질인	새길인	동방인	날일	북방임
(자)	自	慈	作	壯	長	材	赤	全
	스스로자	사랑자	지을작	씩씩할장	어른장	재목재	붉을적	온전전
田	井	正	精	帝	第	朝	造	宗
밭전	우물정	바를정	정결할정	임금제	차례제	아침조	지을조	마루종
鍾	主	周	宙	州	朱	竹	俊	中
쇠북종	임금주	두루주	집주	고을주	붉을주	대죽	준걸준	가운데중
地	志	智	知	祉	進	振	眞	珍
땅지	뜻지	지혜지	알지	복지	나아갈진	떨칠진	참진	보배진
(차)	昌	鐵	昶	暢	千	天	川	泉
	창성할창	쇠철	밝을창	화창할창	일천천	하늘천	내천	샘천
淸	靑	初	草	寸	村	秋	春	忠
맑을청	푸를청	처음초	풀초	마디촌	마을촌	가을추	봄춘	충성충
七	(타)	太	兌	泰	(파)	平	品	豊
일곱칠		클태	서방태	클태		평할평	품수품	풍년풍

(하)	學	鶴	韓	合	海	幸	向	奕
	배울학	학학	나라한	모질합	바다해	고일행	향할향	클혁
賢	現	協	兄	惠	虎	弘	紅	化
어질현	나타날현	화협할협	맏형	은혜혜	범호	클홍	붉을홍	될화
和	喜	希						
화목화	기쁠희	바랄희						

점포(店佈)와 회사는 다 돈벌이를 목적으로 하기 때문에 이름 짓는 요령을 따라야 한다. 그 구성이 다르므로 예를 들어 물품 생산이 사업의 목적일 경우 평화물산(平和物産) 혹은 주식회사 대지(大地) 등 저속하지 않은 점포의 명칭, 예를 들어 한성수퍼, 다복정(多福亭) "대성갈비" 전주옥, 미미옥(美味屋) 등의 명칭을 적용하므로 회사나 장사꾼의 사호. 상호를 분류하기가 어렵지 않다. 사호(社號)와 상호는 그 발음과 한자조합(漢字造合)이 상서로운 (좋은 뜻과 발음) 것이면 된다. 상호와 사호 모두는 예를 들어 주식회사 대창(大昌) 주식회사 대흥(大興)이라든지 성화 물산 주식회사(成和物産株式會社)로 지었다 가정(假定)하자.

평화물산(平和物産) : 중소기업의 생산(生産)이 주목적, 사업을 유리하게 경영하니 사주(社主)와 고용인이 모두 평화로움.

주식회사 대지(大地) : 사업을 성공적으로 운영하여 대지(大地) 즉 온 세계로 확대되어 나감

태성갈비(太成) : 이는 음식점, 즉 요리 한계(주로 하는 것) 갈비집 운영하는 음식점

칠성(七星) 수퍼 : 크기를 막론하고 수퍼를 운영함

이원(梨園): 고급 음식점의 느낌

장모집: 매우 작은 규모에 영세민이 술과 음식 등을 판매함

이상의 예는 느낌이 그러할 뿐 절대성은 아니다.

영업 형태를 대충 따져 보면 건축업, 학원, 수퍼, 음식점, 의상(衣裳), 숙박업, 중개업, 무역업, 학원강사, 꽃집, 유통업 등 헤아릴 수 없이 많다. 사호(社號)나 상호(商號) 점포 명칭을(주로 취급하는) 알맞게 하여 경영해야 한다. 한 평짜리 점포나 수십평짜리 종합 점포나 백화점을 포함해서 가벼이 상호를 정해서는(사업 방법, 규모) 안 될 것이다. 또한 예로 한평짜리 점포에 세계 무

역(世界貿易)이란 상호를 써서 간판을 걸었다면 과연 어울리는 상호라 할 수 있겠는가. 그러므로 상호나 사호는 그 규모(경영 범위)를 잘 알아서 지어야 할 것이다.

사호. 상호. 점포 명칭을 지을 때도 주식회사, 산업, 물산 등의 명칭도 사격(四格－원.형.이.정)과 삼재(三才－天.人.地)를 이름 짓는 요령에 따르면 좋을 것 같다. 이름 두 글자의 획수로 음양 배합과 81수 중에서 길격 수리를 밝혀내고, 오행 상생되도록 하며 좋은 글자와 배합을 정중하고도 품위 있는 발음이 나오도록 하면 이상적이 아닐까 생각된다.

雙 龍	쌍 용
克	
18 16	18 16
金 火	金 土

쌍용그룹의 쌍용은 근본(龍)이란 글자로 한자음으로는 쌍용의 용이 아니고 룡(龍)이라야 한자음(漢字音)이 맞는데 외 쌍룡이 아닌 쌍용으로 간판을 달았을까 이상하게 생각되지만 왼쪽 쌍용의 발음은 쌍이 金, 용이 土가 되어 火克金이 아니라 土生金 상생으로 변한 게 아닌가 생각되지만 실제 음 오행 상극 때문인지 아니면 다른 의미가 있음인지 어느것이 참과 거짓인지 까닭을 모르겠다.

② 아호(雅號)에 주로 쓰이는 글자

• 아호란 무엇인가?

아호(雅號)란 호적에 등재된 이름 이외로 따로 지어 별칭(別稱)으로 사용하는 것인데 음악, 미술, 서예, 학자, 연예인 등이 새로이 지어 부르는 이름으로 남녀 연령의 제한 없이 사용하기를 좋아한다. 그런데 정계 학계 예능계에 뚜렷이 활동하는 인물치고 아호가 없는 이는 거의 없다.

• 당호(堂號)란 무엇인가?

본 이름 두고 예명(藝名)을 지어 부르는 것이 당호가 아니다. 옛날 대신(大臣)의 신분으로 정치를 하다가 나이 늙어 벼슬자리에서 물러나면 산자수려(山紫水麗)한 곳에 정자를 지어 그 정자의 명칭을 지어 부르는 것이 당호라 한다. 본성명은 자녀나 젊은 층에서 부르지 않는 것이 아랫사람의 도리이지만 아호나 당호는 손아래 사람이 이인칭(二人稱)으로 부르는 것은 결례가 아니다.

• 아호(雅號)는 누가 지어 주나?

예전에는 사사받은 스승이 제자의 그릇을 알아 그에 적합한 호를 지어 주었는데 대개 애제자(愛弟子)에게 "이렇게 되라" 즉 훌륭한 사람이 되도록 격려의 의미로 지어 주었다.

- 아호는 음양오행 수리 등에 구애되지 않는다.

또는 친절한 친구가 상대방 친구에게 그 이미지를 살리도록 특칭 형식으로 ??이니 △△이니 하고 불러 주면 뒤에 귀에 익은 호가 된다.

또는 주인공 자신이 삶의 철학을 세우거나 자신의 모자란 점을 잊지 않고 고치고 보충하려는 마음으로 자작(自作)하는 수도 있다.

대개 아호는 대자연(大自然)의 아름다움을 상징적으로 이름보다 호에 애착이 생겨 지어 부르도록 했으리라.

호는 스승이나 주인공 자신이 짓게 될 경우 스승이 제자에게 지어 주는 호는 사물의 이치에 비유 끊임없이 흘러내리는 물과 같이 자연스럽게 처세하라거나 만인에게 빛을 주는 일(日) 월(月) 성(星)을 본받으라는(무리 사람의 빛이 되라는) 뜻으로 자연을 배경으로 넣어 지어주는 예가 많다.

호를 주인공 스스로 짓는 경우 김영삼 전 대통령의 호처럼 거대한 산에 비유 대산(大山)이

라 하였는데 누가 지어 주었는지 알 수는 없다. 동학(東學)의 선구자 해월(海月) 선생의 호도 멋이 있고 매력적이다.

어떤 분은 자신의 호를 십졸(열가지 모자람이 있음)이라 비칭(卑稱)하는 예도 있다.

◎ 아호(雅號)에 많이 쓰이는 글자

堂	齋	亭	宇	佳	可	覺	甘	崗
집당	집재	집정	집우	아름다울가	옳을가	깨달을각	달감	메뿌리강
康	江	巨	謙	京	慶	炅	鏡	鯨
편안강	물강	클거	겸손할겸	서울경	경사경	빛날경	거울경	고래경
景	季	桂	溪	癸	古	顧	谷	崑
볕경	말째계	계수나무계	시내계	북방계	예고	돌아볼고	골곡	산이름곤
供	公	空	觀	光	交	垢	鳩	龜
이바지공	귀공	빌공	볼관	빛광	사귈교	언덕구	비둘기구	거북구

제4편 대법원에서 선정한 4875 한자

제4편 대법원에서 선정한 4875 한자

대법원(大法院)에서는 3차례에 걸쳐 이름자에 사용할 수 있다는 내용으로 보충 발표했다.

맨처음의 발표는 생활면에서 많이 쓰이는 글자들이 많아 보충은 불가피하였다. 그리하여 2번째로 추가 발표하였다. 그래도 빠진 글자가 있어 세 번째 즉 마지막으로 보충 추가한 것이 현재의4875자다. 단 아쉬움이 있다면 생활용어나 명사(名詞)에서 불필요한 글자가 많다는 점이다. 필자의 생각으로는 별로 쓸모없는 글자들이 많이 있다는 점이다. 한자(漢字)와 작명 분야에 능한 분들에게 글자 선택의 고문으로 영입해서 검토하면 4875자에서, 이름에도 좋지 않고, 언어로도 사용되지 않는 글자를 삭제해서 늘리는 것보다 800자 정도 줄여 4000자만으로 사용해도 불편이 없을 것 같다.

(가)	伽	佳	假	價	加	可	呵	歌
	절가	아름다울가	거짓가	값가	더할가	옳을가	꾸짖을가	노래가
嘉	嫁	家	暇	枷	柯	架	歌	珂
시집갈가	아름다울가	집가	한가할가	도리깨가	가지가	시렁가	노래가	굴레가
痂	稼	茄	苛	街	袈	訶	賈	跏
딱지가	심을가	까다로울가	가지가	거리가	가사가	구짖을가	값가	책상다리가
駕	迦	軻	(각)	刻	却	各	慤	殼
멍에가	범어가	수레가		새길각	물리칠각	각각각	성실할각	껍질각
珏	脚	覺	角	閣	(간)	刊	墾	姦
쌍옥각	다리각	깨달을각	뿔각	집각		새길간	정성간	간사간
奸	干	侃	幹	懇	揀	杆	柬	桿
간사간	줄기간	굳셀간	줄기간	개간할간	가릴간	탁달나무간	가릴간	방패간
芊	澗	玕	癎	看	磵	稈	竿	簡
표할간	뚫을간	옥돌간	간질간	볼간	골짜기간	집간	대줄기간	대쪽간

肝	艮	艱	諫	間	(갈)	坷	喝	曷
간간	간방간	어려울간	간할간	사이간		땅이름갈	꾸짖을갈	어찌갈
褐	渴	碣	竭	葛	蝎	鞨	(감)	勘
솜옷갈	목마를갈	비석갈	다할갈	칡갈	전갈갈	오랑캐갈		다슬릴감
坎	堪	嵌	感	撼	戡	敢	柑	橄
구덩이감	견딜감	산골짜기감	느낄감	섭섭할감	이길감	구태감	감자나무감	감람나무감
減	甘	疳	監	瞰	紺	邯	鑑	鑒
덜릴감	달감	감질감	볼감	내려다볼감	감색감	땅이름감	거울감	동자감
龕	(갑)	匣	岬	甲	胛	鉀	閘	(강)
탐감		상자갑	산허리갑	갑옷갑	어깨뼈갑	갑옷갑	불문갑	
剛	堈	姜	岡	崗	康	杠	橿	江
굳셀강	언덕강	성강	뫼강	메뿌리강	편안강	깃대강	감탕나무강	물강
畺	疆	糠	絳	綱	腔	舡	薑	襁
지경강	지경강	겨강	진홍색강	벼리강	빈속강	배강	지경강	포대기강
講	鋼	降	鱇	(개)	介	价	個	凱
외일강	강철강	내릴강	꺽저기강		낱개	클개	낱개	개선할개
塏	愷	愾	慨	改	疥	皆	盖	箇
땅개	즐거울개	성낼개	슬플개	고칠개	옴개	다개	덮을개	낱개
芥	蓋	豈	鎧	開	(객)	喀	客	(갱)
겨자개	덮을개	어찌개	갑옷개	열개		뱉을객	손객	
坑	更	粳	羹	(갹)	醵	(거)	倨	去
구덩이갱	다시갱	멥쌀갱	국갱		거둘갹		거만할거	갈거
居	巨	拒	據	擧	渠	炬	祛	距
살거	클거	막을거	응거할거	둘거	똘거	횃불거	강할거	막을거
踞	車	遽	(건)	乾	件	健	巾	建
막을거	수레거	역말거		하늘건	물건건	건장할건	수건건	세울건

愆	楗	腱	虔	鍵	蹇	謇	(걸)	乞
정성건	빗장건	힘줄건	정성건	자물쇠건	절건	어지러울건		빌걸
傑	杰	(검)	儉	劍	劒	檢	鈐	黔
사나울걸	호걸걸		검소할검	칼검	칼검	살필검	보습검	검을검
(겁)	劫	怯	法	(게)	偈	憩	揭	(격)
	겁탈할겁	겁낼겁	자래겁		쉴게	쉴게	들게	
擊	格	檄	激	膈	覡	隔	(견)	堅
칠격	격식격	격서격	격동할격	가슴격	남박수격	막힐격		굳을견
牽	犬	甄	絹	繭	肩	見	譴	遣
이끌견	개견	질그릇견	비단견	고치견	어깨견	볼견	꾸짖을견	보낼견
鵑	(결)	抉	潔	結	缺	訣	(겸)	兼
두견견		끌어낼결	맑을결	맺을결	이지러질결	비결결		겸할겸
慊	箝	謙	鉗	(경)	京	坙	勁	傾
양심먹을겸	항쇄겸	겸손할겸	꺼질겸		서울경	곧을경	굳셀경	기울경
儆	苘	俓	勍	卿	坰	竟	庚	徑
경계할경	빛날경	굳셀경	강할경	벼슬경	들경	지경경	별경	지름길경
慶	憬	擎	敬	景	暻	更	梗	橄
경사경	동경할경	받들경	공경경	볕경	밝을경	다시경	가시나무경	등결걸이경
涇	炅	烱	熲	璟	璥	瓊	痙	硬
물경	빛날경	무더울경	불빛경	옥빛경	옥경	구슬경	심줄당길경	굳을경
磬	竟	競	絅	經	耕	耿	脛	莖
경쇠경	마침경	다툴경	홑옷경	실머리경	갈경	빛날경	정강이뼈경	줄기경
警	輕	(계)	係	啓	堺	契	季	屆
경계할경	가벼울경		이을계	열계	경계계	맺을계	팔째계	이를계
悸	戒	桂	械	棨	溪	烓	界	癸
두근거릴계	경계할계	계수나무계	기계계	부절계	시내계	등불계	지경계	북방계

磎 시내계	稽 상고할계	系 맬계	繫 얽을계	繼 이을계	計 셈할계	誡 경계계	谿 시내계	階 섬돌계
鷄 닭계	(고)	叩 두드릴고	古 예고	告 고할고	呱 아이울고	固 굳을고	姑 시어머니고	孤 외로울고
尻 꽁무니고	庫 곳집고	拷 고문할고	攷 상고할고	故 연고고	敲 두드릴고	枯 마를고	稿 볏집고	沽 살고
痼 고질고	睾 불알고	稾 원고고	羔 염소고	考 상고할고	股 다리고	膏 기름고	皐 느릴고	苦 쓸고
苽 줄고	菰 줄고	藁 볏집고	暠 흴고	蠱 벌레고	袴 바지고	誥 고할고	賈 값고	辜 허물고
錮 막을고	雇 고용살이고	顧 돌아볼고	高 높을고	鼓 북고	(곡)	哭 울곡	斛 휘곡	曲 굽을곡
梏 수갑곡	穀 곡식곡	谷 골곡	鵠 오리곡	(곤)	困 곤할곤	坤 땅곤	崑 뫼곤	昆 맏곤
梱 문지방곤	棍 몽둥이곤	滾 흐를곤	琨 옥곤	袞 클곤	錕 칼곤	鵾 곤어곤	(골)	汨 다스릴골
滑 흐릴골	骨 뼈골	(공)	供 이바지공	公 귀할공	共 한가지공	功 공공	孔 구멍공	工 장인공
恐 두려울공	恭 공순공	拱 낄공	控 당질공	攻 칠공	珙 옥공	空 빌공	蚣 지네공	貢 바칠공
鞏 공고할공	(곳)	串 꼬질곳	(과)	寡 적을과	戈 창과	果 실과과	瓜 외과	科 조목과
菓 과자과	誇 자랑과	課 매길과	跨 사타구니과	過 지날과	鍋 냄비과	顆 낱알과	(곽)	廓 클곽
槨 터널곽	藿 콩잎곽	郭 성곽	(관)	串 꿸관	冠 갓관	寬 너그러울관	慣 익힐관	梡 도마관

棺	款	灌	琯	瓘	罐	官	管	觀
널관	조목관	씻을관	옥저관	이름관	두레박관	벼슬관	관리할관	볼관
館	欵	貫	舘	關			刮	恝	括
집관	정성관	꿸관	객사관	집관	(괄)	깎을관	근심없을괄	맺을괄
适		佸	匡	光	洸	壙	廣	曠
빠를괄	(광)	바로잡을광	바를광	빛광	물솟을광	광중광	넓을광	빌광
桄	狂	眖	珖	筐	鑛		卦	掛
베틀나무광	미칠광	밝을광	이름광	광주리광	쇳돌광	(괘)	점괘괘	걸괘
罫		乖	傀	塊	壞	怪	愧	拐
줄괘	(괴)	어긋날괴	꼭두각시괴	흙덩이괴	무너질괴	괴이할괴	부끄러울괴	속일괴
槐	魁		宏	紘	肱	轟		交
홰나무괴	괴수괴	(굉)	클굉	밧줄굉	팔굉	울릴굉	(교)	사귈교
僑	咬	喬	嬌	嶠	巧	攪	教	校
나그네교	씹을교	창갈구리교	아름다울교	산높을교	교묘할교	어지럽힐교	가르칠교	학교교
橋	狡	皎	矯	絞	翹	膠	蕎	蛟
다리교	간교할교	흴교	바로잡을교	목조를교	발돋을교	아교교	메밀교	교룡교
較	餃	郊	驕	鮫	鯳		丘	久
교차교	비교할교	경단교	들교	교만할교	상어교	(구)	성구언덕구	오랠구
九	仇	俱	具	勾	區	口	句	咎
아홉구	원수구	함께구	갖출구	글귀구	구역구	입구	글귀구	허물구
嘔	坵	垢	寇	嶇	廏	懼	拘	救
토할구	언덕구	때구	도둑구	영험할구	마구간구	두려울구	거리낄구	구할구
枸	柩	構	歐	毆	毬	求	溝	灸
구기자구	널구	얽을구	뱉을구	몰구	공구	구할구	도랑구	지질구
狗	玖	球	瞿	矩	究	絿	耆	臼
개구	옥돌구	공구	놀랄구	법구	상고할구	급할구	늙은이구	절구구

舅	舊	苟	衢	謳	購	軀	述	邱
외숙구	예구	진실로구	거리구	노래구	살구	몸구	짝구	언덕구
鉤	駒	驅	鳩	鷗	龜	(국)	國	局
끌구	망아지구	몰구	비둘기구	갈매기구	거북구		나라국	판국
菊	鞠	麴	(군)	君	窘	群	裙	軍
국화국	국문할국	누룩국		임금군	군색할군	무리군	치마군	군사군
郡	(굴)	堀	屈	掘	窟	(궁)	宮	弓
고을군		굴굴	굽을굴	구멍굴	움집굴		집궁	활궁
穹	窮	芎	躬	(권)	倦	券	圈	勸
깊을궁	다할궁	궁궁이궁	몸궁		게으를권	문서권	우리권	권할권
卷	拳	捲	權	港	眷	(궐)	厥	獗
책권	주먹권	힘쓸권	권세권	물흐를권	돌아볼권		그궐	날뛸궐
闕	机	櫃	(궤)	机	櫃	潰	詭	軌
고사리궐	넘어질궐	대궐궐		책상궤	함궤	무너질궤	속일궤	법궤
饋	(귀)	句	晷	歸	貴	鬼	龜	(규)
보낼궤		글귀귀	햇빛귀	돌아갈귀	귀할귀	귀신귀	거북귀	
叫	圭	奎	揆	槻	珪	硅	竅	窺
부르짖을규	홀규	별규	헤아릴규	느티나무규	서옥규	규소규	구멍규	엿볼규
糾	葵	規	赳	逵	閨	(균)	勻	均
얽힐규	해바라기규	법규	굳셀규	큰길규	안방규		고를균	고를균
畇	筠	菌	鈞	龜	(귤)	橘	(극)	克
쟁기균	대껍질균	세균균	서른근균	틀균		귤귤		이길극
劇	戟	棘	剋	極	隙	(근)	僅	劤
연극극	창극	가시극	이길극	극진할극	틈극		겨우근	힘셀근
勤	瑾	嫤	勲	斤	根	槿	漌	瑾
부지런할근	옥근	고울근	은근할근	날근	뿌리근	무궁화근	물근	붉은옥근

筋	芹	菫	覲	近	饉	(글)	契	(금)
힘줄근	미나리근	제비꽃근	뵐근	가까울근	주릴근		나라이름글	
今	姶	檎	昑	擒	琴	禁	芩	衿
이제금	외숙모금	능금나무금	밝을금	사로잡을금	거문고금	금할금금	풀금	옷깃금
衾	禽	金	錦	禁	襟	(급)	伋	及
이불금	새금	쇠금	비단금	금할금	옷깃금		바쁠급	미칠급
急	扱	級	給	(긍)	亘	互	兢	矜
급할급	취급할급	등급급	줄급		뻗칠긍	걸칠긍	조심할긍	자랑긍
肯	(기)	企	伎	基	冀	嗜	器	圻
즐길긍		바랄기	재주기	그기	바랄기	즐길기	그릇기	언덕기
埼	基	夔	奇	妓	寄	岐	崎	己
땅기	터기	짐승기	기특기	기생기	부칠기	산기슭기	험할기	몸기
幾	忌	技	旗	既	暣	期	棋	杞
몇기	꺼릴기	재주기	기기	이미기	볕기운기	기약할기	돌기	구기자기
棋	棄	機	欺	氣	汽	沂	淇	玘
바둑기	버릴기	몇기	속일기	기운기	증기기	물이름기	물기	패옥기
琦	瑾	璣	畸	畿	祁	祇	碁	祈
옥기	옥이름기	구슬기	떼기밭기	경기기	성할기	땅귀신기	바둑기	빌기
祺	箕	紀	綺	磯	羈	耆	機	肌
상서기	치기	벼리기	비단기	자갈기	말굴레기	늙을기	밭갈기	살기
記	譏	豈	起	錡	錤	飢	饑	騎
기록할기	꾸짖을기	어찌기	일어날기	가마기	호미기	주릴기	주릴기	말탈기
騏	驥	麒	(긴)	緊	(길)	佶	吉	姞
말기	준마기	기린기		긴요할긴		바를길	길할길	계집길
拮	桔	(김)	金	(끽)	喫	(나)	儺	喇
힘쓸길	도라지길		성김		마실끽		굿나	나팔나

奈	娜	懦	拏	拿	哪	那	(낙)	諾
어찌나	고을나	나약할나	잡을나	잡을나	어찌나	어찌나		허락낙
(난)	暖	煖	難	(날)	捏	捺	(남)	南
	더울난	더울난	어려울난		이길날	누를날		남녘남
柑	楠	湳	男	(납)	納	衲	(낭)	囊
녹나무남	들메나무남	물남	사내남		드릴납	옷기울납		주머니낭
娘	(내)	乃	內	奈	柰	(녀)	女	(년)
아가씨낭		이에내	안내	어찌내	어찌내		계집녀	
年	撚	秊	(념)	念	恬	拈	捻	(녕)
해년	밟을년	해년		생각념	편안할념	집을념	비틀념	
宯	寧	擰	(노)	努	奴	弩	怒	瑙
편안녕	편안녕	모질녕		힘쓸노	종노	쇠뇌노	성낼노	마노노
駑	(농)	農	膿	濃	(뇌)	惱	腦	(뇨)
느릴노		농사농	고름농	무르녹을농		괴로울뇌	뇌두뇌	
撓	尿	鬧	(눈)	嫩	訥	(뉴)	杻	紐
꺾일뇨	오줌뇨	소란할뇨		어릴눈	말더듬을눌		감탕나무뉴	맺을뉴
紐	(능)	能	(니)	尼	(닉)	匿	溺	(다)
꼭지뉴		능할능		여승니		숨을닉	빠질닉	
茶	多	(단)	丹	亶	但	單	端	團
차다	많을다		붉을단	미쁠단	다만단	홑단	끝단	둥글단
壇	彖	斷	旦	檀	段	湍	短	簞
제단단	판단할단	끊을단	아침단	박달나무단	조각단	여울단	짧을단	밥그릇단
緞	袒	鄲	蛋	鍛	(달)	撻	澾	獺
비단단	새알단	옷깃단	한단단	쇠단련할단		매질할달	미끄러질달	수달달
疸	達	(담)	啖	坍	憺	擔	曇	淡
황달달	통달달		삼킬담	언덕담	편안할담	멜담	흐릴담	맑을담

湛	潭	澹	痰	聃	膽	蕁	覃	談
물괴일담	못담	싱거울담	가래담	사람이름담	쓸개담	지모담	퍼질담	말씀담
譚	錟	(답)	杳	畓	答	踏	遝	(당)
말씀담	긴창담		탐할답	논답	대답답	밟을답	모일답	
唐	戇	堂	塘	幢	棠	當	糖	螳
나라당	어리석을당	집당	못당	칠당	아가배당	마땅당	엿당	사마귀당
鐺	黨	(대)	代	垈	坮	大	對	岱
쇠사슬당	무리당		대신대	집터대	돈대대	큰대	대답대	큰산대
帶	待	戴	擡	旲	玳	臺	袋	貸
띠대	대접대	이을대	들어올릴대	햇빛대	대모대	집대	자루대	빌릴대
隊	黛	(택)	宅	(덕)	德	悳	(도)	倒
떼대	검푸를대		집택		큰덕	큰덕		넘어질도
刀	到	圖	堵	塗	導	屠	島	嶋
칼도	이를도	그림도	담도	바를도	인도할도	죽일도	섬도	섬도
度	徒	悼	挑	掉	搗	桃	棹	櫂
법도도	무리도	슬플도	돋울도	흔들도	찧을도	복숭아도	노도	노도
淘	渡	滔	濤	燾	盜	睹	禱	稻
씻을도	건널도	넘칠도	물결도	덮을도	도둑도	볼도	빌도	벼도
萄	覩	賭	跳	蹈	逃	途	道	都
포도나무도	볼도	내기도	뛸도	밟을도	달아날도	길도	길도	도읍도
鍍	陶	韜	(독)	毒	瀆	牘	犢	獨
도금할도	질그릇도	감출도		독독	도랑독	편지독	송아지독	홀로독
督	禿	篤	纛	讀	(돈)	墩	惇	敦
독려할독	대머리독	도타울독	큰기독	읽을독		돈대돈	힘쓸돈	도타울돈
旽	暾	沌	焞	燉	豚	頓	(돌)	乭
날샐돈	해돋을돈	어리석을돈	어스레할돈	빛날돈	돼지돈	조아릴돈		돌돌

突	(동)	仝	冬	凍	動	同	垌	憧
나타날돌		한가지동	겨울동	얼동	움직일동	한가지동	항아리동	동경할동
東	桐	棟	洞	潼	疼	瞳	童	胴
동녘동	오동동	들보동	고을동	물이름동	아플동	눈동자동	아이동	큰창자동
董	蝀	銅	(두)	兜	斗	杜	枓	痘
동독할동	무지개동	구리동		투구두	말두	막을두	구기두	마마두
竇	荳	讀	豆	逗	頭	(둔)	屯	臀
움두	콩두	구두점두	콩두	머무를두	머리두		모일둔	볼기둔
芚	遁	遯	鈍	(득)	得	(등)	嶝	橙
어리석을둔	숨을둔	속일둔	둔할둔		얻을득		고개등	등자나무등
燈	登	等	藤	謄	鄧	騰	(라)	喇
등잔등	오를등	등급등	등나무등	베낄등	땅이름등	날등		나팔라
懶	癩	羅	蘿	螺	裸	邏	(락)	樂
게으를라	문둥병라	벌릴라	쑥라	고동라	벗을라	순찰할라		즐거울락
洛	烙	珞	絡	落	酪	駱	(란)	丹
낙수락	지질락	목치장낙	맥락	떨어질락	타락락	약대락		모란란
亂	卵	欄	欒	瀾	爛	珊	蘭	鸞
어지러울란	알란	난간란	야월란	물결란	난만할란	옥무늬란	난초란	난새란
(랄)	刺	辣	(람)	嵐	擥	攬	欖	濫
	어그러질랄	매울랄		산바람람	쥘람	잡을람	감람나무람	넘칠람
籃	纜	藍	檻	覽	(랍)	拉	臘	(랑)
바구니람	닻줄람	쪽람	남루할람	볼람		꺾을랍	선달랍	
廊	朗	狼	琅	瑯	螂	浪	郎	(래)
행랑랑	밝을랑	이리랑	옥돌랑	고을이름랑	사마귀랑	물결랑	사내랑	
來	峽	徠	萊	(랭)	冷	(략)	掠	略
올래	산이름래	올래	쑥래		찰랭		노략략	간략할략

(량)	亮	俩	兩	凉	梁	樑	凉	粮
	밝을량	재주량	두량	서늘량	들보량	들보량	서늘할량	양식량
糧	良	諒	輛	量	梁	(려)	侶	儷
양식량	어질량	믿을량	수레량	헤아릴량	좋은쌀량		짝려	짝려
勵	呂	廬	慮	戾	旅	櫚	濾	礪
힘쓸려	법려	여막집려	생각려	화낼려	나그네려	증려나무려	거를려	숫돌려
藜	蠣	閭	驢	麗	黎	(력)	力	曆
명아주려	숫돌려	아문려	당나귀려	고을려	검을려		힘력	책력력
歷	礫	轢	靂	(련)	憐	戀	攀	連
지날력	자갈력	수레에칠력	벼락력		어여쁠련	생각련	걸릴련	이을련
煉	璉	鍊	聯	蓮	輦	連	鍊	(렬)
연단할련	사슬련	가릴련	이을련	연밥련	수레련	연할련	단련할련	
冽	劣	洌	烈	裂	(렴)	廉	斂	殮
찰렬	용렬할렬	맑을렬	매울렬	찢을렬		청렴렴	거둘렴	엄할렴
濂	簾	(렵)	獵	(령)	令	伶	囹	姈
물렴	발렴		사냥할렵		하여금령	광대령	옥령	여자이름령
岺	嶺	怜	昤	玲	笭	羚	翎	聆
산깊을령	고개령	영리할령	햇빛령	옥령	대자리령	서끼양령	깃령	들을령
逞	鈴	零	靈	領	齡	(례)	例	澧
쾌활령	방울령	떨어질령	신령령	거느릴령	나이령		견줄례	단물샘례
禮	體	隷	(로)	勞	撈	擄	櫓	瀘
예도례	단술례	종례		수고로울로	잡을로	노략질할로	방패로	물이름로
潞	爐	盧	老	蘆	虜	路	輅	露
땅이름로	화로로	성로	늙을로	갈대로	사로잡을로	길로	수레로	이슬로
魯	鷺	鹵	(록)	汆	碌	祿	綠	菉
노둔할로	해오라기로	소금로		깎을록	푸를록	녹록	푸를록	조개풀록

錄 기록록	鹿 사슴록	麓 산기슭록	(론)	論 의논론	(롱)	壟 밭두둑롱	弄 희롱할롱	朧 흐릴롱
瀧 적실롱	瓏 옥소리롱	籠 대그릇롱	聾 귀먹을롱	(뢰)	儡 망칠뢰	瀨 여울뢰	牢 옥뢰	磊 돌뿌리뢰
賂 뇌물뢰	賚 줄뢰	賴 힘입을뢰	雷 우레뢰	(료)	了 마칠료	僚 동관료	寥 동관료	寮 클료
料 요금료	燎 밝을료	療 병고칠료	瞭 아득할료	聊 어조사료	蓼 여뀌료	遼 멀요	(룡)	龍 용룡
(루)	壘 포갤루	婁 끌루	屢 끌루	樓 다락루	淚 눈물루	漏 샐루	瘻 부스럼루	累 여러루
縷 실루	蔞 산쑥루	褸 누더기루	鏤 강철루	陋 더러울루	(류)	劉 모금도류	旒 깃발류	柳 버들류
榴 석류나무류	流 흐를류	溜 떨어질류	瀏 맑을류	琉 유리류	瑠 유리류	瘤 혹류	硫 유황류	謬 그릇될류
類 같을류	(륙)	六 여섯륙	戮 죽일륙	陸 뭍륙	(륜)	侖 둥글륜	倫 인륜륜	崙 산이름륜
淪 빠질륜	綸 인끈륜	輪 바퀴륜	(률)	律 법률	慄 두려울률	栗 밤률	率 비율률	(륭)
隆 높을륭	(륵)	勒 굴레륵	肋 갈빗대륵	(름)	凜 찰름	(릉)	凌 얼음릉	綾 비단릉
菱 마름릉	陵 언덕릉	楞 모서리릉	稜 모릉	(리)	俐 영리할리	俚 촌떼기리	利 이로울리	厘 다스릴리
吏 아전리	唎 가는소리리	履 밟을리	悧 영리할리	李 오얏리	梨 배리	浬 바다리수리	犁 쟁기리	狸 너구리리
理 이치리	璃 유리리	痢 설사병리	履 밟을리	籬 울타리리	罹 걸릴리	羸 파리할리	莉 사과꽃리	裏 속리

裡	鰲	離	鯉	里	(린)	吝	潾	燐
속리	다스릴리	떠날리	잉어리	마을리		인색할린	맑을린	인린
璘	藺	躪	隣	鱗	麟	(림)	林	淋
옥무늬린	골풀린	밟힐린	이웃린	비늘린	기린린		수풀림	물뿌리림
琳	臨	霖	(립)	砬	立	笠	粒	(마)
옥림	임할림	장마림		돌립	설립	삿갓립	쌀알립	
摩	瑪	痲	碼	磨	馬	魔	麻	(막)
갈마	마노마	홍역마	야-드마	갈마	말마	가귀마	삼마	
寞	幕	漠	膜	莫	邈	(만)	万	卍
아득할막	장막막	사막막	꺼풀막	없을막	아득할막		일만만	절만
娩	蠻	彎	慢	挽	晚	曼	滿	漫
해산할만	뫼만	당길만	거만할만	당길만	늦을만	멀만	가득할만	흩어질만
灣	瞞	萬	蔓	蠻	輓	鏋	饅	鰻
물구비만	속일만	일만만	덩굴만	오랑캐만	수레끌만	금만	만두만	뱀장어만
(말)	杗	抹	末	茉	襪	韈	沫	(망)
	미상말	거품말	끝말	풀말	버선말	오랑캐달	거품말	
亡	妄	忘	忙	望	網	罔	芒	茫
망할망	망녕될망	잊을망	바쁠망	바랄망	그물망	없을망	가시망	아득할망
莽	輞	邙	(매)	埋	妹	媒	寐	昧
풀망	수레바퀴망	산이름망		묻을매	누이매	중매매	잘매	어둘매
枚	梅	每	煤	罵	買	賣	邁	魅
줄기매	매화매	매양매	그으름매	욕설매	살매	팔매	멀매	도깨비매
(맥)	脈	貊	陌	驀	麥	(맹)	孟	氓
	줄기맥	오랑캐맥	밭두둑맥	넘을맥	보리맥		맏맹	백성맹
猛	盟	盲	萌	(멱)	冪	覓	(면)	免
사나울맹	맹세맹	소경맹	싹맹		덮을멱	구할멱		면할면

冕	勉	綿	沔	眄	眠	綿	緬	面
면류관면	힘쓸면	솜면	물흐를면	돌아볼면	졸면	솜면	가는실면	낮면
麵	(멸)	滅	蔑	(명)	冥	名	命	明
누룩면		멸할멸	속일멸		저승명	이름명	목숨명	밝을명
瞑	椧	溟	皿	瞑	茗	蓂	螟	酩
어두울명	홈통명	바다명	그릇명	어두울명	차나무명	명협명	모기명	단술명
銘	鳴	(메)	袂	(모)	侮	冒	募	姆
새길명	울명		소매메		업신여길모	무릅쓸모	모을모	유모모
帽	慕	摹	某	模	母	毛	牟	牡
모자모	사모할모	본뜰모	아무개모	본뜰모	어미모	터럭모	보리모	수컷모
瑁	眸	矛	耗	茅	謀	模	貌	(목)
옥돌모	눈동자모	창모	덜릴모	띠모	꾀모	꾀모	모양모	
木	沐	牧	目	睦	穆	鶩	(몰)	歿
나무목	목욕할목	칠목	눈목	화목목	화목목	집오리목		죽을몰
沒	(몽)	夢	朦	(묘)	卯	墓	妙	廟
빠질목		꿈몽	클몽		토끼묘	무덤묘	묘할묘	사랑묘
描	昴	杳	猫	錨	苗	渺	畮	妙
모뜰묘	별묘	아득할묘	고양이묘	닻묘	모종묘	아득할묘	이랑묘	묘할묘
(무)	務	巫	憮	楙	戊	拇	撫	无
	힘쓸무	무당무	어루만질무	힘쓸무	별무	엄지무	어루만질무	없을무
楙	武	毋	無	珷	畝	繆	舞	茂
우거질무	호반무	어미모(무)	없을무	옥돌무	이랑무	얽을무	춤출무	무성할무
蕪	誣	貿	霧	鵡	(묵)	墨	默	(문)
순무무	아첨할무	살무	안개무	앵무새무		먹묵	잠잠할묵	
們	刎	吻	問	文	汶	炆	紋	紊
들문	목벨문	입술문	물을문	글문	물이름문	연기문	무늬문	어지러울문

聞	蚊	門	雯	(물)	勿	汩	物	(미)
들을문	모기문	문문	달무리문		말물	아득할물	물건물	
味	媚	媄	尾	嵋	嵄	弥	彌	微
맛미	아첨할미	고을미	꼬리미	산이름미	고운산미	퍼질미	그칠미	작을미
未	梶	楣	渼	湄	眉	米	美	薇
아닐미	나무미	문미	물미	물가미	눈썹미	쌀미	아름다울미	장미미
謎	迷	靡	黴	(민)	岷	忞	悶	愍
수수께끼미	희미할미	호사할미	때낄미		산이름민	힘쓸민	번민할민	근심할민
敏	憫	敯	敏	旻	旼	敃	民	泯
민첩할민	민망할민	굳셀민	민첩할민	하늘민	화할민	강할민	백성민	다할민
潣	玟	珉	玟	緡	旻	暋	(밀)	密
물흐를민	옥돌민	옥돌민	옥돌민	낚시줄민	성민	강할민		빽빽할밀
蜜	謐	(박)	剝	博	拍	撲	朴	樸
꿀밀	삼갈밀		깎을박	넓을박	손뼉칠박	구딪칠박	순박할박	통나무박
泊	珀	璞	箔	粕	縛	膊	舶	薄
배댈박	호박박	옥돌박	발박	지게미박	묶을박	팔박	큰배박	엷을박
迫	鉑	雹	駁	(반)	伴	反	叛	拌
핍박할박	금박	우박박	공격할박		짝반	돌이킬반	배반할반	버릴반
搬	攀	斑	槃	泮	潘	班	畔	瘢
옮길반	당길반	무늬반	쟁반반	반수반	성반	반열반	밭두둑반	흉반
盤	磐	磻	礬	絆	朌	般	蟠	返
소반반	반석반	돌반	백반반	줄반	메길반	일반반	서릴반	돌아올반
頒	飯	(발)	勃	拔	撥	渤	潑	發
나눌반	밥반		힘쓸발	뺄발	다스릴발	바다이름발	뿌릴발	펼발
跋	醱	鉢	髮	魃	(방)	倣	傍	坊
비틀거릴발	빚을발	바릿대발	터럭발	가문귀신발		본받을방	곁방	막을방

妨	尨	幇	彷	房	放	方	傍	昉
해로울방	삽살개방	도울방	비슷할방	방방	놓을방	모방	곁방	밝을방
榜	磅	滂	紡	肪	膀	舫	芳	蒡
방목방	돌소리방	비떨어질방	지을방	비계방	오줌통방	배방	꽃다울방	우엉방
蚌	訪	謗	邦	防	厖	(배)	俳	倍
조개방	찾을방	훼방할방	나라방	막을방	클방		광대배	갑절배
北	培	俳	拜	排	杯	湃	焙	盃
나눌배	북돋을배	노닐배	절배	물리칠배	술잔배	물소리배	불쬘배	잔배
胚	背	裵	褙	賠	輩	配	陪	(백)
아이밸배	등배	성배	배자배	배상할배	무리배	짝배	모실배	
伯	佰	帛	栢	白	百	魄	(번)	幡
맏백	일백백	비단백	잣백	흰백	일백백	넋백		기번
樊	番	繁	煩	燔	番	翻	蕃	藩
울타리번	독번	번거할번	번거로울번	불사를번	차례번	뒤집힐번	무리질번	울타리번
飜	(벌)	伐	筏	罰	閥	(범)	凡	帆
뒤칠번		칠벌	큰배벌	벌벌	문지방벌		무릇범	돛범
机	梵	氾	汎	泛	犯	範	范	(법)
나무범	범어범	땅이름범	물이름범	뜰범	죄지을범	법범	풀이름법	
法	琺	(벽)	僻	劈	壁	擘	檗	璧
법법	법랑법		치우칠벽	쪼갤벽	벽벽	당길벽	황벽나무벽	당구슬벽
癖	碧	蘗	闢	霹	(변)	便	卞	弁
적병벽	푸를벽	황경나무벽	열벽	벼락벽		문득변	법변	고할변
變	辨	辯	邊	(별)	別	瞥	鱉	鼈
변할변	분별변	말씀변	갓변		다를별	해질별	자라별	자라별
(병)	丙	並	倂	兵	屛	并	昞	昺
	남녘병	아우를병	아우를병	군사병	병풍병	아우를병	빛날병	빛날병

柄	棅	炳	瓶	病	秉	竝	軿	鉼
자루병	자루병	빛날병	병병	병들병	잡을병	아우를병	수레병	금덩이병
餠	騈	(보)	保	堡	報	寶	普	步
떡병	땅이름병		보전할보	방축보	갚을보	보배보	넓을보	걸을보
洑	湺	潽	琥	甫	菩	補	褓	譜
복령보	보보	물이름보	보배보	겨우보	보살보	기울보	포대기보	족보보
輔	(복)	伏	僕	匐	卜	宓	復	服
도울보		엎드릴복	종복	기어갈복	점복	사람이름복	거듭복	옷복
福	腹	茯	蔔	複	覆	輹	輻	鍑
복복	배복	복령복	무복	거듭북	엎드릴복	수레복	바퀴복	솥복
馥	鰒	(본)	本	(볼)	変	(봉)	俸	奉
향기복	전복복		근본본		미상볼		녹봉	받들봉
封	峯	峰	捧	棒	烽	瑞	縫	蓬
봉할봉	봉우리봉	뫼봉	받들봉	몽둥이봉	봉화봉	칼장식봉	꿰맬봉	쑥봉
蜂	逢	鋒	鳳	(부)	不	付	俯	傅
벌봉	만날봉	창봉	새봉		아니부	부칠부	숙일부	스승부
剖	副	否	咐	埠	夫	婦	孚	孵
쪼갤부	버금부	아닐부	분부할부	부두부	지아비부	며느리부	믿을부	알깔부
富	府	復	扶	敷	斧	溥	父	浮
부자부	마을부	다시부	붙들부	펼부	도정부	넓을브	아비부	뜰부
符	簿	缶	腑	腐	膚	孵	芙	荸
병부부	문서부	장군부	장부부	썩을부	피부부	거룻배부	부용부	독말풀부
訃	負	賦	賻	赴	跗	部	釜	阜
부고부	질부	부세부	부의부	다다를부	발등부	무리부	가마부	언덕부
附	駙	鳧	(북)	北	(분)	分	吩	噴
붙일부	결말부	오리부		북녁북		나눌분	분부할분	꾸짖을분

墳	奔	奮	忿	憤	扮	吩	汾	焚
무덤분	달아날분	떨칠분	분할분	분할분	섞을분	분부할분	물이름분	태울분
盆	粉	糞	紛	芬	賁	雰	(불)	不
동이분	가루분	똥분	어지러울분	향기분	꾸밀분	안개분		아니불
佛	弗	彿	(봉)	崩	朋	棚	硼	繃
부처불	말불	방불할불		무너질붕	벗붕	시렁붕	붕사붕	묶을붕
鵬	(비)	丕	備	匕	匪	卑	妃	婢
새붕		클비	견줄비	숟가락비	아닐비	낮을비	왕비비	여종비
庇	悲	憊	扉	批	斐	枇	榧	比
덮을비	슬플비	고달플비	싸리문비	뽑을비	문채날비	참빗비	비자나무비	견줄비
毖	毗	沸	泌	琵	痺	砒	碑	秘
삼갈비	도울비	끓을비	스밀비	비파비	마비될비	비소비	비석비	숨길비
秕	粃	紕	翡	肥	脾	臂	菲	蜚
숨길비	쭉정이비	다스릴비	물총새비	살찔비	지라비	팔비	채소비	바퀴벌레비
裨	誹	譬	費	鄙	非	飛	鼻	(빈)
도울비	비방할비	비유할비	비용비	더러울비	아니비	날비	코비	
儐	嚬	嬪	彬	斌	檳	殯	浜	濱
인도할빈	자주할빈	계집빈	빛날빈	빛날빈	빈랑나무빈	초빈빈	물가빈	물가빈
瀕	牝	玭	璸	穦	貧	頻	(사)	思
물가빈	암컷빈	옥빈	옥무늬빈	향기빈	가난할빈	찡그릴빈		생각사
乍	事	些	仕	伺	似	使	俟	史
잠깐사	일사	적을사	벼슬사	엿볼사	같을사	하여금사	기다릴사	사기사
司	唆	傞	嗣	四	士	奢	娑	寫
맡을사	꾈사	부실사	이을사	넉사	선비사	사치사	가사사	쓸사
寺	射	巳	師	徙	思	捨	斜	查
절사	쏠사	뱀사	스승사	옮길사	생각사	놓을사	빗길사	조사할사

栖	梭	死	沙	泗	渣	瀉	獅	砂
웃사	북사	죽을사	모래사	물사	찌끼사	쏟을사	사자사	모래사
社	祀	祠	私	篩	糸	紗	絲	肆
모일사	제사사	사당사	사사사	체결할사	실사	깁사	실사	거리사
舍	莎	蓑	蛇	裟	詐	詞	謝	赦
집사	사초사	도롱이사	뱀사	가사사	속일사	글사	사례사	놓을사
辭	邪	飼	駟	麝	(삭)	削	數	朔
말씀사	간사할사	기를사	사마사	사향노루사		깎을삭	셈수자주삭	초하루삭
索	(산)	傘	刪	山	散	汕	珊	産
노끈삭		우산산	깎을산	뫼산	흩어질산	뜰산	산호산	날산
疝	算	蒜	酸	霰	(살)	沙	撒	殺
산증산	셈법산	마늘산	실산	싸라기눈산		옥편에무살	놓을살	죽일살
煞	薩	(삼)	三	參	杉	森	滲	衫
죽일살	보살살		석삼	석삼	삼나무삼	나무숲삼	스밀삼	적삼삼
(삽)	揷	澁	鈒	颯	揷	(상)	上	傷
	꽂을삽	껄끄러울삽	창삽	바람소리삽	꽂을삽		윗상	상할상
像	償	商	喪	嘗	塽	孀	尙	常
코끼리상	상줄상	장사상	초상상	맛볼상	높을상	과부상	오히려상	항상상
床	峠	庠	廂	想	桑	橡	湘	爽
평상상	산고개상	학교상	곁방상	생각상	뽕나무상	상수리나무상	물상	상쾌할상
牀	狀	相	祥	箱	翔	裳	觴	詳
책상상	형상상	서로상	상서상	상자상	날개상	치마상	술잔상	자세상
象	賞	霜	(새)	塞	璽	賽	(색)	嗇
코끼리상	상줄상	서리상		변방새	옥새새	굿새		아낄색
塞	穡	索	色	(생)	牲	生	甥	省
막힐색	거둘색	찾을색	빛색		희생생	날생	생질생	살필생

笙	(서)	叙	墅	壻	婿	嶼	序	庶
저생		차례서	농막서	사위서	사위서	섬서	차례서	뭇서
徐	恕	惰	抒	捿	敍	暑	曙	書
천천히서	용서서	지혜서	펼서	깃들일서	펼서	더위서	새벽서	글서
栖	棲	犀	瑞	筮	絮	緒	署	胥
깃들일서	깃들일서	물서	상서서	점풀서	솜서	실마리서	관청서	서로서
舒	薯	西	誓	謂	逝	鋤	黍	鼠
펼서	마서	서녘서	맹세서	속일서	죽을서	호미서	기장서	쥐서
(석)	夕	奭	席	惜	席	惜	昔	晳
	저녁석	클석	자리석	애석할석	자리석	아낄석	옛석	밝을석
析	汐	淅	潟	石	碩	祏	釋	蓆
쪼갤석	석조석	쌀일석	개펄석	돌석	클석	섬석	놓을석	큰자실석
鉐	錫	(선)	仙	僊	先	善	墡	嬋
놋쇠석	주석석		신선선	신선선	먼저선	착할선	백토선	고을선
嫙	宣	愃	扇	敾	旋	渲	煽	琁
예쁠선	베풀선	쾌할선	부채선	다스릴선	돌선	물적실선	부칠선	옥선
瑄	璇	璿	癬	禪	線	繕	羨	腺
구슬선	옥선	구슬선	옴선	중선	실선	거울선	부러울선	샘선
膳	船	蘚	蟬	跣	選	銑	鐥	饍
반찬선	배선	이끼선	매미선	맨발선	가릴선	광채날선	복자선	반찬선
鮮	(설)	卨	屑	楔	泄	洩	薛	蓺
고울선		이름설	가루설	문설주설	샐설	샐설	쑥설	속옷설
設	說	雪	齧	渫	舌	(섬)	剡	暹
베풀설	말씀설	눈설	씹을설	그칠설	혀설		땅이름섬	해돋을섬
殲	纖	蟾	贍	閃	陝	(섭)	攝	涉
멸할섬	가늘섬	두꺼비섬	넉넉할섬	엿볼섬	땅이름섬		잡을섭	건널섭

爕	葉	(성)	城	姓	娀	宬	性	惺
불꽃섭	고을섭		재성	성씨성	아름다울성	서고성	성품성	깨달을성
成	星	晟	猩	珹	惺	盛	省	筬
이룰성	별성	밝을성	성성이성	옥성	깨달을성	성할성	살필성	바디성
聖	聲	腥	誠	渥	醒	(세)	世	勢
성인성	소리성	생고기성	정성성	사람이름성	깰성		인간세	형세세
歲	洗	稅	笹	細	說	貰	(소)	召
해세	씻을세	부세세	가는대세	가늘세	유세세(설)	세낼세		부를소
嘯	塑	宵	小	少	巢	所	掃	搔
휘파람소	토우소	밤소	작을소	젊을소	깃들일소	바소	쓸소	가려울소
昭	招	梳	沼	消	溯	瀟	炤	玿
밝을소	괴녁나무소	빗소	늪소	사라질소	거스릴소	굴이름소	밝을소	미옥소
甦	疏	疎	瘙	笑	篠	簫	素	紹
소생할소	글소	성질소	긁을소	웃음소	조릿대소	퉁소소	흴소	이을소
蔬	蕭	蘇	疏	逍	遡	邵	銷	韶
나물소	쑥소	깨어날소	멀소	밀소	거스를소	높을스	녹을소	풍류소
騷	(속)	俗	屬	束	涑	粟	續	謖
요란할소		풍속속	붙일속	묶을속	물이름속	조속	이을속	뛰어날속
贖	速	(손)	孫	巽	損	遜	飧	蓀
속죄할속	빠를속		손자손	손방손	덜손	겸손할손	밥손	창포손
(솔)	帥	率	(송)	宋	悚	松	淞	訟
	거느릴솔	거느릴솔		나라송	두려울송	솔송	물송	송사송
誦	送	(쇄)	刷	殺	灑	碎	鎖	鏁
외울송	보낼송		문지를쇄	힘쓸쇄	뿌릴쇄	부술쇄	잠글쇄	자물쇠쇄
(쇠)	衰	釗	(수)	修	受	嗽	囚	垂
	쇠할쇠	쇠고동쇠		닦을수	받을수	기침수	가둘수	드리울수

壽	嫂	守	峀	峀	愁	戍	手	授
목숨수	형수수	지킬수	산굴수	산굴수	근심수	수자리수	손수	줄수
搜	收	數	樹	殊	水	洙	漱	燧
찾을수	가둘수	셈수	나무수	다를수	물수	물가수	양치수	부싯돌수
狩	獸	琇	璲	瘦	睡	秀	穗	稼
사냥수	짐승수	옥돌수	패옥수	파리할수	졸음수	빼낼수	이삭수	이삭수
竪	粹	綏	綬	繡	羞	脩	茱	蓨
세울수	순전할수	갓끈수	인끈수	비단수	부끄러울수	오랠수	수유나무수	기쁠수
藪	袖	誰	讐	輸	遂	邃	酬	銖
수풀수	소매수	누구수	원수수	실을수	드릴수	깊을수	보낼수	저울수
銹	隋	隨	雖	隨	蒐	需	須	首
녹수	나라수	길수	비록수	따를수	모을수	기다릴수	모름지기수	머리수
髓	鬚	(숙)	叔	塾	夙	宿	橚	熟
뼈골수	수염수		아제비숙	글방수	일찍숙	잘숙	무성할숙	익을숙
琡	淑	瀟	璹	菽	肅	(순)	巡	徇
구슬숙	맑을숙	성숙	오그를숙	콩숙	엄숙할숙		순행할순	돌순
循	恂	旬	栒	楯	橓	殉	洵	淳
돌순	옥돌순	열흘순	돌순	난간순	무궁화순	순장순	진실로순	순박할순
淳	珣	盾	瞬	筍	純	脣	舜	荀
밝을순	옥돌순	방패순	눈깜짝할순	죽순순	순전할순	입술순	순임금순	풀순
蓴	蕣	詢	諄	醇	錞	順	馴	(술)
순채순	무궁화나무순	물을순	도울순	순숙할순	쇠북순	순할순	길들순	
戌	術	述	鉥	(숭)	崇	崧	嵩	(슬)
개술	꾀술	지을술	바늘술		높을숭	우뚝할숭	높을숭	
瑟	璱	膝	蝨	(습)	拾	濕	習	褶
비파슬	미옥슬	무릎슬	이슬		주을습	젖을습	익힐습	주름습

襲	褶	(승)	丞	乘	僧	勝	升	承
엄습할습	치마주름습		도울승	탈승	중승	이길승	오를승	이을승
昇	繩	陞	(시)	侍	匙	嘶	始	媤
오를승	노승	오를승		뫼실시	수저시	울시	비로소시	시집시
尸	屍	屎	市	弑	恃	施	是	時
주검시	송장시	똥시	저자시	죽일시	믿을시	베풀시	이시	때시
柿	柴	猜	矢	示	翅	蒔	著	視
감시	성시	시기할시	화살시	볼시	날개시	모종시	톱풀시	볼시
詩	試	諡	豕	豺	(식)		埴	寔	式
글시	시험시	시호시	돼지시	승냥이시		진흙식	이식	법식
息	拭	栻	植	殖	湜	熄	篒	蝕
철식	닦을식	점판식	심을식	번식할식	맑을식	꺼질식	땅이름식	꾸밀식
識	軾	食	飾	(신)	伸	侁	信	呻
알식	수레식	밥식	꾸밀식		펼신	떠지어갈신	믿을신	신음할신
娠	宸	愼	新	晨	燼	申	神	紳
애밸신	대궐신	삼갈신	새신	새벽신	나머지신	납신	귀신신	띠신
腎	臣	莘	薪	蜃	蟹	訊	身	辛
콩팥신	신하신	약이름신	섶신	조개풀신	조개신	물을신	몸신	매울신
辰	迅	(실)	失	室	實	悉	(심)	審
별신	빠를신		읽을실	집실	열매실	다실		살필심
尋	心	沁	沈	深	潘	甚	芯	諶
찾을심	마음심	물심	성심	깊을심	즙심	심할심	골풀심	믿을심
(십)	什	十	拾	(쌍)	雙	(씨)	氏	(아)
	열사람십	열십	열십		쌍쌍		각시씨	
亞	俄	兒	啞	阿	娥	峨	我	牙
버금아	잠시아	아이아	벙어리아	예쁠아	계집아	높을아	나아	어금니아

芽	莪	蛾	衙	訝	阿	雅	餓	鴉
싹아	쑥아	나비아	아문아	맞을아	언덕아	맑을아	주린아	갈가마귀아
鵝	(악)	堊	岳	嶽	幄	惡	愕	握
거위아		백토악	뫼악	뫼악	휘장악	악할악	놀랄악	쥘악
樂	渥	愕	鍔	顎	鰐	齷	(안)	安
풍류악	젖을악	놀랄악	칼날악	턱악	악어악	작을악		편안안
岸	按	晏	案	眼	雁	鞍	顔	鮟
언덕안	누를안	늦을안	책상안	눈안	기러기안	안장안	얼굴안	아귀안
雁	(알)	斡	謁	軋	關	(암)	岩	巖
기러기안		돌알	뵈올알	이름알	막을알		바위암	바위암
唵	庵	暗	癌	菴	闇	(압)	壓	押
머금을암	집암	어둘암	종양암	암자암	어둘암		누를압	누를압
狎	鴨	(앙)	仰	央	怏	昂	殃	秧
진압할압	오리압		우러를앙	가운데앙	원망할앙	밝을앙	재앙앙	못자리앙
鴦	(애)	厓	哀	埃	崖	愛	曖	涯
원앙새앙		언덕애	슬플애	티끌애	언덕애	사랑애	희미할애	물가애
碍	(야)	也	倻	冶	夜	惹	揶	椰
막을애		잇기야	나라이름야	풀무야	밤야	이끌야	빈정거릴야	야자나무야
爺	耶	野	(약)	弱	約	若	葯	蒻
아비야	어조사야	들야		약할약	언약약	같을약	어수리약	구약나물약
藥	躍	(양)	佯	壤	孃	揚	攘	敭
약약	뛸약		거짓양	흙덩이양	근심양	날릴양	물리칠양	오를양
暘	楊	樣	洋	漾	瀁	煬	痒	瘍
해돋이양	버들양	모양양	바다양	물이름양	물이름양	쬘양	가려울양	부스럼양
禳	羊	襄	釀	讓	陽	養	(어)	圄
빌양	염소양	도울양	술빚을양	사양양	볕양	기를양		옥어

御	於	漁	瘀	禦	語	馭	魚	齬
모실어	늘어	고기잡을어	적병어	막을어	말씀어	말부릴어	물고기어	맞지않을어
(억)	億	憶	抑	檍	臆	(언)	偃	堰
	억억	생각억	누를억	참나무억	가슴억		누울언	보언
彦	焉	言	諺	(얼)	孽	蘖	(엄)	俺
선비언	어조사언	말씀언	속담언		서자얼	싹얼		나엄
掩	淹	儼	嚴	(업)	業	業	(엔)	円
걷을엄	담글엄	근엄할엄	엄할엄		높은산업	업업		일본화폐엔
(여)	予	余	如	歟	汝	璵	礜	艅
	나여	나여	같을여	어조사여	너여	옥여	여돌여	배이름여
茹	輿	轝	餘	(역)	域	亦	役	易
채소여	수레여	수레여	남을여		지경역	또역	부역할역	버꿀역
晹	疫	繹	譯	逆	驛	(연)	嚥	堧
볕날역	염병역	당길역	번역할역	거스를역	역말역		삼킬연	빈터연
妍	娟	姸	宴	延	挺	捐	椽	沇
고울연	예쁠연	빛날연	잔치연	맞을연	당길연	버릴연	석가래연	물이름연
沿	涓	涎	淵	演	烟	然	煙	軟
좇을연	물방울연	침연	못연	넓을연	연기연	그럴연	연기연	부드러울연
燃	燕	研	硏	硯	筵	緣	繎	衍
불탈연	나라연	옥돌연	갈연	벼루연	자리연	인연연	길연	넓을연
鉛	鳶	(열)	咽	悅	熱	悅	閱	(염)
납연	솔개연		목멜열	기쁠열	더울열	기쁠열	살필열	
厭	染	炎	焰	琰	艷	苒	閻	髥
싫을염	물들일염	불꽃염	불꽃염	서옥염	예쁠염	우거질염	마을염	구렛나루염
鹽	(엽)	曄	燁	葉	(영)	呤	塋	嬰
소금염		빛날엽	빛날엽	입엽		읊을영	무덤영	갓난아이영

嶸	影	映	楹	榮	永	泳	渶	穎
가파를영	그림자영	비칠영	기둥영	영화영	길영	헤엄칠영	맑을영	물이름영
瀯	濴	濚	煐	營	瑛	瑩	瓔	盈
큰물영	물소리영	물영	이름영	집영	옥광채영	구슬영	옥돌영	찰영
潁	纓	英	詠	迎	鎣	霙	(예)	乂
이삭영	갓끈영	꽃부리영	읊을영	맞을영	방울소리영	진눈깨비영	(예)	다스릴예
倪	刈	叡	睿	曳	汭	濊	芮	藝
어린이예	벨예	밝을예	밝을예	끌예	물가예	더러울예	나라예	재주예
蘂	裔	詣	豫	銳	霓	預	(오)	五
꽃술예	옷깃예	이를예	미리예	날카로울예	무지개예	미리예	(오)	다섯오
伍	俉	傲	午	吾	吳	嗚	塢	墺
다섯사람오	맞이할오	거만할오	낮오	나오	나라오	슬플오	마을오	물가오
娛	寤	悟	惡	奧	懊	敖	旿	梧
즐길오	깰오	깨달을오	미워할오	아랫목오	한할오	거만될오	낮오	오동오
汚	澳	烏	熬	珸	獒	筽	蜈	誤
더러울오	깊을오	가마귀오	볶을오	옥돌오	사나운개오	베틀고리오	지네오	그릇될오
鰲	鼇	(옥)	屋	沃	獄	玉	鈺	(온)
자라오	자라오	(옥)	집옥	기름질옥	옥옥	구슬옥	금옥	(온)
媼	溫	瑥	瘟	穩	縕	蘊	(올)	兀
할미온	따슬온	사람이름온	염병온	평온할온	솜옷온	쌓일온	(올)	우뚝할올
(옹)	壅	擁	瓮	甕	癰	翁	邕	雍
(옹)	막을옹	낄옹	항아리옹	항아리옹	등창옹	늙은이옹	막을옹	화할옹
饔	(와)	渦	瓦	窩	窪	臥	蛙	蝸
아침밥옹	(와)	소용돌이와	기와와	움집와	구덩이와	눌와	개구리와	달팽이와
訛	(완)	垸	婉	婠	完	宛	梡	椀
속일와	(완)	칠할완	어여쁠완	예쁠완	완전할완	굽을완	나무완	주발완

浣	玩	琓	琬	碗	緩	翫	腕	莞
빨완	구경완	서옥완	미옥완	주발완	늦을완	탐할완	밥통완	왕골완
豌	阮	頑	(왈)	曰	(왕)	往	旺	枉
완두완	나라이름완	완만할완		갈왈		갈왕	왕할왕	굽을왕
汪	王	(왜)	倭	娃	歪	矮	(외)	外
넓을왕	임금왕		왜국왜	예쁠왜	비뚤왜	작을왜		밖외
嵬	巍	猥	畏	(요)	僥	凹	堯	夭
산높을외	높을외	더러울외	두려울외		요행요	오목할요	임금요	일찍죽을요
妖	姚	嶢	拗	擾	曜	樂	橈	燿
요염할요	예쁠요	높을요	꺾을요	길들일요	비칠요	즐길요	노요	비칠요
瑤	窈	窯	繇	繞	耀	腰	蟯	要
옥요	그윽할요	가마요	우거질요	얽힐요	빛날요	허리요	요충요	중요할요
謠	遙	邀	饒	(욕)	慾	欲	浴	縟
노래요	멀요	맞이할요	요기요		욕심욕	하고자할욕	목욕욕	채색욕
辱	(용)	俑	傭	冗	勇	埇	墉	容
욕될욕		목우용	품살용	번거로울용	날랠용	길들일용	담보루용	얼굴용
茸	庸	慂	榕	涌	湧	溶	熔	瑢
녹용용	떳떳용	중용할용	용나무용	물솟을용	솟을용	녹을용	녹을용	옥소리용
用	甬	筩	蓉	踊	鎔	鏞	(우)	于
쓸용	길용	솟을용	부용용	뛸용	녹일용	쇠북용		어조사우
佑	偶	優	又	友	右	隅	宇	寓
도울우	짝우	넉넉우	또우	벗우	오를우	모퉁이우	집우	붙일우
尤	愚	憂	旰	牛	玗	瑀	盂	祐
더욱우	어리석을우	근심우	해뜰우	소우	옥돌우	옥돌우	사발우	도울우
禑	禹	紆	羽	芋	藕	虞	迂	遇
복우	임금우	굽을우	깃우	토란우	연뿌리우	나라우	굽을우	만날우

郵	釪	隅	雨	霝	霻	(욱)	勖	彧
우편우	바릿대우	모퉁이우	비우	기우제우	물소리우		힘쓸욱	빛날욱
旭	昱	栯	煜	稶	郁	頊	(운)	云
빛날욱	빛날욱	산앵두욱	빛날욱	성할욱	빛날욱	구슬욱		이를운
夽	暈	橒	殞	沄	澐	熉	耘	芸
높을운	해무리운	나무무늬운	죽을운	흐를운	물결운	노란빛운	김맬운	운량운
蕓	輝	運	隕	雲	韻	(울)	尉	鬱
평지운	넉넉할운	운수운	떨어질운	구름운	운치운		우울	답답울
蔚	(웅)	熊	雄	(원)	元	原	員	園
땅이름울		곰웅	수컷웅		으뜸원	언덕원	인원원	동산원
圓	垣	婉	媛	嫄	冤	怨	愿	瑗
둥글원	담원	예쁠원	예쁠원	계집원	원통할원	원망할원	성실할원	도울원
沅	洹	湲	源	爰	猿	轅	遠	阮
물이름원	물이름원	흐를원	근원원	이에원	원숭이원	수레원	멀원	나라원
院	願	鴛	(월)	月	越	鉞	(위)	位
집원	원할원	원앙새원		달월	건널월	도끼월		벼슬위
偉	僞	危	圍	委	威	尉	慰	暐
클위	거짓위	위태할위	에을위	맡길위	위엄위	벼슬위	위로할위	빛날위
渭	爲	瑋	緯	胃	萎	葦	蔿	蝟
위수위	할위	구슬위	씨줄위	밥통위	시들위	갈대위	애기풀위	고슴도치위
衛	褘	謂	違	韋	魏	(유)	乳	侑
지킬위	아름다울위	이를위	어길위	가죽위	나라위		젖유	너그러울유
儒	俞	唯	喻	孺	宥	幼	幽	庚
선비유	맑을유	오직유	깨우칠유	젖먹이유	용서할유	어릴유	그윽할유	곳집유
悠	惟	揄	愈	愉	攸	有	柚	柔
멀유	생각유	끌유	나을유	기뻐할유	바유	있을유	유자유	부드러울유

楡	楢	油	洧	遊	濡	猷	猶	瑈
느릅나무유	졸참나무유	기름유	물유	놀유	젖을유	꾀유	오히려유	옥돌유
瑜	由	癒	維	臾	萸	裕	誘	諛
옥빛유	말미암을유	병나을유	벼리유	잠깐유	수유나무유	넉넉유	이끌유	아첨할유
諭	踰	蹂	逾	游	酉	釉	鍮	(육)
깨우칠유	넘을유	밟을유	넘을유	놀유	닭유	광택유	놋쇠유	
堉	毓	肉	育	(윤)	允	鈗	尹	潤
흙육	기를육	고기육	기를육		진실로윤	물윤	만윤	젖을윤
玧	胤	贇	銳	閏	阭	(율)	聿	(융)
옥빛윤	맏아들윤	예쁠윤	총윤	윤달윤	높을윤		붓율	
戎	瀜	絨	融	(은)	垠	恩	慇	殷
오랑캐융	깊을융	고운베융	화할융		지경은	은혜은	은근할은	나라은
溵	珢	誾	銀	隱	(을)	乙	(음)	吟
물소리은	옥돌은	즐거울은	은은	숨을은		새을		읊을음
淫	蔭	陰	音	飮	(읍)	揖	泣	邑
음란할음	그늘음	그늘음	소리음	마실음		읍할읍	물읍	고을읍
(응)	凝	應	膺	鷹	(의)	依	倚	儀
	엉킬응	대답응	가슴응	매응		의지할의	기댈의	거동의
宜	意	懿	擬	椅	毅	疑	矣	義
마땅의	뜻의	아름다울의	헤아릴의	의나무의	굳셀의	의심의	어조사의	옳을의
艤	薏	蟻	衣	誼	議	醫	(이)	二
차림의	율무의	개미의	옷의	옳을의	의론의	의원의		두이
以	夷	姨	已	弛	伊	彝	彝	怡
써이	오랑캐이	이모이	이미이	풀릴이	저이	떳떳이	떳떳이	화할이
易	爾	珥	異	痍	移	而	耳	肄
쉬울이	어조사이	귀고리이	다를이	상할이	옮길이	말이이	귀이	익힐이

苡	黃	貽	貳	邇	頤	飴	(익)	瀷
율무이	벨이	줄이	두이	가까울이	턱이	엿이		스밀익
益	翌	翊	翼	謚	(인)	人	仁	刃
더할익	내일익	도울익	날개익	웃을익		사람인	어질인	칼날인
印	咽	因	姻	寅	引	忍	湮	絪
도장인	목구멍인	인할인	혼인인	동방인	이끌인	참을인	빠질인	자리인
茵	蚓	認	靷	靭	(일)	一	佚	佾
쑥인	지렁이인	인정할인	가슴걸이인	질길인		한일	숨을일	가로줄일
壹	日	溢	逸	鎰	馹	(임)	任	壬
한일	날일	넘칠일	편안일	근일	역마일		맡길임	북방임
妊	姙	恁	稔	荏	賃	(입)	入	卄
애밸임	애밸임	생각임	여물임	들깨임	세낼임		들입	스물입
(잉)	仍	剩	孕	芿	(자)	仔	刺	咨
	인할잉	넘칠잉	애밸잉	움풀임		자세자	찌를자	물을자
姉	姿	子	字	孜	恣	慈	滋	炙
맏누이자	맵씨자	아들자	글자자	사랑자	방자자	사랑자	우거질자	구을자
煮	瓷	疵	磁	紫	者	自	茨	蔗
끓일자	오지그릇자	흉터자	지남석자	붉을자	놈자	스스로자	가시나무자	사탕수수자
藉	諮	資	雌	(작)	作	勺	嚼	斫
깔개자	물을자	재물자	암컷자		지을작	잔작	씹을작	찍을작
昨	灼	炸	爵	綽	芍	酌	雀	鵲
어제작	쬐일작	터질작	벼슬작	너그러울작	작약작	술잔작	새작	까치작
(잔)	孱	棧	殘	潺	盞	(잠)	岑	暫
	잔악할작	잔교잔	쇠잔잔	흐를잔	술잔잔		봉우리잠	잠깐잠
潛	潜	箴	簪	(잡)	雜	(장)	丈	仗
잠길잠	숨길잠	경계잠	비녀잠		섞일잡		길장	지팡이장

匠	場	墻	壯	奘	奬	將	帳	庄
장인장	마당장	담장	장할장	클장	장려할장	장수장	장막장	전장장
張	掌	暲	杖	樟	檣	欌	漿	漳
베풀장	손바닥장	밝을장	몽둥이장	녹나무장	돛대장	장농장	미음장	물장
牆	狀	獐	璋	章	粧	腸	臟	臧
담장장	문서장	노루장	구슬장	글장장	단장할장	창자장	장부장	착할장
莊	葬	蔣	薔	藏	裝	臟	醬	長
씩씩할장	장사지낼장	졸장	장미장	감출장	꾸밀장	장물장	장장	어른장
障	(재)	再	哉	在	宰	才	材	栽
막을장	(재)	두재	어조사재	있을재	재상재	재주재	재목재	심을재
梓	渽	滓	災	縡	裁	齋	齎	(쟁)
가래나무재	맑을재	찌꺼기재	재앙재	일재	마루잴재	집재	가져갈재	(쟁)
爭	箏	諍	錚	(저)	佇	低	儲	咀
다툴쟁	쟁쟁	간할쟁	꽹과리쟁	(저)	기다릴저	굽힐저	쌓을저	씹을저
姐	底	抵	杵	楮	樗	沮	渚	疽
누이저	밑저	막을저	절굿공이저	닥나무저	가죽나무저	그칠저	물가저	악창저
猪	狙	箸	紵	苧	著	菹	這	諸
돼지저	원숭이저	젓가락저	모시저	무시풀저	나타날저	절일저	이저	고구마저
詛	躇	邸	雎	齟	(적)	勣	弔	嫡
저주할저	머뭇거릴저	객사저	물수리저	어긋날저	(적)	공적적	조상조	맏며느리적
寂	摘	敵	適	炙	狄	的	積	笛
고요적	딸적	대적할적	물방울적	구울적	오랑캐적	힐적	쌓을적	피리적
籍	翟	荻	謫	賊	赤	跡	蹟	迪
호적적	꿩적	물억새적	꾸짖을적	도적적	붉을적	자취적	자취적	나아갈적
迹	鏑	(전)	佃	佺	傳	全	典	前
자취적	살촉적	(전)	밭갈전	신선전	전할전	온전전	법전	앞전

剪	塡	塼	奠	專	展	塵	悛	戰
가위전	오랠전	별돌전	올릴전	오로지전	펼전	전방전	고칠전	싸움전
栓	殿	甎	澱	煎	畑	琠	田	甸
나무못전	대궐전	모전전	찌끼전	달일전	밭전	구슬전	밭전	경기전
癲	筌	箋	箭	篆	纏	纏	箋	詮
미칠전	통발전	문새전	화살전	전자전	자리전	터전	향초전	의논할전
輾	轉	鈿	銓	錢	鐫	雋	電	顚
돌전	구를전	비녀전	저울전	돈전	새길전	살찐고기전	번개전	엎어질전
顫	餞	(절)	切	截	折	晢	浙	癤
떨릴전	전송할전		간절절	끊을절	꺾을절	밝을절	물이름절	부스럼절
竊	節	絶	(점)	占	岾	店	漸	点
도둑절	마디절	끊을절		점칠점	땅이름점	가게점	점점점	점점
粘	霑	鮎	點	(접)	接	摺	蝶	(정)
끈끈할점	젖을점	메기점	점찍을점		접할접	주름접	나비접	
丁	井	亭	停	偵	呈	娗	婷	定
장정정	우물정	정자정	머무를정	탐문할정	평상정	단정할정	예쁠정	정할정
幀	庭	廷	征	情	挺	政	整	旌
족자정	뜰정	조정정	정벌할정	뜻정	뺄정	정사정	정돈할정	기정
晶	晸	柾	呈	楨	檉	正	汀	涏
수정정	해돋을정	나무바를정	평상정	광나무정	위성정	바를정	물가정	물찰정
淀	淨	淳	湞	瀞	炡	珽	玎	町
웅덩이정	맑을정	물가정	물이름정	맑을정	불번쩍거릴정	옥소리정	홀정	밭두둑정
睛	碇	禎	程	穽	精	綎	艇	訂
안구정	닻내릴정	상서정	법정	뚫을정	정할정	실인끈정	거룻배정	의론할정
諪	貞	鄭	酊	釘	鉦	鋌	鋥	錠
고를정	곧을정	나라정	술취할정	징정	징정	쇳덩이정	칼날세울정	등자정

霆	靖	靜	靚	頂		鼎	(제)	制
천둥소리정	편안정	고요정	단장할정	이마정	아름다울정	솥정		법제제
劑	嚌	堤	帝	弟	悌	堤	梯	濟
약재제	맛볼제	언덕제	임금제	아우제	공경제	글제	사다리제	건널제
瑅	祭	第	臍	薺	製	諸	蹄	醍
옥제	제사제	차례제	배꼽제	모두제	지을제	모두제	굽제	맑은술제
除	際	霽	題	齊	(조)		俎	兆	凋
덜제	제음제	갤재	쓸제	나라제		도마조	억조조	시들조
助	嘲	弔	彫	措	操	早	晁	曹
도울조	비웃을조	조상조	새길조	들조	잡을조	일찍조	고을조	무리조
曹	朝	條	棗	槽	漕	潮	照	燥
무리조	아침조	가지조	대추조	구유조	배저을조	밀물조	비칠조	마를조
爪	璪	眺	祖	祚	租	稠	糟	窕
손톱조	옥조	조망조	조상조	복조조	부세조	짙을조	찌개미조	그윽할조
粗	組	繰	肇	藻	蚤	詔	調	趙
거칠조	인끈조	비단조	비로소조	새무늬조	벼룩조	조서조	고로조	나라조
躁	造	遭	釣	阻	雕	鳥	(족)	族
시끄러울조	지을조	만날조	낚시조	험할조	수리조	새조		겨레족
簇	足	鏃	(존)	存	尊	(졸)	卒	拙
조릿대족	발족	화살촉족		있을존	높을존		마침졸	졸렬할졸
猝	(종)	倧	宗	從	悰	慫	椶	淙
갑작스릴졸		신인종	마루종	좇을종	즐거울종	놀랄종	종려나무종	물종
琮	瑽	種	終	綜	縱	腫	踪	踵
옥돌종	패옥소리종	종자종	마침종	모을종	놓을종	부스럼종	자취종	발꿈치종
鍾	鐘	(좌)	佐	坐	左	座	挫	(죄)
쇠북종	쇠북종		도울좌	앉을좌	왼좌	자리좌	꺾을좌	

罪	(주)	主	住	侏	做	呪	周	喌
죄죄	(주)	임금주	머무를주	난쟁이주	지을주	주문주	두루주	추길주
奏	姓	姝	宙	州	廚	晝	朱	柱
아뢸주	이름주	예쁠주	집주	고을주	부엌주	낮주	붉을주	기둥주
株	注	洲	湊	澍	炷	珠	疇	籌
주식주	물댈주	고을주	부을주	적실주	심지주	구슬주	이랑주	산가지주
紂	紬	綢	胄	舟	蛛	註	誅	走
끙끙거릴주	명주주	얽을주	투구주	배주	거미주	주낼주	벨주	달아날주
躊	輳	週	酎	酒	鑄	駐	(죽)	竹
머뭇거릴주	모일주	닥칠주	술국주	술주	지을주	달아날주	(죽)	대죽
粥	(준)	俊	儁	准	埈	晙	樽	浚
죽죽	(준)	준걸준	살필준	승인할준	높을준	밝을준	술그릇준	깊을준
準	濬	焌	畯	竣	蠢	逡	遵	隼
법준	깊을준	불당길준	농부준	마칠준	꿈틀거릴준	머뭇거릴준	좇을준	준걸준
儁	駿	(줄)	茁	(중)	中	仲	衆	重
영특할준	준마준	(줄)	싹줄	(중)	가운데중	버금중	무리중	무거울중
(즉)	即	卽	(즐)	櫛	(즙)	楫	汁	茸
(즉)	곧즉	곧즉	(즐)	머리빗을즐	(즙)	노즙	진액즙	어엉즙
(증)	增	憎	拯	曾	烝	甑	症	繒
(증)	더할증	미워할증	건질증	일찍증	찔증	시루증	병세증	명주증
蒸	證	贈	(지)	之	只	咫	地	址
찔증	증거증	줄증	(지)	갈지	다만지	지척지	땅지	터지
志	持	指	摯	支	旨	智	枝	枳
뜻지	가질지	손가락지	잡을지	지탱할지	뜻지	지혜지	가지지	탱자지
止	池	沚	漬	知	·砥	祉	祇	紙
그칠지	못지	물가지	담금지	알지	숫돌지	복지	공경지	종이지

肢	脂	至	芝	芷	蜘	誌	識	贄
사지지	비게지	이를지	지초지	어수리지	거미지	기록지	알식(지)	폐백지
趾	遲	銍	(직)	直	稙	稷	織	職
발꿈치지	더딜지	새길지		곧을직	벼직	기장직	짤직	직업직
(진)	唇	嗔	塡	塵	抮	振	搢	晉
	놀랄진	미워할진	누를진	티끌진	거머잡을진	떨칠진	흔들진	나라진
桭	榛	殄	津	溱	珍	瑱	瑨	璡
처마진	서암나무진	죽을진	나루진	물이름진	보배진	귀고리진	옥돌진	옥돌진
畛	疹	盡	眞	瞋	禛	秦	縉	縝
진경진	홍역진	다할진	참진	부릅뜰진	복받을진	나라진	분홍빛진	고울진
臻	蓁	袗	診	辰	進	鎭	陣	陳
물이름진	사철쑥진	홑옷진	진찰진	별진	나아갈진	진압할진	진칠진	베풀진
賑	軫	震	(질)	佚	叱	姪	嫉	帙
넉넉할진	수레진	우레진		어리석을질	꾸짖을질	조카질	질투질	책갑질
桎	瓆	疾	帙	窒	膣	蛭	質	跌
차고질	이름질	병질	책갑질	막을질	보지질	거머리질	바탕질	넘어질질
(짐)	斟	朕	(집)	什	執	楫	潗	緝
	술따를짐	나짐		열사람집	잡을집	노집	솟을집	샘솟을집
輯	鏶	集	(징)	徵	懲	澄	(차)	且
모일집	쇳조각집	모일집		부를징	징계할징	맑을징		또차
侘	借	叉	嗟	嵯	差	次	此	瑳
자랑할차	빌릴차	깍지낄차	탄식할차	우뚝솟을	어긋날차	버금차	이차	고을차
磋	箚	茶	蹉	車	遮	(착)	捉	搾
갈차	찌를차	차차	넘어질차	수레차	막을차		잡을착	짤착
窄	着	錯	鑿	齚	(찬)	撰	澯	燦
좁을착	붙을착	섞을착	뚫을착	끌착		가릴찬	맑을찬	빛날찬

璨	瓚	竄	篡	粲	纂	纘	讚	讚
옥찬	옥그릇찬	숨을찬	빼앗을찬	빛날찬	모을찬	이을찬	기릴찬	도울찬
鑽	餐	饌	(찰)	刹	察	擦	札	紮
뚫을찬	밥찬	차려낼찬		절찰	살필찰	비빌찰	편지찰	묶을찰
(참)	僭	參	塹	慙	懺	慚	慘	斬
	이그러질참	참여할참	해자참	부끄러울참	늬우칠참	부끄러울참	슬플참	벨참
站	讖	譏	(창)	倉	倡	創	唱	娼
우두커니참	조짐참	헐뜯을참		곳집창	미칠창	찌를창	부를창	창녀창
廠	彰	愴	敞	昌	昶	暢	槍	滄
허청창	빛날창	슬플창	넓을창	창성할창	밝을창	화창할창	창창	바다창
漲	猖	瘡	窓	脹	艙	菖	(채)	債
팽창할창	미칠창	종기창	창창	불을창	선창창	창포창		빚채
埰	寀	寨	彩	採	砦	綵	茱	蔡
사패지채	동관채	나무우리채	채색채	가려낼채	진터채	비단채	나물채	나라채
采	釵	(책)	册	柵	策	責	(처)	凄
취할채	비녀채		책책	성채책	꾀책	꾸짖을책		찰처
妻	悽	處	(척)	個	刺	剔	坧	尺
아내처	슬플처	곳처		높이들척	찌를척	뼈바를척	터척	자척
慽	戚	拓	擲	斥	滌	瘠	脊	蹠
슬플척	친척척	열척	던질척	물리칠척	닦을척	파리할척	등마루척	밝을척
陟	隻	(천)	仟	千	喘	天	川	擅
오를척	하나척		천사람천	일천천	천식천	하늘천	내천	천단천
泉	淺	玔	穿	舛	薦	賤	遷	釧
샘천	얕을천	옥거리천	뚫을천	어긋날천	천거할천	천할천	옮길천	팔가락지천
闡	阡	韆	(철)	凸	哲	喆	徹	撤
열천	언덕천	그네천		뾰족할철	밝을철	밝을철	걷을철	걷을철

澈	綴	轍	鐵	(첨)	僉	尖	添	舔
맑을철	이을철	수레바퀴철	쇠철		다첨	뾰족할첨	첨가할첨	달첨
瞻	沾	簽	籤	詹	諂	(첩)	堞	妾
볼첨	젖을첨	농첨	제비첨	이를첨	아첨할첨		성가퀴첩	첩첩
帖	捷	牒	疊	睫	諜	貼	輒	(청)
문서첩	이길첩	편지첩	겹칠첩	속눈썹첩	염탐할첩	붙일첩	문득첩	
廳	晴	清	聽	菁	請	青	鯖	(체)
관청청	갤청	맑을청	들을청	무청	청할청	푸를청	청어청	
切	剃	替	涕	滯	締	諦	逮	遞
일체체	깎을체	대신체	눈물체	막힐체	맺을체	살필체	좇을체	갈릴체
體	(초)	初	劋	哨	憔	抄	招	梢
몸체		처음초	노곤할초	초소초	파리할초	뺄초	부를초	나무끝초
椒	楚	樵	炒	焦	硝	礁	礎	秒
산초나무초	나라초	뗄나무초	볶을초	그을릴초	초석초	바위초	주춧돌초	초심초
稍	肖	苕	草	蕉	貂	超	酢	醋
작을초	같을초	이삭초	풀초	파초초	담비초	넘을초	초초	초초
醮	(촉)	促	囑	燭	矗	蜀	觸	(촌)
제사지낼초		재촉할촉	부탁할촉	촛불촉	우뚝솟을촉	나라촉	촛불촉	
寸	忖	村	邨	(총)	叢	塚	寵	悤
마디촌	헤아릴촌	마을촌	마을촌		떨기총	무덤총	고일총	바쁠총
憁	摠	總	蔥	銃	(찰)	撮	(최)	催
바쁠총	거느릴총	거느릴총	파총	총총		비칠촬		재촉할최
崔	最	(추)	墜	抽	推	楸	樞	湫
높을최	가장최		떨어질추	빼낼추	밀추	망치추	지도리추	연못추
雛	皺	秋	芻	萩	諏	趨	追	鄒
새끼추	주름추	가을추	꼴꾼추	개오동나무추	물을추	추창할추	좇을추	땅이름추

							(축)	
酋	醜	錐	錘	鎚	騶	鰍		丑
추장추	추할추	송곳추	저울추	쇠몽둥이추	마부추	미꾸라지추		소축
畜	祝	竺	筑	筑	築	縮	蓄	蹙
기를축	빌축	대나무축	악기축	악기이름축	쌓을축	줄축	쌓을축	줄일축
蹴	軸	逐	(춘)	春	椿	瑃	睴	(출)
찰축	수레바퀴축	쫓을축		봄춘	춘나무춘	옥춘	넉넉할춘	
出	尤	黜	(충)	充	沖	忠	珫	蟲
날출	차조출	물리칠출		채울충	화할충	충성충	옥충	벌레충
衝	冲	衷	(췌)	悴	膵	萃	贅	(취)
충돌할충	담백할충	정성충		파리할췌	췌장췌	모을췌	군더더기췌	
取	吹	娶	就	炊	翠	聚	脆	臭
가질취	불취	장가들취	나아갈취	불땔취	비취취	모을취	무릎취	냄새취
趣	醉	驟	鷲	嘴	(측)	仄	側	厠
나아갈취	취할취	달릴취	독수리취	부리취		기울측	절측	뒷간측
惻	測	(층)	層	(치)	侈	値	嗤	峙
슬플측	헤아릴측		층층		사치치	만날치	웃음치	고개치
幟	恥	梔	治	淄	熾	痔	癡	雉
표기치	부끄러울치	치자나무치	다스릴치	물이름치	불꽃치	치질치	어리석을치	어릴치
稚	緇	緻	置	致	蚩	輜	雉	馳
어릴치	검을치	고을치	둘치	이를치	어리석을치	짐수레치	꿩치	달릴치
齒	(칙)	則	勅	飭	(친)	親	(칠)	七
이치		법칙	신칙할칙	신칙할칙		친할친		일곱칠
柒	漆	(침)	侵	寢	枕	沈	浸	琛
옷칠칠	물칠		침노할침	잘침	베개침	잠길침	젖을침	보배침
砧	鍼	針	(칩)	蟄	(칭)	秤	稱	(쾌)
다듬잇돌침	바늘침	바늘침		벌레칩		저울칭	일컬을칭	

夬	快	(타)	他	咤	唾	墮	妥	楕
쾌이름쾌	쾌할쾌		다를타	꾸짖을타	침타	떨어질타	타당할타	게으를타
打	拖	橢	朶	舵	陀	馱	駝	(탁)
칠타	끌어당길타	길죽할타	송이타	배타	비탈길타	짐태나	약대타	
倬	卓	坼	度	托	拓	擢	晫	柝
클탁	높을탁	터질탁	헤아릴탁	부탁탁	밀칠탁	뽑을탁	밝을탁	열탁
濁	啄	濯	琸	託	鐸	琢	(탄)	呑
흐릴탁	쫄탁	빨탁	사람이름탁	부탁탁	방울탁	다듬을탁		삼킬탄
嘆	坦	彈	憚	歎	灘	炭	綻	誕
탄식탄	평평할탄	탄약탄	꺼릴탄	탄식탄	여울탄	숯탄	터질탄	낳을탄
(탈)	奪	脫	(탐)	探	眈	貪	(탑)	塔
	뺏을탈	벗을탈		정탐할탐	볼탐	탐할탐		탑탑
榻	(탕)	宕	帑	湯	糖	蕩	(태)	台
걸상탑		방탕할탕	곳집탕	끓을탕	설탕탕	클탕		별태
太	怠	態	殆	汰	泰	苔	胎	笞
클태	게으를태	태도태	자못태	씻을태	클태	이끼태	애밸태	매질할태
跆	邰	颱	兌	(택)	坨	宅	擇	澤
밟을태	나라태	태풍태	별태		언덕택	집택	가릴택	못택
(탱)	撑	(터)	攄	(토)	兎	吐	土	討
	버팀목탱		오를터		토끼토	뱉을트	흙토	칠토
(통)	慟	桶	洞	痛	筒	統	通	(퇴)
	슬플통	통통	꿰뚫을통	아플통	대롱통	거느릴통	통할통	
堆	槌	腿	褪	退	頹	(투)	偸	套
언덕퇴	던질퇴	장단지퇴	벗을퇴	물러갈퇴	쇠할퇴		훔칠투	클투
妬	投	透	鬪	(특)	慝	特	(틈)	闖
시기할투	던질투	통할투	싸움투		간특할특	소특		엿볼틈

坡	婆	巴	把	播	擺	杷	波	派
언덕파	할미파	땅이름파	잡을파	뿌릴파	흔들파	비파파	물결파	갈래파
爬	琶	罷	芭	跛	(판)	判	坂	版
긁을파	비파파	파할파	파초파	절뚝거릴파		쪼갤판	언덕판	조각판
瓣	販	辦	鈑	阪	(팔)	八	叭	捌
오이씨판	팔판	갖출판	널조각판	언덕판		여덟팔	나팔팔	깨뜨릴팔
(패)	佩	唄	悖	敗	沛	淇	牌	狽
	찰패	노래패	어긋날패	패할패	물이름패	물패	방패패	이리패
稗	覇	貝	(팽)	彭	澎	烹	膨	(퍅)
피패	으뜸패	조개패		땅팽	물소리팽	삶을팽	부를팽	
愎	(편)	便	偏	扁	片	篇	編	翩
강박할퍅		문득편	편벽될편	작을편	조가편	책편	얽을편	날을편
遍	鞭	騙	(폄)	貶	(평)	坪	平	枰
두루편	채찍편	속일편		덜폄		들평	평할평	판평
泙	萍	評	(폐)	吠	嬖	幣	廢	弊
물소리평	거품평	비평할평		짖을폐	사랑할폐	폐백폐	폐할폐	폐단폐
斃	肺	蔽	閉	陛	(포)	佈	包	匍
폐사할폐	허파폐	가릴폐	닫을폐	섬돌폐		펼포	쌀포	기어갈포
匏	咆	哺	圃	布	怖	抛	抱	捕
박포	으르렁댈포	머금을포	남새밭포	베포	두려울포	던질포	안을포	잡을포
浦	疱	砲	胞	脯	苞	葡	蒲	袍
개포	천연두포	포탄포	애밸포	세포포	덤블포	포도포	노름할포	솜옷포
襃	逋	暴	泡	鋪	飽	鮑	(폭)	幅
기릴포	달아날포	사나울포	거품포	퍼질포	배부를포	생선포		폭폭
暴	曝	瀑	爆	輻	(표)	瓢	剽	彪
사나울폭	쬘폭	폭포폭	폭탄폭	바퀴살폭		의표표	표독할표	표범표

杓	慓	標	漂	票	瓢	表	豹	飄
자루표	날랠표	표할표	빨래표	쪽지표	바가지표	겉표	표범표	폭풍표
颮	驃	(품)	品	稟	(풍)	楓	諷	豊
바람표	준마표		품수품	품할품		단풍풍	풍자할풍	풍년풍
豐	風	馮	(피)	披	披	皮	疲	被
풍년풍	바람풍	성풍		저피	헤칠피	가죽피	피로할피	입을피
避	陂	(필)	佖	匹	弼	必	泌	珌
피할피	언덕피		점잖을필	짝필	도울필	탄드시필	물필	장식필
畢	疋	筆	芯	鉍	馝	(핍)	乏	逼
다할필	끌필	붓필	향기필	창필	향기필		떨어질핍	가까울핍
(하)	下	何	厦	夏	廈	昰	河	瑕
	아래하	어찌하	집하	여름하	집하	여름하	물하	흠집하
荷	蝦	賀	遐	霞	鰕	(학)	壑	學
연하	새우하	하례할하	얼하	노을하	두꺼비하		구렁학	배울학
虐	謔	鶴	(한)	寒	恨	悍	汗	漢
사나울학	희롱학	학학		찰한	한스러울한	사나울한	땀한	한수한
瀚	澣	罕	翰	閑	閒	限	韓	(할)
빨한	바다한	그을한	글한	막을한	한가한	한정한-	나라한	
割	轄	(함)	函	含	咸	啣	喊	檻
벨할	수레할		할함	머금을함	다함	재갈함-	고함질함	난간함
緘	涵	艦	銜	陷	鹹	(합)	合	哈
봉할함	찾을함	싸움배함	재갈함	빠질함	짤함		모될합	마실합
盒	蛤	閤	闔	陜	(항)	亢	伉	姮
함합	조개합	협문합	문짝합	좁을협(합)		높을항	짝항	항아항
嫦	巷	恒	抗	杭	桁	沆	港	缸
상아항	구렁항	항상항	막을항	건널항	횃대항	물항	항구항	항아리항

肛	航	行	降	項	(해)	亥	偕	咳
똥구멍항	배항	다닐항(행)	행복할항	목항		돝해	함께해	기침해
垓	奚	孩	害	懈	楷	海	瀣	蟹
지경해	어찌해	어릴해	해로울해	게으를해	본보기해	바다해	이슬기운해	게해
該	諧	邂	駭	骸	解	(핵)	劾	核
넓을해	그해	만날해	놀랠해	뼈해	풀해		캐물을핵	씨핵
(행)	倖	幸	杏	荇	(향)	享	向	薌
	요행행	고일행	살구행	연꽃행		흠향할향	향할향	누릴향
珦	鄉	響	餉	饗	香	(허)	噓	墟
구슬향	시골향	소리향	보낼향	드릴향	향기향		탄식허	옛터허
虛	許	(헌)	憲	獻	軒	櫶	(헐)	歇
빌허	허락허		법헌	드릴헌	마루헌	나무헌		쉴헐
(험)	險	驗	(혁)	奕	爀	赫	革	(현)
	험할험	시험험		클혁	빛날혁	빛날혁	가죽혁	
俔	呟	峴	弦	懸	昡	睍	泫	炫
엿볼현	소리현	고개현	활시위현	매달현	햇빛현	볕기운현	깊을현	밝을현
玄	玹	現	眩	絃	絢	縣	舷	衒
검을현	옥돌현	보일현	어지러울현	줄현	고울현	고을현	배현	자랑현
賢	鉉	顯	(혈)	孑	穴	血	頁	(혐)
어질현	솥귀현	나타날현		고단할혈	구멍혈	피혈	머리혈	
嫌	(협)	夾	協	俠	峽	挾	浹	狹
혐의혐		낄협	화협할협	협객협	고개협	낄협	젖을협	좁을협
脇	脅	莢	鋏	頰	(형)	亨	兄	刑
겨드랑이협	갈빗대협	꼬투리협	칼협	뺨협		형통할형	맏형	형벌형
型	形	洞	滎	瑩	炯	熒	珩	瀅
거푸집형	형상형	찰형	못이름형	옥빛형	밝을형	등불형	구슬형	이름자형

荊 가시형	螢 개똥벌레형	衡 저울대형	逈 멀형	邢 땅이름형	鎣 꾸밀형	馨 끝다울형	(혜)	兮 어조사혜
憲 밝힐혜	彗 비혜	惠 은혜혜	慧 지혜혜	憓 순할혜	暳 반짝거릴혜	蕙 난초혜	譿 슬기혜	蹊 지름길혜
醯 초혜	鞋 신혜	(호)	乎 어조사호	互 서로호	呼 부를호	壕 해자호	壺 병호	好 좋을호
岵 산호	弧 활호	戶 지게호	扈 넓을호	昊 하늘호	晧 밝을호	毫 터럭호	浩 넓을호	淏 맑을호
湖 물호	澔 빛날호	濠 물이름호	護 퍼질호	灝 넓을호	狐 여우호	琥 호박호	瑚 산호호	瓠 박호
皓 흴호	祜 복호	糊 풀호	縞 명주호	胡 어찌호	芦 지황호	葫 마늘호	蒿 쑥호	虎 범호
號 이름호	蝴 오랑캐호	護 호위할호	豪 호걸호	鎬 호경호	頀 풍류호	顥 클호	(혹)	惑 의혹될혹
或 혹혹	酷 독할혹	(혼)	婚 혼인할혼	昏 어둘혼	混 흐릴혼	渾 흐릴혼	琿 흐릴혼	魂 혼혼
(홀)	忽 문득홀	笏 홀홀	(홍)	哄 떠들썩할홍	弘 클홍	汞 수은홍	泓 깊을홍	洪 넓을홍
烘 비칠홍	紅 붉을홍	虹 무지개홍	訌 어지러울홍	鉷 쇠뇌고동홍	鴻 기러기홍	(화)	化 될화	和 화목화
嬅 고을화	樺 벗나무화	火 불화	畫 그림화	禍 재화화	禾 벼화	花 꽃화	華 빛날화	話 이야기화
譁 떠들화	貨 재화화	靴 가죽신화	(확)	廓 넓을확	擴 늘릴확	攫 채울확	確 확실확	碻 단단할호확
穫 거둘확	(환)	丸 탄자환	喚 부를환	奐 빛날환	宦 벼슬환	幻 변환할환	患 근심환	換 바꿀환

晥	桓	歡	渙	煥	環	紈	還	鐶
밝을환	나무환	기쁠환	흩어질환	빛날환	고리환	명주환	돌아올환	고리환
驩	鰥	(활)	活	滑	堭	猾	豁	闊
기쁠환	고기환		살활	미끄러울활	넓을활	교활할활	골짜기활	넓을활
(황)	凰	堭	媓	幌	徨	恍	惶	慌
	봉황황	집황	여자이름황	휘장황	노닐황	어두울황	노닐황	황홀할황
熿	晃	晄	榥	況	湟	滉	潢	煌
불꽃황	빛날황	밝을황	책상황	하물며황	물황	깊을황	못황	빛날황
洸	璜	皇	篁	篁	荒	蝗	遑	愰
깊을황	구슬황	임금황	대이름황	피리황	거칠황	누리황	한가할황	밝을황
熿	隍	黃	(회)	匯	回	廻	徊	恢
빛날황	해자황	누를황		물이름회	돌회	돌아올회	노닐회	재회
獪	繪	茴	蛔	誨	賄	(획)	劃	獲
간교할회	그림회	향풀회	회충회	가르칠회	재물회		그을획	얻을획
(횡)	宖	橫	鐄	(효)	効	哮	嚆	孝
	편안할횡	비낄횡	쇠북소리횡		본받을호	으르렁댈효	외칠효	효도효
效	斅	曉	梟	滧	淆	爻	肴	酵
본받을효	가르칠효	새벽효	올빼미효	물효	안주효	점괘효	안주효	술찌게미효
驍	(후)	侯	候	厚	后	吼	喉	嗅
날랠효		제후후	기다릴후	두터울후	임금후	울부짖을후	목구멍후	냄새후
后	帿	後	朽	煦	珝	逅	(훈)	勛
땅이름후	과녁후	뒤후	썩을후	더운기훈후	옥이름후	만날후		공훈
勳	塤	壎	暈	葷	熏	燻	訓	鑂
공훈	풍류훈	흙훈	해무리훈	향기훈	더울훈	불길훈	가르칠훈	금빛훈
(흉)	薨	(훤)	喧	暄	煊	萱	(훼)	卉
	죽을훙		들렐훤	더울훤	따뜻할훤	원추리훤		풀훼

喙	毁	(휘)	彙	徽	揮	暉	煇	諱
부리훼	훨훼		무리휘	아름다울휘	지휘할휘	햇빛휘	빛날휘	꺼릴휘
輝	麾	(휴)	休	携	烋	畦	虧	(흉)
빛날휘	대장기휘		쉴휴	이끌휴	아름다울휴	두둑후	이지러질휴	
恤	謠	鷸	(흉)	兇	凶	匈	洶	胸
구휼할휼	속일휼	도요새휼		흉할흉	흉할흉	가슴아픈흉	용솟음할흉	가슴흉
(흑)	黑	(흔)	昕	欣	炘	痕	(흘)	吃
	검을흑		해돋을흔	기쁠흔	성할흔	흔적흔		어눌할흘
屹	紇	訖	(흠)	欠	欽	歆	(흡)	吸
산높을흘	묶을흘	이를흘		모자랄흠	공경흠	흠양할흠		마실흡
恰	洽	翕	(흥)	興	(희)	俙	僖	凞
흡족할흡	합할흡	모일흡		일흥		송사희	즐거울희	빛날희
噫	囍	姬	嬉	希	憙	憘	戲	晞
슬플희	쌍희	계집희	아름다울희	바랄희	기쁠희	기뻐할희	희롱희	마를희
曦	橲	熙	熹	熺	熺	犧	禧	稀
빛날희	나무이름희	빛날희	밝을희	성할희	햇빛희	희생희	복희	드물희
羲	(힐)	詰						
기운희		실낱할힐						